生命荒涼所在

還有什麼？

可撫慰與
無可
撫慰的分析

廢人心理學三部曲 ●●
[第一部] 廢人與荒涼

蔡榮裕————著

目錄

4　推薦序 /

自在，作爲荒涼的地帶/林玉華

這是什麼意思呢？/吳念儒

荒涼：故事失傳的香火袋，遺失主人的玻璃鞋/陳瑞君

造訪荒涼之地/張秋茜

心中某處荒廢的所在，想做夢/劉依盈

31　荒涼的所在，還有什麼？

115　可撫慰與無可撫慰的分析

133　精神分析的自由，是解脫的境界嗎？

197　鏡子說和月亮說

209　地面的心理地圖 VS. 天上的星空圖

229　記憶和夢境，是失落的起死回生嗎？

251　掌中小說 /

悲劇誕生的變奏曲

推／薦／序

自在，作為荒涼的地帶

　　書名叫《生命荒涼所在，還有什麼？》，「荒涼」兩個字一映入眼裡，立刻擄獲了我的心/思緒。不知為何，有一種喜悅、一種釋放、一種自在和清涼，還有一種無以名狀的味道。迫不及待，開始拜讀蔡醫師如泉湧的思緒。

　　「當一個人走進荒涼，會發生甚麼事？」蔡醫師在每一則的起頭都問了這句話，他試圖回答：「只是走回心中很久以前被它拋棄的所在？」之後蔡醫師從歇斯底里、焦慮、憂鬱、失落、抑鬱、自戀、享樂原則，最後到文明與不滿，以及有止盡無止盡的分析，試圖窺看「荒涼」的境遇。蔡醫師舉比昂的觀點，揣摩生命中如果有荒涼的地帶，會是一個追尋真理的過程，而這個追尋的終點是好壞客體的融合。他繼續揣測，這個融合是否要藉由縮短或是推翻（打倒）好壞之間的一道牆來完成？然而享樂原則讓這道「牆」變得難以接近，這個難以觸及的地帶便「逐漸荒涼了」。（p. 104）

　　如果是這樣，為何想到「荒涼」，會讓我有一種喜

悅、釋放、自在和清涼的感覺呢？一個無法觸及的境遇，應該是憂鬱或是抑鬱才對啊！因此我在想，「荒涼」是否是一個很實在、很有生命力的位置，是一個讓思緒泉湧，同時令人安於現況的境界。蔡醫師試圖用享樂原則與現實原則之間的衝突說明何以這道牆難以貼近（根據現實原則，直接將牆推倒就好了，但是享樂原則製造了兩者之間的危險距離p.104）。問題是，如果根本沒有這道牆呢？那麼還有好跟壞嗎？如果沒有好跟壞，還有好壞之間的距離嗎？好壞如果沒有距離，那麼我所感受到的好跟壞又是甚麼呢？難道都是自己內心的戲碼作祟嗎？可是生命歷史中明明就是有一位暴怒的爸爸和憂鬱退縮的媽媽（或是反過來），難道他們不叫壞客體嗎？

我認為解決之道還是要回到每個人天生就有的享樂原則，這個原則很簡單，就是「苦一定不要，樂一定要」。這是一個淺顯易懂，再簡單、清楚不過的原則，為何這個原則卻把我們搞得死去活來、生不如死？我認為問題不在於現實與享樂原則之間的衝突，而是作為一個凡人，我們可能真的不知道何謂苦，何謂樂。我們以苦為樂，以樂為苦，在苦樂之間擺不平。這種難以擺平的東西放在心間太痛苦，將它放到外面，製造了好壞客體；給我樂的就是好的，給我苦的就是不好的，殊不知給予者只是單純、無辜地給，卻把領受者搞得死去活來、生不如死。在古老的年代給予者當時可能真的給太多，也可能

給太少，但仍是單純、無辜，因為他們跟我們一樣，也是依循享樂原則在運作。如此，明明大家都不要苦，都想要快樂，卻讓生死牢獄代代相傳。

那麼這個苦樂（好壞）問題要如何解決呢？「荒涼」給了我新鮮的空氣，這是為何初睹這兩個字，讓我如此喜悅、釋放、自在和清涼的緣故。認清苦樂確實是一條漫長的路，我們在這條路上以苦為樂，以樂為苦，汲汲營營在施虐受虐中享樂，卻又在文化和文明中受苦，人生旅途，翻雲覆雨，終究還是跌在自己擇取的方寸之間。解鈴人還是繫鈴人，苦樂這趟旅程，終究得要自己走一趟。沒有人，包括分析師，可以幫助他者抉擇苦樂。作為一面鏡子，分析師反映著來訪者在生命旅程中的選擇，不管是苦是樂，分析師在躺椅後面，體驗著「荒涼」，它是一種臨在、一種孤獨、一種自在；它在好壞之間，也在存在和不存在之間。

分析師作為「荒涼的所在」，確實沒甚麼好說。就個案而言，躺椅和單人沙發之間確實有一道牆，只有當分析師走進自己的荒涼，才能作為個案進入其荒涼地帶的橋樑。個案透過分析師這個荒涼地帶，碰觸到自己的苦樂，發現這道牆不是在好壞之間，也不在分析師和個案之間，而是在自己的苦樂之間。

行筆至此，本想就此停靠在左邊。然而繼續往下拜讀時，發現蔡醫師遊走在自由與解脫之間，忍不住又提

筆開始往右靠。蔡醫師從Joseph Sandler自由漂浮的注意力和Freud均等懸浮的注意力談自由的意義，最後引進了佛學的解脫，如此聯想讓我再度拾起暫停在左邊的荒涼。我繼續問為何荒涼映入眼底，令我如此自在？它跟自由和解脫之間的距離又如何？從佛學角度看，解脫的前奏是出離，出離的前奏是放下，放下是一種不執取的狀態。聆聽時，一定會有某些訊息特別吸引分析師的注意力，但是對於該訊息的不執著讓分析師得以隨時放下並重新聆聽其他訊息，這是一種在聆聽時能夠自由流動或是保持均等懸浮注意的狀態[1]。依此思路延伸，比盎（Bion）所謂的「沒有記憶、沒有慾望」（no memory, no desire）是否可以說是一種可隨時放下的狀態[2]？這種能夠隨時放下的位置（position），是否是一種自在，一種出離/解脫的隨順[3]？或是一種荒涼的所在？

出離讓一個人更自在，但不一定會更自由。「自由」是想做甚麼就做甚麼，而「自在」是可以任意地不做甚麼，是一種可以對慾望說「不」的清涼，因此它是一種抑制或是節制的自由。如同分析的外在結構（frame）或是

1.蔡醫師解讀為有時注意力在某處，有時又在另一處。這樣的解讀像是一種注意力的移動。我用放下，為了呈現重點在於放下執取，而不是注意力的轉移。

2.注意力聚焦於一處，限制了思考的空間（不管是從分析師或是個案角度），讓一個人看不到事實真相，也是治療進入僵局的導因。

3.未圓滿到達該境界，但趣向該境界，或是開始往該境界靠。

內在設置(setting)或分析師的態度，看起來像是一種不自由，卻是一種自在，一種出離和荒涼。

　　回到蔡醫師的命題，如果走進荒涼「只是走回心中很久以前被它拋棄的所在」，那麼依循本文的聯想，這在很久以前被拋棄的所在是否可以是一種「自在」？「自在」既然是抑/節制的自由，難道不是生死本能的融合，也是苦樂的問題？分析師作為個案進入其荒涼地帶的橋樑，在「不執取/自在」的位置，真正的苦樂是否得以被重新檢擇。

林玉華

國際精神分析學會精神分析師

國際精神分析學會兒童分析師

傳心心理治療所所長

前輔仁大學醫學院臨床心理學系系主任

這是什麼意思呢？

「這是什麼意思呢？」這句反覆在書裡出現的字句，也是蔡醫師經常說出來的話語。每讀到一次這句話，彷彿也同時聽到了蔡醫師口說的聲音語調。這句話看似是個問句，更是來自一位資深前輩的反覆提醒，提醒著這裡那裡以及不知道哪裡，仍有需要咀嚼思考的地帶，我們，可別輕易屈服了。「抵抗」是思考的原動力，蔡醫師從來沒有放棄這件事。

去年11月收到來自蔡醫師新書序文邀約的臉書訊息，作為後生晚輩備感榮幸，這幾年有不少機會跟著他學習以及在學會合作共事，心裡也開心興奮可以用文字對蔡醫師表達敬意與感謝。然而，抓住我目光的還包括這則臉書訊息的字句：「......想請你書寫這本書的序文，約兩千字左右，可左可右......」當下看到沒想太多，就覺得這果然是蔡醫師會寫的字。經過了一段時間，看完蔡醫師新書定稿以及想著序文要寫的內容，回頭再看訊息裡的「可左可右」，自己的身體好像也會自然地跟著左轉右轉，突然驚覺：「左右就是身體的方向感啊！我們的身體也幾乎都是用左右在分的。」語言試著接近身體經

驗，這是蔡醫師身體力行的事，用書裡文字成詩爲證：

中間偏左上兩步的地方(p.97)

肌肉們早已無法承擔無辜表情了，

這讓臉孔很爲難，

尤其對右鼻翼佔領區裡的投機份子很難交代(p.265)

站在最右邊的愛和最左邊的恨之間，

或者最右邊的恨和最左邊的愛(p.275)

明天的左肩胛骨，

能夠扛起被折磨落魄的時間鐘聲(p.357)

繼續跟著前輩文字身體力行，從佛洛伊德在鵝內灘聽到的〈黃昏的故鄉〉，我們一起邊唱邊說吧。

叫著我，叫著我，

黃昏的故鄉不時地叫我。

叫我這個苦命的身軀，

流浪的人無厝的渡鳥……

在各種精神分析的場子經常聽見蔡醫師談到「語言無法觸及的所在」，失落荒涼當然是，身體經驗更是其中之一。蔡醫師說話帶著一口流利的臺灣國語(大概已經是他的正字標記了吧)。有次無意間看到蔡醫師回覆臉友留言，他圓滿自信地說著，再過一個世紀，回頭看，他

的國語會是最標準的。因為成長背景的關係，我有機會持續近距離地使用臺語，這幾年發現臺語是非常感官的語言，話一講出來，栩栩如生，氣氛到位。而感官當然是屬於身體的。不禁在想，蔡醫師的舌頭是否也曾經徬徨過(p.43)？看來連舌頭都是需要修行的(p.97)。聽來，蔡醫師可沒有要放棄，他的言語和身體還在一起，沒有要放棄彼此。書裡面再次用文字身體力行，書裡的舌頭、眼皮、魚尾紋、肚臍、嘴唇、嘴角、肌肉、臉頰、胃腸、微血管、膚色、肩胛骨、汗水、聲音、喉頭……都有表情、都有話要說、同樣感到受苦徬徨、流浪想家。

......懷念彼時故鄉的形影，

月光不時照落的山河，

　　彼邊山，彼條溪水，

永遠抱著咱的夢......

　　蔡醫師思考著Bion所說的linking是否更像來來回回的穿梭(p.128)。精神分析專業職人像是來回穿梭在島嶼之間的擺渡人，將此岸過渡到彼岸，彼岸可以抵達此岸，熟度「夠分」了，意義會有機會浮現，只是在那之前，日復一日、年復一年的往返勞動早就存在。專業職人來回穿梭的島嶼有哪些呢？或許是意識與潛意識、顯夢與隱夢、記憶與記憶、身體與語言、太陽與月亮、成功與失敗、陰性與陽性。佛洛伊德在鵝肉攤前一開始聽到的

是〈愛拚才會贏〉，贏經常被等同於成功，但真的是這樣嗎？「成功了，要給誰看呢？」（p.352）找不到誰來看的成功，也是挺失落的。有些失落勢在必然，島和岸，有些是回不去的，連遙遙相望或回憶可能都是奢侈。再次想到蔡醫師總是反覆問著：「這是什麼意思呢？」作為專業職人的來回擺渡穿梭，生出了一個像是過渡空間的所在（「所在」也是蔡醫師常用的），讓身體空洞有處可待。我想插播一首〈流浪到淡水〉：

　　燒酒落喉，心情輕鬆，
　　鬱卒放棄捨，往事將伊當作一場夢。
　　想起故鄉，心愛的人，將伊放抹記，
　　流浪到他鄉，重新過日子。

　　突然想到，佛洛伊德也在晚年的時候，因為戰爭必須離開維也納，逃亡到倫敦。

　　黃昏的故鄉就要唱到最後一段了。談失落與撫慰，怎麼可能不談到母親？果然，掌中小說後半段開始問：「媽媽是誰？（p.309）」是母親、身體還是土地？我想都是。目前與蔡醫師帶領的團隊持續著手進行的，是國際精神分析學會線上辭典翻譯事務。我覺得自己算是蠻台的，然而，一個還在掙扎的台客年輕治療師，一個資深圓熟的台客精神分析專業職人，幾次一起合作的都是處理翻譯英文的事務，這聽起來挺有意思，這代表著什麼

意思呢？是對臺灣這片土地充滿情感的吧，也包括土地所孕育出來的內涵。努力在源於歐陸的精神分析與在地臺灣文化揉合出來的精神分析之間，渡船來回穿梭，心底期盼著有一天可以靠岸紮營，落地生根，「就算死了！也要找到自己的媽媽！」（p.349），這才體會到，離岸是為了找到回家的路。心裡逐漸清晰，或許根早就在那裡了，聽到有人說：「他很像自己的媽媽」（p.361），我們在身體裡找回了屬於自己的母親。好吧，一起唱完最後一段吧，記得，最後的「喔」要拉長音喔：

　　叫著我，叫著我，
　　黃昏的故鄉不時地叫我
　　……白雲啊，你若要去，
　　請你帶著我心情，
　　送去乎伊我的阿母喔，
　　不倘來忘記的。

吳念儒
精神分析取向心理治療師
臺灣精神分析學會會員
臨床心理師

荒涼：

故事失傳的香火袋，遺失主人的玻璃鞋

　　蔡榮裕醫師的第九本大作——廢人心理學三部曲第一部「廢人與荒涼」《生命荒涼所在，還有什麼？：可撫慰與無可撫慰的分析》，是一本體裁特殊且細密的作品，第一部的十五篇，皆以如下的楔子開卷，並依此在每一篇首重覆，如餘音繞樑般的被低吟傳唱了十五回：

　　當他走到荒涼的地方時，他甚至不知道「荒涼」是什麼意思？他只是走回心中，很久以前被他拋棄的所在。雖然大部分的人都認識他，他每天依然走在無人的暗巷，或擁擠的市場。

　　每一篇之末再送首詩來結尾，因而，共覽十五首詩。其中，我最喜歡的一首詩是(p.49)：

　　　　白鷺鷥翅膀深處
　　　　藏著別人的故鄉

還有遠遠趕來的秋風
搭配兩個銅管低頭嘆息
吹來的音符
數一數有三公斤
冷靜的心酸

　　我喜歡這看似可量化的心酸液。當舉目就被詩文相和的字裡行間夾入一條敘事論理的彎曲小徑時，彷彿就有了舉起畫筆就能隨意塗鴉的氣勢，順手拈來的描繪起佛洛依德（Freud）《夢的解析》的形成與論述、溫尼科特（Winnicott）論孤獨的能力、葛林（Green）對那槁木死灰的死亡母親的勾勒，這曲間小徑放肆的蜿蜒著，讓我有如走入曠世名人巷般的讓人不得不停下腳步。我想，這小徑是走不盡了？還是走不進了？還是出不來了呢？正當還在這曲徑深幽處流連忘返時，「有詩為証」四個字的結尾，彷彿已伸出帶著濃厚的秋意的手，幫讀者逆著風推了嘎嘎作響的後門把手，揮揮手送客say goodbye，一襲涼意上心頭。

　　是蔡醫師的有意？或是恰似無意的情節梗概？我一手捲起正在閱覽的是本章回小說嗎？隨著舉目所及的字字句句，有如一腳踏上了書中一階一階的迴旋梯，讀完了上篇的結尾詩，下一頁的開卷又回到了：

　　當他走到荒涼的地方時，他甚至不知道「荒涼」是什麼意思？他只是走回心中，很久以前被他拋棄的所在。雖然大部分的人都認識他，他每天依然走在無人的暗巷，或擁擠的市場。

　　爲首的小楔子，我恍然又被迴文推回了荒涼之境的起點。因而我想，以詩結尾是個陷阱吧，或許詩是可以永遠沒有結尾的？而荒涼也可以如此呼應嗎？是不也可以一直無窮無盡的荒涼下去？

　　「荒涼」一詞，是精神分析的文獻中少被直接提及的心境，但那卻實實在在的安然靜置在內心一隅，蔡醫師的思緒飄進這鮮少被注視的「荒涼地帶」，不論是欲談論、或推論且議論的態勢，都讓精神分析理論視框中與生死本能的對話、憂鬱及焦慮的交錯、創傷與失落的交手等鉅觀的課題再次與之接軌，看似無人不曉的精神分析核心概念與無人熟知的荒涼地帶，原先以爲是八竿子打不著的地域別，在蔡醫師的意到筆隨之下，遂能以同等對仗的氣勢蔓延開來，或許，荒涼大漠自此也可以擲地有聲了。

　　若欲對荒涼作一聯想，我原先以爲出自元曲作家馬致遠筆下，大家耳熟能詳的《天淨沙・秋思》堪爲代表，在此小令中景色並陳，交疊出了荒涼的外形：

枯藤 老樹 昏鴉

小橋 流水 人家

古道 西風 瘦馬

夕陽西下 斷腸人在天涯

再履履讀到蔡醫師筆下對這無名者的描述，我觸摸到了荒涼的肉體：

當他走到荒涼的地方時，他甚至不知道「荒涼」是什麼意思？他只是走回心中，很久以前被他拋棄的所在。雖然大部分的人都認識他，他每天依然走在無人的暗巷，或擁擠的市場。

無名者內在的一方寂涼，強烈對照於方寸之外大千世界的喧騰，我想他是迷路了嗎？荒涼之漠雖大，卻只能容身私人的遁入，這是一個無法呼朋引伴一窺秘境的所在。然而，只能一人隻身前往的荒涼，其實並不慌，那涼損的美感，也並不涼。

書中提及的憂鬱與失落，荒涼亦是一種寄生的失落嗎？無名者在失落邊際的公路上來回的走著，但卻始終找不回原路，找到的只是眼底下盡是荒涼的往返？出了這荒涼之境，其他地方又終究是哪裡？拋棄了這所在，是否走得出這失落的邊陲，能走得入那有血有肉、有愛有恨、有善有惡、有生有死的原始暗巷或生人市場？

　　如果能說記憶是由遺忘所組成，當我們說失落的時候，可知是失落了什麼？這是否點出了失落的本質是一種尋找，尋找也是由失落組成的？而不全然的遺失或遺忘，像是灰姑娘不經意在倉皇間落下了玻璃鞋一般，卻成為另一人在記憶中如幻似影、載浮載沉的引子。這樣的引子，像是嬰兒自小獲取需貼身佩帶的香火袋，或許長大後的幼童仍並不算真正知道這一枚香火袋的典故與來源，但這被賦予之物絕對是針對個人的客製與專屬，客觀上它的確是身外之物，但也絕非僅是身外之物，長輩們待它的肅穆恭敬，賦予了孩童對這5*5公分大小的塑膠小方袋神奇的魔力與想像，那被囑附要走到哪要帶到哪的相牛相繫之感，似乎打自小起就有一段承接著家族中難以言喻的情感與喻意，愈難以言喻或許就愈得發展成語意上位階愈高，愈臻嚴謹的特殊結構、規格的符咒圖文，最後再以八卦摺法團團包裹進這大紅或正黃，上面印有來自「○○○府」、「○○宮」等字樣的方型塑膠套中。長輩對新生兒千迴百轉的意念透過需步步到位的求符行動緊緊包裹起來，或許只能透過這樣高度的儀式化程序，才有辦法稍為解決這難以一語道盡的歷史疊影，行腳求一個香火袋的行動，集結的是家族長輩對這個新生兒的過去式、現在式與未來式的提煉與縮影，自此包裹及濃縮進一小方袋中，隨著這孩子的生活輾轉而去。

　　裡頭靜置著的黃色符令是最威嚴的底牌，逐年長大

的孩子端著最恭敬莊重的心偷偷循摺線拆解這八卦封摺，迎目而來的是難辨的符文或符圖，難懂卻被震攝，要指認它是什麼？字字難辨但字字跟自己切身相關；為何要貼身掛著它長大？長輩們曾言簡意賅的交待，但隱含了更多與生俱來未被交待的史前史。一枚香火袋，原本可以是充滿故事性的編年史，但也可以是故事失傳的斷代史，並且模糊到無以復刻。那麼，遺失了故事的香火袋，成為斷代史下倖存的表徵物了。長輩們用文明的方式來處理人生裡的愛恨生死、失落矛盾，我多麼幻想的期待能「靈與肉俱在，故事永流傳，香火傳世保安康」美好結局呢！

心理治療的工作，常相遇的是不少無名者無止盡的荒涼；他們看似循著生活的迴圈，卻是空轉著過日子，那種從內在折射出來的況味，是揮之不去、尋尋覓覓的身影，到底他們在尋找著什麼呢？有的人尋找著「曾經擁有」，也有的人啟程是為了尋找那「從未擁有」，還有些人就像是配帶著一枚故事失傳的香火袋，此生總被提醒可以尋找......？

原來，人不只是因遺失而尋找，也會因遺憾而尋找，也會因遺忘而尋找......我們能夠想像那種處處是暗示，但卻處處找不到指示的迷失感嗎？在荒涼大漠中，不是死寂般的荒廢，更不是荒蕪的不毛之地，或許每個無名者像是那倖存香火袋的化身一般，是重要的存在，但困難

之處卻是史料尚不可考。心理治療會像是遁入荒涼地帶，進行撿拾、拼湊及推想那斷簡殘篇的工作嗎？多少年後，我們才知道不毛的沙漠在千百年的地殼變動後累積出最肥沃的能源，因為底下有號稱黑金的石油，那麼在荒涼的大漠底下，是否也會因逐年累月的積聚與變動，而沉積出分析的金、暗示的銅、潛藏的銀、耐打的鐵呢？

當他走到荒涼的地方時，他甚至不知道「荒涼」是什麼意思？他只是走回心中，很久以前被他拋棄的所在。雖然大部分的人都認識他，他每天依然走在無人的暗巷，或擁擠的市場。

最後，我個人私心期待蔡醫師繼續把這蕩氣迴腸的開卷往後推寫，寫成一部小說，寫一寫喝一杯水的荒涼、只聞樓梯響，不見人聲來的荒涼、寫一寫從編年史走到斷代史的荒涼，或從斷代史走向編年史的尋覓。

陳瑞君
精神分析取向心理治療師
臺灣精神分析學會會員
諮商心理師

造訪荒涼之地

　　蔡醫師深妙地取用了「荒涼」做為廢人心理學三部曲的第一部創作之主軸，從其累積多年深厚的精神分析取向專業職人之臨床實務工作出發，螺旋式談論同一主題，以佛洛伊德的後設心理學與英國客體關係為實務工作之後盾依據，直指探索內在「荒涼」之心理狀態。

　　閱讀此書的樂趣在於激發了更多我的疑問、想像好奇與驚艷。閱讀的當下如同也置身於螺旋式的狀態，往深處探索並向四周拓展......

　　像是，荒涼究竟從何而來？

　　臨床實務工作裡，不乏聽到個案類似荒涼的描述，例如感到淒冷、覺得冰涼或孤獨（這裡的「孤獨」，並非Winnicott談論的「孤獨是一種能力」）。文中104頁，蔡醫師說到：「如果人都是從荒涼地帶走來，一如辛苦的開發田地和耕耘，是從失落覺得一無所有開始的......」。這裡出現個體的荒涼感，與荒涼之地兩者之間的關係。有沒有可能，在更初始，人一開始走來的地方，並非荒涼之地，而是牛奶乳蜜之母親大地，子宮孕育之處？

　　若果真如此，何以人會開始經驗到荒涼？而荒涼又從何而來？

　　「荒涼之地」是空曠冷清之所在，意味著缺少了對象而顯得空曠冷清，卻又非隨意的對象，是能夠讓個體在茫茫人世間，標示自己座標的重要對象——即「客體」。

　　缺少，或許不是真的不存在，而可能是此對象的存在，在個體心裡是殘缺或破碎不堪的。這讓我想到佛洛依在1914年的〈論自戀〉，為了避免生病我們必然得開始去愛，假如我們因挫折而無法去愛，那麼我們注定得生病；這裡的愛是有對象的。自我要成長，似乎需要經歷脫離原發自戀，並能夠將原欲投注在對象身上。那麼回到蔡醫師在書中不斷出現關於「荒涼」的引述，「當他走到荒涼的地方時，他甚至不知道『荒涼』是什麼意思？他只是走回心中，很久以前被他拋棄的所在。」倘若那荒涼之地曾經是富饒的母親大地，而與之相對應之連結經驗若是受挫，在臨床實務工作裡，那挫折經驗包含被忽略、被遺棄，甚至是受虐的。

　　倘若如此，失落的經驗有沒有可能即是一個失去富饒沃土的象徵，那不僅是侷限在具體的與母體分離抑或是斷奶等經驗，真正的阻礙在於分離過程中，內在深刻地經驗了失去客體的滋養與撫慰，無法與客體連結，甚至是「破壞本能」對客體攻擊的同時，也切斷了與部分自我，尤其是脆弱自我的連結。或許是那份荒涼感，讓

孤單油然而生，這是否就是蔡醫師所謂的：「因爲他在那個時候，連自己都不想看見自己。」那個不想被自己看見的部分，恐怕一直是孤苦荒涼的吧！

　　然而若再往下推想，何以我們需要客體？又或是眞的如佛洛伊德在1914年〈論自戀〉裡提及，原發的嬰兒期自戀，是眞正存在的狀態嗎？這又與實務上之嬰兒觀察或臨床觀察所經驗到的樣貌是相衝突的。這是何以我提到這是閱讀蔡醫師的筆記書寫時，會在心裡激起層層不斷的擴散思考之漣漪的妙處所在。

　　文中，蔡醫師在消化來自西方世界之精神分析盛宴時，於思考專業職人的技藝與態度中，在此充滿神祕魔幻與抽象的高湯裡，他摻入了陰陽元素並提出太陽月光模式，這是另一思維的路徑，以陽光與月光來說明移情與反移情的互動，用此來比對佛洛依德的「鏡子說」，與比昂的負性能力（negative capability）。臨床實務工作裡，我們確實難以如鏡子般全然映照出個案對我們的移情投射，如同蔡醫師在文中提到「實然」與「應然」永遠存在的距離。若我們將此視爲應然，奉爲圭臬，那莫非就是超我的作祟了。每一位治療者有其內在的心理狀態與特質，個案投射在我們身上的素材，也因不同治療者的消化處理而有所差異。這或許也是這項技藝最迷人之處，治療的每一片段都無法複製另一個完全相同的結果，即使表面上看似來自個案的一句相同的話語，在其

不同的語調，不同時刻與情境下，被翻譯出來的內涵都不盡相同。然而，太陽月光模式之深妙，就留給讀者自己探索。

我們經常在實務工作上感到困惑、遇到阻礙，需要理論及其他臨床實務經驗的協助，這本書會是臨床工作者相當實用的隨身書，它拓展了臨床工作思維的更多可能性，並在實務工作挫折時得以陪伴與撫慰，讓這條充滿荊棘的道路上，得以某種程度地，與孤獨荒涼的距離拉開一些些⋯⋯

張秋茜

臨床心理師

青蘊心理治療所所長

臺灣精神分析學會精神分析師候選人

心中某處荒廢的所在，想做夢

荒涼裡到底有什麼？

應該要有一題精神分析式的謎語是這樣問的：「如果去荒島度假，請問該帶哪篇文獻一起前往呢？」謎底是：D.W.Winnicott 的〈The Capacity to Be Alone〉[1]

那年夏天，我從生活的這個島嶼去了另一個靠近極圈的島國——冰島，隨身攜帶村上春樹的新書《你說，寮國到底有什麼？》。我其實是想問，荒涼的冰島到底有什麼？直到旅行結束很久以後，我依舊對那個島上有著什麼感到驚奇。我想問：為什麼那個島上有冰河，也有火山？為什麼那裡的動物可愛療癒，像是帕芬鳥、冰島馬、冰島羊……，但那裡的人種卻彪悍勇猛？又為什麼那裡有永晝，也有永夜？

而從前島上的種種荒涼，現今在世界各地被傳唱得很富饒。

---

1. 謎語改編自比利時分析學會會長Rudi Vermote某次來台拜訪時，與台灣分析師友人的一場對話。

夢書

記憶中，老家客廳的矮櫃裡，塞滿母親為我們挑選的歷史故事、格林童話、偉人傳記……。書房裡，則有一整面牆的書櫃，擺放父親的藏書，資治通鑑、四書、五經……。某天，當時還是小學生的我，不滿足於矮櫃裡的童書，我把靠在書桌裡的椅子拖到書櫃前，爬上去，站在椅子上面對滿櫃的書本，隨意抽出書翻看，盡是一些讓人頭昏的文言文，我把抽出來的書放回原來的位置。在正經八百的書堆裡，夾雜一本有著超現實封面的書。嗯，精確一點來說，那時候的我還不知道「超現實」這個詞。那本書的封面令我感到稀奇，畫有兩隻張開血盆人口的老虎，撲向前方躺臥的裸女。我轉身抱書蹲坐在椅子上，試圖翻閱，那是新潮文庫翻譯的《夢的解析》。從此以後我知道世界上有佛洛伊德與精神分析，以及人的夢境可能有意義這件事。

直到現在我都不解，為什麼學文學的父親，會收藏《夢的解析》一書？我聽父親說過孔孟、談過老莊，沒聽過他提起過佛洛伊德。就算多年後我當面問父親，為什麼會看《夢的解析》？我仍沒有得到明確的答案。後來，我徵得父親的同意，把那本書帶到我家客廳書櫃的一角，安靜地待著。

等到我認真研讀《夢的解析》，看的是左岸經典新

譯本。整本書從序文的部分開始，我逐字閱讀，瞇眼皺眉，似乎以為這樣就可以把精深的理論深印在腦中。閱讀精神分析的理論書總是需要有些想像力，這本書有篇序文一開頭的書寫就很美，文字讓想像有了畫面，那是蔡榮裕醫師寫的序，他這樣寫道：「初冬帶走了綠葉，有些猶不及變黃，及俯撞於微濕的褐土上……」。我一開始是這樣認得在台灣精神分析圈裡，無人不曉的蔡醫師。

剛開始拜師學精神分析時，有次我對啟蒙督導報告我的個案如何抱怨心理治療效果有限，督導聽完，轉述他的老師——蔡榮裕醫師的教導是：「如果個案談了許久，仍沒有辦法脫離重複的人生困境，那一定是還有想不清楚，說不明白的地方。而那個地方，一定還有可以探索之處！」聆聽督導說這段話的當下，我的思緒飄忽，突然感覺振奮。我畫錯了重點：「喔～所以我的師公是蔡醫師？」這個畫錯重點的發現，彷彿讓我找到我在台灣精神分析圈裡，一個可以安靜待著的位置。

之後，我每年固定在台南精神分析讀書會聽蔡醫師講兩堂課，也不時在各個工作坊裡聽蔡醫師談精神分析。2018年起，我加入蔡醫師帶領的IPA精神分析辭典英台翻譯工作小組，每個週三的深夜，我和夥伴們與蔡醫師視訊會議。在蔡醫師營造的安全場域裡，討論關於主題詞彙，任何我們想到的聯想。跟蔡醫師的學習、與他相處的過程裡，我發覺不論是專業工作或日常生活，那些未

曾細想過的荒蕪中，竟還可以這樣想、那樣講……，荒蕪裡實存可供精神分析式想像發出嫩芽的沃土。

致自由與耍廢

「廢人與荒涼」中，蔡醫師像一名拓荒者，企圖前進精神分析理論尚未能登陸的疆域。在理論與實務之間，在西方觀點與台灣在地觀點之間，他從臨床或社會心理現象，來想像這些還未被理論或語言觸及之處可能有什麼？這項工程極為艱困。波蘭名導奇士勞斯基回憶他在電影學校就讀時，經常得要回答一種描述事情的考題，比如說他得用語言描述「如何沖馬桶」，他說「沖馬桶」用演的非常容易，但若想要用語言清楚描述，卻很困難。試想一個對大多數人來說再熟悉不過的主題，想要用語言描述已如此困難，更何況想要用語言去趨近unknown呢？unknown是一個尚未有語言存在的所在，是一片未開發的荒涼。唯有當我們可以開始想像它，我們才有機會賦予它文字與意義，也才有進一步的機會討論與思考。

「廢人與荒涼」令我想到，Thomas H. Ogden強調「有時間可以浪費」很重要。他舉了他讀大學時，遇到一位主張課程目標就是沒有目標的英國文學教授為例，那位教授的理由是因為：只有當沒有課程目標時，他的

學生才有選讀自己想讀的書單的自由，否則一門英國文學課要訂課程目標，那書單肯定是得要閱讀莎士比亞、塞凡提斯、普魯斯特......等大文豪的巨作吧？用我的話來說，如果我們有忽略政治正確盡情要廢的機會，那麼想像就有自由的空間了！

「廢人與荒涼」，還讓我連結過去觀賞歐陸電影的經驗。大量畫面剪輯、跳接、紛亂的對話、意識的流動，此種敘事手法常讓我一時落入搞不懂導演到底要傳達什麼的茫然感。André Green認為可以待在不確定、不理解、不肯定中，是一種能力。看電影、閱讀書、做治療......時，我經常鼓勵自己持續待在「不知道」裡，拿出自由與要廢的勇敢，逐漸打開感官，有時會（而且機率滿大）抵達豁然開朗的感動時刻。

閱讀本書，讓精神分析取向的專業職人再一次溫習治療室裡的日常。

劉依盈
臺灣精神分析學會會員
晨希心理諮商所負責人
諮商心理師

荒涼的所在，還有什麼？

如果「荒涼」是人的一種影子，當影子開始當家作王後，「荒涼」成為某種主體，開始它自己的人生；人走在「荒涼」裡，也讓「荒涼」冷冷地看著人生。

給受苦的人

字背著光芒
卻常常刺傷說不出的心酸
文字抱著黑暗
卻踢不走心知肚明的糾纏

　　精神分析領域裡，從早年聚焦在焦慮和歇斯底里等症狀，直到晚近，轉移到自戀型人格、邊緣型人格和憂鬱等，這種轉變，隱含著什麼意義？是否跟佛洛伊德有關呢？

　　也許可以這樣說，佛洛伊德從父親過世後，他的悲傷開啓了隱遁式的自我分析，幾年後《夢的解析》誕生，讓「歇斯底里」有了新的觀點。

　　古典精神分析之後，自主性認同、尋找自體（self）等新課題被強調。以下是我的主張，不必然是科學的結果。我主張臨床實作時，面對成人個案，我們仍是得穿透或穿過古典理論描繪的焦慮和歇斯底里等充滿矛盾的場域，才有機會抵達（或說是「退行」）新領域。至於在說明新領域的心理學時，我則主張從古典理論已開張的後設心理學做基礎，如性本能或死亡本能等，再往前推論，讓新領域的探索，延續精神分析的歷史觀。

I. 從憂鬱症到孤獨部長：
荒涼的所在，還有什麼？

當他走到荒涼的地方時，他甚至不知道「荒涼」是什麼意思？他只是走回心中，很久以前被他拋棄的所在。曾經有過月亮般的堅持，只有在上弦月時，才讓人們看見他的心情，其它時候，就是忙碌著，想著要如何避開別人的眼光，因為在那個時候，他連自己都不想看見自己。

雖然大部分的人都認識他，他每天依然隱沒在無人的暗巷，或擁擠的市場。

荒涼的所在，還有什麼嗎？

某人：

我聽過這件事，在2018年1月17日英國首相Theresa May公佈了一項新工作，她任命了一位「孤獨部長」，專門處理那些和社會隔離的人們，她表示，「孤獨」是「現代生活裡令人悲傷的現實」。也許這和我們政府積極面對和處理的「長照」課題有異曲同工之處，不過名稱的不同，自然也可能帶來後續方向的不同。

他人：

以「孤獨」為名，要處理孤獨，這並不是容易的事吧？但至少是面對了心理學裡重要的一個現象。也許這位「孤獨部長」的工作內容，不只是心理學，而是有社會和政治、經濟方面的處理。

我的聯想是，聯合國和世界衛生組織將「憂鬱症」當作是重要問題，呼籲全世界要注意「憂鬱」現象，至今已相當多年，這是傾向精神醫療的方向，到目前為止功效有多少，仍是進行式的評估中吧？不過，當英國首相任命與衛生部平行的「孤獨部長」時，意味著需要在衛生醫療之外，還得要處理其它的生活面向。

我好奇的是「孤獨」的心理事件。如果只從心理面向來談這個議題，是否意味著憂鬱症本身就是多元現象的集結，而「孤獨」是憂鬱症狀的結果或者是原因呢？也就是，人因憂鬱而讓自己孤獨，或者是因孤獨而顯得憂鬱呢？或者這種憂鬱的程度，會強烈到產生如現有精神醫學診斷裡的重度憂鬱症？或者是呈現輕度的精神官能型憂鬱症呢？

我無法肯定地回答這些問題，但從這個問題，再思索憂鬱和孤獨，或者還有常一起出現的其它感受，例如空洞感、空虛感、無助感、無力感和無望感，這些在日常生活裡隨處可見，以不同強度的方式存在內心，也會表現在外顯的生活裡。

　　什麼是「孤獨」呢？也許有人會覺得奇怪，怎麼我這麼問？明明大家都知道是怎麼回事嘛！是啊，就像「憂鬱」這語詞是相當流行的話語，但是每個人的想法可能差距甚大。至於「孤獨」，也是如此嗎？不是有很多人覺得孤獨是重要的，也有人說要享受孤獨，把孤獨當作是生活難得的經驗，那是可以真正做自己的時候，不必再看別人的臉色，總是令人嚮往的……

　　不過不能忽略，英國首相想要解決的問題——「孤獨部長」大概不是要鼓勵大家「孤獨做自己」吧？是要引介社會資源，走進別人的孤獨裡，這是否會帶來反彈，讓喜歡孤獨者覺得自己被干擾了？也許可能有部份人會如此覺得，但是「孤獨」果真是如此受歡迎嗎？如果這樣，何以會被說成是「現代生活裡令人悲傷的現實」呢？

　　其中的差別可能是，有人的孤獨是自己不想要的，只是迫於各種現實變成孤獨，而需要有人主動來關切。而有些人的孤獨是他們想要的，他們甚至能從孤獨裡有所創造，不過如果是這樣子，兩者都是孤獨嗎？或最好有不同的語詞來形容它們，這樣子比較不會帶來不必要的誤解？

　　這是語言的豐富，同時也是窮困的所在。語言豐富讓一個語詞顯示了多元的說法，會更豐富視野和經驗；至於窮困，則是過多的詞義，反而變得空泛如口頭禪。

另一人：

　　跟精神分析有關的，我想到溫尼科特（Winnicott）一篇頗受歡迎的論文，談論「孤獨」是一種能力。這篇文章裡，他從佛洛伊德的「本能理論」談起，再加上後來的客體關係，論述「孤獨」何以是種能力，甚至是精神分析的目標之一。他的說法不必然跟其他人對於「孤獨」的定義相同，不過藉由他的文章，讓「孤獨」這字眼有了深度心理學的意涵，也接近了某些人孤獨經驗的體會——也就是「孤獨」不是無法和他人或和自己相處，而是內在客體關係上，和他人相處不會有困難，也因為和他人相處沒有困難，讓他更容易獨處。

　　溫尼科特對於「孤獨」的說法，並非是難以和人相處而退避後的結果，而是一種狀態，可以和他人相處，也可以獨處的自在之意。如果要理解溫尼科特「孤獨」概念，是跟我們日常用語裡「自在」較貼近，如果只從「孤獨」字眼來了解，容易認為那是令人不舒服的狀態。有的人會以「孤獨」做為標籤，實質上卻是依賴他人。表面以「孤獨」自許，或宣稱可以享受孤獨，卻是依賴他人不順利後的挫折反應，這種情況下所宣稱的「孤獨」，是不安和恐懼的。

　　人和人勢必是相互依賴的，這也是英國設立「孤獨部長」的背後基礎。由於種種因素讓「孤獨」變成是自己不得不與外隔絕，而對那些身體功能退化的人，需要

依賴他人，得以在客體在場時，有機會讓心理上有短暫的獨處能力。或者也包括經由某些外在環境改變或心理諮商的協助，才變得可以有如同溫尼科特所標示的孤獨能力，但這種能力並不是有或無的二分法，而是如同光譜般不同程度的孤獨自在的能耐。雖然「自在」可能也會衍生其它的問題，例如當事者覺得自己很自在，但是旁人卻不以為然的矛盾情況。反正在日常生活裡，這些語詞常呈現二分法的狀況。

「自在」被當作是好的能力時，人們會希望自己是已經達到這種狀態，不願意被他人當作是不自在的人。就算「不夠自在」有程度之別，但是「不夠自在」仍常被當作是「不自在」的同義詞，這是因為二分法，源於原始的分裂機制運作下的結果，相反的，如果「孤獨」被當作是不好的，就會有「要能享受孤獨」的說法，意味著這雖然不好，但是當事者不只接受它，甚至能夠享受它，好像是面對困境，仍能甘之如飴的意思，而這又是因為面對困局能夠甘之如飴，被當作是好的狀態，這些可能都是反向心理機制的作用。

由這些現象可以看出，語言在日常生活裡的層層相互牽引，連動地影響著某些語詞被人們接受或排斥的現象。有一些不自覺的心理機制運作其間，讓語詞是如此生動活潑，但有時顯得沈重蹣跚，像是穿著層層的盔甲。例如，溫尼科特所談的「孤獨」是種能力的說法，也可

以這樣來解讀：能夠好好依賴他人的人，或能夠善用客體的人，就可能更有孤獨的能耐。溫尼科特刻意用「孤獨」這語詞，起初是比較接近負面的意義，但是經由他的理論，翻轉了「孤獨」的說法。在現實上，人們理解這個語詞時，需要在這些不同用法裡打轉，也就豐富了心理學的深度和厚度。

不過，「孤獨」的問題，在精神分析裡並不是有很多論述。有詩為證：

有時說話是等待
為了埋伏
捕捉一句話
說錯而被通緝的第三個字
曾路過舌頭
卻閃身從舌尖逃走
最近聽說
那句被拆散流浪多年的字
想要暗暗回家補充鄉音
完整說出一口氣後
再隨風四散
煎熬思念

II. 從歇斯底里到邊緣型：

看著荒涼的窮盡處，只能不安或歇斯底里嗎？

　　當他走到荒涼的地方時，他甚至不知道「荒涼」是什麼意思？他只是走回心中，很久以前被他拋棄的所在。雖然大部分的人都認識他，他每天依然走在無人的暗巷，或擁擠的市場。

　　荒涼的所在，還有什麼嗎？

　　關於人生裡的孤獨或憂鬱，雖然是很重要的心理課題，但我先談談歷史裡的一些想法。

　　人的情感是萬千變化的，然而被使用來描繪感受的語詞，實際上還是相當有限；儘管有限，相同語詞的使用法也可能萬千！這增加了我們理解上的困難，但是，還是需要有個共同的語詞做為平台。

　　《夢的解析》一書是佛洛伊德的自我分析，他在父親過世後，頗受衝擊，於是回到自己的內心世界，探索到底發生了什麼事。《夢的解析》是初步的成果，接下來他展開歇斯底里、恐懼症和強迫症等觀看和書寫的年代。佛洛伊德曾說，「精神官能症」是概念（idea）的疾病，但改變想法就解決了問題嗎？顯然不是那麼單純，

還有涉及複雜深厚的情感因子。

　　情感是萬千變化，即使這樣，為什麼我們還是會常出現沒有出路的感覺呢？我們要如何命名這種沒有出路的感覺呢？這是路的終點嗎？或者是在路途中的任何地帶？在某種時候，可能是傍晚、可能是白天日正當中、可能是沒有人在旁，或者是身旁擠滿了人——但是心中卻覺得，旁邊都是難以了解自己的別人。

　　我們勢必要找出更多的語彙，來描繪這種心情風景，只為了讓心情風景能夠有更多色彩和層次感。到底我們視野裡的症狀和人格特質，是情感的問題，還是概念出了問題呢？或者實情遠比這個疑問還要更複雜？

　　有時候總是傳說著被簡化的景象：一度有人說「歇斯底里」已經不見了，那是十九世紀豐富了精神分析起初的心情風景，後來有人說接下來二十世紀是邊緣型的世代。這是觀察焦點的典範轉變，或者是真的實情呢？

　　葛林(André Green)提過，當他年輕時，專業職人的同行間談論個案時都會先問：「那是精神官能症個案或是精神病個案？」以此做為開始談論的標定位置。但是隨著時間的演進，後來他發覺有改變了，大家聚在一起談論個案時，會先說的是：「這是精神官能症個案或邊緣型個案？」這是什麼意思呢？

　　或許是看事情的典範改變了，而且隨著時代變遷，做為主訴的症狀也會跟著改變，更淺白的說法是，因為

佛洛伊德選擇性地將眼光停駐在「歇斯底里」，而且成功的造勢，讓那個時代的人也跟隨著他的眼光，急切地只想要看見佛洛伊德當年想看見的現象。

專業職人想要和他人討論工作歷程裡，主訴症狀逐漸產生的變化，可能來自於臨床個案的逐漸改變，或者是類似的個案群，經由治療工作接觸後，逐漸出現影響治療師想像的內容，是更讓治療師放在心上，想著要如何解決或更好奇的素材。但視野焦點的改變，就意味著「歇斯底里」已經消失了嗎？或者它是隨著時間的演變，也有了新的變型樣貌呢？

專業職人有精神醫學診斷條例來參考，但目前古典的那些失憶、失語和部分肢體麻痺等症狀是比較少出現在條例裡，而其它的，如焦慮和恐慌等卻仍明顯存在。這是什麼意思呢？是發現不同的疾病，或者是有類似的心理基礎，但是不同的變型樣貌呢？如果由心理學角度來說，我是傾向假設「歇斯底里」不曾減少，而是不同的變型樣貌有不同的說法。

這種說法是假設，外顯症狀雖不同，內在心理世界卻有共同的來源。從外顯來說，佛洛伊德當年描繪的那些歇斯底里現象是比較少見，但人性的困局依然存在，只是樣貌不同。

不可否認的臨床事實是，專業職人之間的焦點是更著重在邊緣型的種種現象。早年所謂「邊緣型」，是指

處於嚴重型的「精神病」和輕微型的「精神官能症」之間的個案，但由於精神醫學診斷的條例化，將邊緣型的診斷愈來愈聚焦在空虛和全好全壞的客體關係等現象，也可以說，聚焦在以「分裂機制」所帶來的二分法，缺乏中間地帶的人格，於是，「邊緣型」被放在美國精神醫學診斷條例裡的第二軸「人格層次」，不是屬於主要疾病診斷的第一軸。

從臨床實作的過程來看個案和專業職人的互動，雖然口述上以症狀為主，但是治療師會很快發現，就算症狀的存在是個案起初急切想要除去的焦點，然而，更難以處理的卻是個案的「二分法」心理。如果大好大壞般的起伏很強烈，讓治療結構或對治療師展現出嚴厲批評或極端讚許，兩者之間劇烈擺盪，會使得治療過程相當艱辛困難。

這種劇烈的兩極化擺盪，才是影響個案的人際和工作的困難所在，但那反而不是個案主訴的焦點，而是專業職人在治療過程裡遭遇的難題，也是治療是否能夠持續，讓更多問題得以呈現的重要影響因子。

因此，我會推論葛林生動描述的，談話焦點的改變有不少成份是來自於專業職人的焦點變遷，不全然是來自於個案性質的改變。我很難相信，個案被歸為「人格層次」的問題，其來自分裂機制而帶來的二分法，對於治療結構的劇烈影響，不曾發生在以前。只是當時主焦

點放在精神官能症的觀察和想像，因此對於那些劇烈的二分情緒的觀點，是相對比較少被觸及的課題。

我的經驗是，症狀層次的內容不是真正影響移情和反移情的因子，而是在述說症狀的過程裡，流露出多少自戀以及多少非好即壞、非愛即恨所帶來的關係張力，這些原始的深沈因子，才是更貼近佛洛伊德晚年關切的課題：《在分析裡的建構》探討的，建構生命早年心理史的意圖。

隨著時間的演變，目前是如何呢？我個人的經驗是，個案的主訴是憂鬱和恐慌不安，實質上很快地看得出來，更影響他們的不只是外顯的這些症狀，而是潛在的：是否「自戀」或者是否常運用「分裂機制」，而處於非好即壞和非黑即白的邊緣性格。自戀和邊緣，是很容易被用在談論個案時的景象。也許我的視野有限，不過這是目前所見，我就在這些經驗基礎上，往前再想想其它的。有詩為證：

> 三千字直挺挺
> 擠在一篇文章的入口
> 等待擠兌
> 一個無心的意義
> 可以讓舌頭的徬徨

藉著寂寞的口氣
尋找一團迷霧裡
帶有骨氣的人生
還有幾斤青春的重量

III. 從焦慮到憂鬱：

面對荒涼，能夠找到什麼名字面對自己呢？

　　當他走到荒涼的地方時，他甚至不知道「荒涼」是什麼意思？他只是走回心中，很久以前被他拋棄的所在。雖然大部分的人都認識他，他每天依然走在無人的暗巷，或擁擠的市場。

　　荒涼的所在，還有什麼嗎？

　　如果精神分析的觀察和想像症狀的變化，是從「焦慮」的視野挪移到「憂鬱」，這是指什麼呢？如果還要秉持著精神分析對於表象之外的著重，而這些內容被稱作「精神官能症」的表象，卻是左右著目前精神醫學的視野，是否也會影響著分析治療的關係和進程？

　　這是什麼意思？難道「焦慮」和「憂鬱」這些症狀，不會影響著治療關係嗎？當然會影響！不過如果以長期的心理治療，尤其是精神分析取向來說，會發現個案主訴的這些症狀，更像是他們想像——這是要來治療的理由，不然就找不到足夠的理由說服自己來治療。就算是預先想要做心理治療，而不想要服藥的個案，仍是常見這種態度。開始心理治療後，治療師會很快發現，如果

只針對焦慮或憂鬱等症狀內容，其實常常意圖明確地，就是盡快以某種方式，將這些症狀踢走，並且以這些症狀的減少，做為心理治療的主要目標。

在精神分析取向的診療室裡，個案仍然三不五時會回到他們的症狀。慢慢地，他們呈現在診療室裡的是，他們把治療師當作什麼樣的人？術語是說，當作什麼樣的客體？並且症狀不再如原先那般重要，而是很神奇地經驗到，他們好像變得更著重治療師是如何看他們？會不會不在意他們？對於他們重複說相同問題，治療師是不是會變得不耐煩？

這個現象表達的是，症狀不是那麼容易消失。個案也不必然會完全忽略期待，或甚至要求治療師一定要幫他們，把症狀趕走，踢出他們的家門。這段時日裡，症狀依然，就算他們多麼努力說著自己的故事。這是多麼令人挫折的情況！這種挫折讓治療關係有種荒涼感，好像注定做著不會成功，或不知成功是什麼的荒涼。當然啊，這仍是有個謎——何以在如此荒涼裡，他們仍會持續來治療？雖然有些人也就遺落了，讓自己中途下車，不想再走入更靠近那片荒涼的處境。

然而，在荒涼裡會忽然發現，怎麼有種熟悉似曾相識的感覺？甚至有某種莫名的情感被勾引出來，這是很奇怪的事啊！怎麼會這樣子，這不是他們原先想要來的地方呀，起初只是要趕走那些擾人的症狀就心滿意足，

但是，焦慮依然，憂鬱依然，卻走到這個地帶，這是什麼地方啊？不是全然陌生，有點像是在夢裡。有人可能會過於驚嚇，且臨時找不到遮掩自己的方式，而感到害怕。在這種地方，就算閉起眼睛，仍會覺得看得清清楚楚，那是種冷酷，更是種殘酷！

　　或許有人不了解，我這麼說是在說什麼呀？雖然我覺得就只是在描繪心理治療診療室裡的某種日常，而且這些描述，是更貼近我感受到的臨床經驗，有些像高更畫裡扭曲的人和景，我覺得這是比現實還更貼近真實的意象，也有人說，寫實的描繪反而變得超現實，而超現實的描繪卻可能更貼近某種心理的寫實。好吧，或許這是我在這種困局裡，花力氣替自己所做的辯護吧？

　　如果我再談葛林的某篇重要文章，也許你們可以更了解，不論是以焦慮或憂鬱做為主訴，最後總是流露出生命的荒涼感，而我何以要用「荒涼」這種感受和情感來形容？這是一種很深沈的情感，深到難以用文字來說它，我以「荒涼」來說明，並不是就把它說完了，而是表達需要一再被述說的處境。那些能夠留下來，還能夠持續述說的心情，尚有一塊需要重複尋找任何風吹草動的題材，描述風如何吹著草，草如何動著，一如症狀在日常生活的一舉一動般，但說著說著只覺得更是空洞，風吹過，總是加添了傷感。而這一切都是個案開始談論自己的症狀後，就莫名浮現的情節。

　　從症狀層次來看，早期以「焦慮」為主要焦點，直到晚近以「憂鬱」為焦點，甚至堅守精神分析陣地的葛林，他在《死亡母親》的論文裡舉的例子，就是母親的憂鬱對於小孩的深刻影響，如同是死了的母親那般，並推想，對小時候經歷這種經驗的個案來說，他們也會投射治療師如同死亡母親般，雖然人在現場卻是感覺遙遠如同死亡，此時治療師的詮釋可能只會帶來破壞，因為個案需要的是，有人了解他們或者能夠同感他們的處境。

　　我的推論是，雖然這種處境是生命早年的故事，但是此刻他們的身心仍是處於當年的情境，他們需要的仍是死掉的母親可以活過來，以活著的眼神看著他們，跟他們說些話，也許不必什麼太有道理的話，就只是說一些話就好。

　　視野從「焦慮」到「憂鬱」，有什麼特別的地方？也許還需要更多日子之後，回頭來看，會更清楚這種變化的意義，也可能有機會了解，何以佛洛伊德在死去父親後的抑鬱裡，醞釀了《夢的解析》的形成和成就。但是佛洛伊德的一生裡，對於這種感受的過程描繪卻是如此稀少，這讓我想像，如果他一開始就直接從人的「失落」開始談起，那麼，精神分析又會是什麼樣貌呢？

　　我需要聲明，從「焦慮」的焦點移到「憂鬱」，並不是說「焦慮」的理論就不再需要了，以後就只要著重「憂鬱」就好，臨床上不可能如此，畢竟它們仍是臨床

常見的現象。我們需要的是如何同時並看，讓「憂鬱」的主題在精神分析裡，也有豐碩的文字在傳唱。我們從佛洛伊德的《抑制、症狀與焦慮》開始，也許可以想想「失落、症狀與憂鬱」，甚至是「失落、人格與自戀或邊緣」。

　　人在失落後是種荒涼，這種荒涼包著空虛、淡漠、抑鬱與暗淡，「生之本能」在其中活著，「死亡本能」也活在裡頭。但是談論「本能」這麼抽象的內涵時，我們試著幫其中的每個人、事、物都命名，讓每個有名字的人、事、物能夠再活著，這是經歷失落經驗者活下去時的景象。

　　在荒涼的景色裡，過著華麗的失敗，只因為人是注定失敗的，所以有想像的產生。有詩為證：

白鷺鷥翅膀深處
藏著別人的故鄉
還有遠遠趕來的秋風
搭配兩個銅管低頭嘆息
吹來的音符
數一數有三公斤
冷靜的心酸

Ⅳ. 再論說故事：
荒涼可以多荒涼，但仍需要看它一眼

　　當他走到荒涼的地方時，他甚至不知道「荒涼」是什麼意思？他只是走回心中，很久以前被他拋棄的所在。雖然大部分的人都認識他，他每天依然走在無人的暗巷，或擁擠的市場。

　　荒涼的所在，還有什麼嗎？

　　回頭看佛洛伊德開創精神分析之前，有一段時間是處於父親過世後的抑鬱期，由此開啓了他的自我分析，透過自己的夢，成就了世紀之書《夢的解析》。有趣的是，佛洛伊德後來開展的精神分析，是以歇斯底里、強迫症和恐懼症等爲主要視野，反而引領他出發的「重要客體的失落」這件事，並未成爲他眼中的眞正大事。雖然在《哀悼與憂鬱》裡，佛洛伊德談了一些至今仍是深具影響力的概念，相對於其它的論述，關於「失落」的主題只能說是斷簡殘篇，甚至在《抑制、症狀與焦慮》的附錄三，才以微小篇幅談論到，哀悼和失落是精神分析至今仍研究不多的領域。

　　難道「憂鬱」眞的如此不重要嗎？或者「焦慮」相

關的所有論述，被假設是更深層的心理學，而要解釋
「客體失落」和「憂鬱」課題時，只需要現有的理論就
夠了，不需要新增其它觀點？如果是這樣，佛洛伊德就
直說「客體失落」和「憂鬱」的課題，以目前的論述來
說明就夠了，何以還需要以附錄說，這是待研究的領域
呢？他真的完全沒有接觸過「失落」和「憂鬱」的個案
嗎？就臨床想像來說，是不大可能沒有這些案例，或許
是他並沒有從這角度去觀察和思索。

　　以佛洛伊德描繪的「陽具欽羨」為例，這種欽羨的
基礎是什麼呢？是擔心會失去什麼而焦慮，因此焦點在
「焦慮」，或者在於另有失落的經驗，以及隨之而來的
抑鬱？或者是哀悼也無法解決的情感，這些情感仍是什
麼動盪不安的狀態，動盪不安構成了後來的焦慮嗎？這麼
想是有先後的順序之意，那麼其中的「性學」理論的位
置呢？是否思索「失落」和「憂鬱」的深度心理學，就
不需要佛洛伊德現有的文化資產嗎？我的見解是，更需
要！這是由於歷史的發展仍在這些基礎上逐步往前走。例
如，人生故事裡，「陽具欽羨」在本質上亦有的失落感。

　　畢竟，佛洛伊德對於人的自戀心理的描繪是有意思
的，我設想，如果人出生後，接觸客體就注定要走向失
落的經驗，意味著後來接觸的任何客體，幾乎都不可能
完全滿足人的自戀需要，甚至客體的存在，就是對於自
戀的侵襲，使得失落成為必然。只是到底什麼時候發生

了什麼事，讓「失落」不只是一個語詞，而是有它的內涵？它的內涵仍需要找來更多文字和想法來湊熱鬧，同時再想想到底是怎麼回事啊？讓佛洛伊德出發的「失落」，卻是他最少說話的地方，也許他需要先忙著捕捉那些先來湊熱鬧的焦慮和不安的心結。每個心結上，都擠著性本能和死亡本能的心聲，它們爭著要先說話，而佛洛伊德禮讓這些心聲先出場。

有人會從不同方向開始說故事，例如焦慮和不安一直跑在前頭，而跟不上的其它情感就擠在一起，相互吐苦水，而「抑鬱」就像古代說故事的人，當他指定什麼是什麼就是什麼了。

至於說故事是為了什麼呢？為了求生，或者找死呢？這個命題有些奇怪呢！不過還是先來聽聽《一千零一夜》的故事，這是說故事者為了延緩死期，所以是天方夜譚，要一直說著故事，但是能否延長死期，卻不是說故事者本人能決定。這是什麼意思呢？只是好玩而被編出這種故事，或者就算是偶然，也有其它值得想像的什麼嗎？佛洛伊德在父親過世後，長時間自我分析自己的夢，因此《夢的解析》是更貼近心理真實的自傳，後來他在建構精神分析的路上，也可以說是在建構他自己的心理史。

直到晚年，他才開始著重很原始的自戀或分裂機制，以及失落和憂鬱的課題。這是他從外顯可見的焦慮、恐

懼和不安著手，出發一路往更深的場域走。或是這些晚年提出來，但來不及深入細究的材料，例如《論自戀》還加個副標題「引言」，好像還有很多話要說，卻是來不及了，生死是超過他能掌握的，尤其是難治的癌症糾纏著他十幾年。他留下了現在看來是他自己的診療室實作經驗裡，更重要的現象，如自戀和分裂機制，引來的二分極端化和失落帶來的空洞等議題。

這是佛洛伊德抵抗著癌症死亡召喚的過程，仍是心力堅強地在深化原先的論點，也打開一些新的方向。雖然我是好奇者，這些後來提出的新焦點，何以這麼晚才被他看見？我假設，這些都是臨床上明顯可見的題材，就算在他的時代也是如此。雖然有人說歇斯底里的年代已過了，後來是邊緣的年代，但是更有可能是，個案的主訴樣貌就算隨著時間有些外顯變化，但是內心世界的運作機制有明顯改變嗎？我是存疑的，就像「嬰孩的期待」是夢的主要驅動者，但是隨著時間的不同，抓取當年能抓得到的材料，來表達自己的欲望，是否症狀的變化會如同顯夢內容的變化呢？

是因為佛洛伊德個人經驗的影響，直到他晚年，才逐漸能夠抓取影響他更深的失落和抑鬱，以及左右著人格發展的自戀和分裂機制嗎？由於人格課題也是他鮮少著墨的領域，但是這些課題卻早就是實作裡難以忽略的臨床事實，它們一直在那裡，等待著佛洛伊德和我們視

野的關切。

　　相對於在焦慮、恐懼和不安的豐富想像和論述，自
戀、邊緣、失落和憂鬱，卻像是被忽略的荒涼地帶。有
詩為證：

咬緊的門牙
昨夜睡前默默決定
不再阻擋多年前的往事
某年秋天
為了撐起一片葉子的深意
網羅苦苦糾纏的眼神
吐露
風就要來了

V. 從一無所有到豐富想像：
只為了忘記自己，仍有荒涼在燃燒

當他走到荒涼的地方時，他甚至不知道「荒涼」是什麼意思？他只是走回心中，很久以前被他拋棄的所在。雖然大部分的人都認識他，他每天依然走在無人的暗巷，或擁擠的市場。

荒涼的所在，還有什麼嗎？

沒有想像和猜測，就沒有深度心理學。對我來說，想像和猜測，是擠進一無所有的夾縫裡的重要方式，可以走得很深遠，也可以很寬廣，然後原本被禁制的身體和心理，就有了更大的空間可以活動，也可以說，有了更大的自由可以轉身。不過，可以轉身要幹嘛呢？也許這才是更重要的課題，因為自己常常不會覺得自己所處的情境，是很容易就得罪別人，或者好像任何一件小事就會讓一些關係遭遇到嚴重的破壞。在比喻上可以說，自己只是輕輕地推開對方近身的逼近，卻造成嚴重的反攻對待。何以不是兩個人在寬廣空地上練拳，就算大力出手，仍是對著空氣揮舞而已？

愛爾蘭人長年覺得被英國壓迫，蕭伯納說：「愛爾

蘭人的心一無所有，除了想像」，他是遠離家鄉的人，只在有了距離後，他才能以游刃的方式，開展他的藝術。也許都跟愛爾蘭有關，卻是一種神秘的有關，這種神秘跟想像有關，或者是神秘加上想像，才讓愛爾蘭這種小國誕生了不少諾貝爾文學獎的得主。一無所有，除了想像，尤其在愛爾蘭無法稱呼自己、失去了自己名字的七八百年裡，想像力的確讓他們保有了始終堅強無比的力量，而這是從荒涼的處境裡開始。

　　人出生下來是一無所有，但是自己不會自覺，之後跟重要客體接觸，很快地，隨時都會經驗著失落，這種失落是佛洛伊德在《哀悼與憂鬱》的說法，也是長大後，形成重要客體消失後，引發憂鬱的深層心理基礎——這是一片早已存在的荒涼地帶。佛洛伊德因父親過世，開始思索自己，分析自己（時程不是先這後那的明顯連結，而是加上我的想像），卻在他的論文建構過程，甚少直接觸及失落、抑鬱和空虛的課題。雖然「陽具欽羨」也是有「失落」的心理主題，但是他偏重的是其中所引發的「焦慮」。

　　這麼說並不表示要如同「精神醫學」的分類，以不同的醫療方式來處理焦慮和憂鬱的症狀，而是回到心理層次，觀察焦慮和憂鬱的潛在機制是否有所不同，或也有重疊的場域？這反映著面對當代的臨床現象時，值得再細思的課題。如前所述，佛洛伊德在晚年也是觀察

到，他的病人可能也涉及自戀、分裂、失落和憂鬱的課題，只是他的生命已如燭火燒得快要盡頭了，雖然他仍是忍受著癌症的苦痛，以文字灑出了一些亮光。

他的出聲一如他在文章裡曾說的：「有一天，一個三歲的小男孩在漆黑的房間中喊道：『阿姨，你跟我說說話好嗎？這裡好黑，我好害怕。』阿姨回他：『但我跟你說話又有什麼用呢？你又看不見我。』小男孩說：『沒有關係，有人說話，就有光。』」（Freud, 1905《性學三論》，謝朝唐/臉書，譯於2018.04.04）

愛爾蘭人在荒涼裡等待做自己，依靠著想像，成為某種力道和光，雖然精神分析可能不是只要見光的東西，而是尋找暗黑裡有什麼？甚至有些暗黑是不怕光，也不會見光死，是很屬害的一再變型，如同某些病毒般，不斷地改變原型，來讓自己活著而且活下去。關於這種暗黑，可以看看杜斯妥也夫斯基在小說《白夜》裡說的：「在彼得堡這些角落裡住著一種奇怪的人——夢想者。如果要詳細定義夢想者的話，可以說這不是人，而是有點像是中間物種......」

佛洛伊德說自己的理論是想像和臆測，如果精神分析有改變和改善個案問題的話，那麼推論和想像，是造成改變的重要方式，甚至是唯一（指精神分析著重的）的方式。只是如何做才有可能增加想像呢？或者想像就只是想像，無所謂增加或減少？

　　例如，現在很多的論述都是基於二分的想法，如男女、善惡、好壞、光明與黑暗、上帝與魔鬼等，以為這些二分法就足以讓我們認識世界，認識我們自己了。雖然細想時，大家會知道大部份的人性世界，是介於中間地帶，以不同比例混合所建構成的。不過會有如此現象，當然也有值得思索的地方，如果只是把這個形容為不好的，我們可能就錯失認識：何以二分法是如此的常見，且有力地存在日常生活裡？因此，從這角度來說，中間地帶反而是構成了日常生活的大部份。但是在二分法觀點上，卻是如同荒涼地帶那般，雖然這種荒涼地帶一直在燃燒著，一如佛洛伊德比喻，火燒房子後，消防隊員被叫來，卻只拿走傾倒燃燒的油燈就離開了。也就是，荒涼地帶是一直處於燃燒的狀態，因而讓人難以接近，但它仍可能是重要的心理力量的發動機，讓很多人在生活上覺得匱乏和荒涼，需要很多愛和很多東西，卻是難以滿足。因為荒涼地帶的燃燒力量是強大的，就像是全身充滿無力感，卻被強有力的現象將所有的獲得都捲進黑洞般，無法讓努力的收穫，變成有創意且持久的愉悅。

　　這系列的想法，至今仍是表淺地推論——憂鬱和失落空洞，是不是生命更早期的現象？而且它的影響力結合自戀和分裂機制，讓它變成很原始的力道，因此微細卻是後韻無窮的左右著人的日常生活，甚至遠比佛洛伊德強調的「焦慮」更有影響力。這只是我從當代的臨床

視野來想這件事，並不是要取代「焦慮」和「性學」的心理學理論，而是希望在這些歷史的足跡上，再踏上一些印記。

　　由於心裡的空洞是以荒涼，卻是燃燒熱力的方式存在，讓它的存在是一種失落的美，一種讓人驚悚的美，或許也是佛洛伊德在《論驚悚》裡想要談論的，驚訝地看見自己的某些樣子。有詩為證：

> 袖口滑出
> 一群蒼鷹的辯論
> 出巢後的寂寞
> 卻沒人迷失在早暗的黃昏
> 反正路都是彎曲的夢想
> 只有秋天背起舌根的味蕾
> 知道晚風慈祥的滋味
> 在耳旁呼喚
> 浪子回頭

VI. 從縱深有多寬廣到有多深：
不斷出手要東西，只爲了不要荒涼

當他走到荒涼的地方時，他甚至不知道「荒涼」是什麼意思？他只是走回心中，很久以前被他拋棄的所在。雖然大部分的人都認識他，他每天依然走在無人的暗巷，或擁擠的市場。

荒涼的所在，還有什麼嗎？

如果我在這個題目談心理學，會不會很奇怪？兩個人如果要大打出手，要隔多遠，才不會真的打到對方？否則就各自在自己的所在，擺出張牙舞爪的動作，相互嗆聲。

其實我要談的，可不是如此表面的事，而是深層不被自覺的某種心理機制。

我要說故事，但我無法確定是不是一個故事呢！怎會這樣子啊，我是充滿了困惑，爲什麼他老是覺得，不小心就會碰到別人，讓別人覺得被他干擾呢？這種碰到並不是肢體接觸的那種碰，而是在人際上常出現的，他只要出口和出手想要幫忙別人，往往只是招來對方不滿的白眼，要他不要管太多，他始終不解，對方怎麼會覺

得他管太多呢？他都覺得，是對方需要他，他都在等了一陣子後才出手或出口的，但最後總是讓關係變得很僵化而動彈不得。

這是怎麼回事？

如果我很快就認定這是負向想法，然後馬上以對峙的手法，要轉為正向，這是缺乏深度和厚度的心理學。真是這樣嗎？難道我這麼說，只是為了得罪人嗎？總要說個道理吧，好吧，如果我再說，「心理要有深度和厚度，情感才會油然而生」，這句話真的在以後會說話算話嗎？或者只是一種美麗的修辭？我愈來愈相信，深層的情感，是在有深度和厚度的心理感受裡才會冒出來，那些情感不是普普通通隨手可以拿得到的，但是太快有答案時，好像解決問題，但是否反而衍生更多問題呢？

我想再問，如果讓中間地帶更寬廣，會不會使兩極端的情感相互揮手，而不致於打到對方？

何以有些人在別人給意見或想法時，就覺是被冒犯了，覺得自己不見了？因而想要伸張自己，以免自己被淹沒，這是什麼意思？好像兩人之間過於親近，只要伸個手就會撞到對方，讓一些尋常活動因此變成了另種攻擊，生活好像隨時在做肉搏戰。這種生活方式的場景，其實並不少見，乍看是兩方在爭戰，但是作戰結果卻是勝利者一無所獲。實情上，好像是兩方作戰，但更像是跟空無或荒涼在作戰，沒有人真的想要從勝利裡得到什

麼，就算得到什麼，仍然不是眞正想要的。

　　雖然剛開始總是以「想要得到什麼」的心情而相互出手，試圖要拿取對方的某些東西，但是再細想，果眞拿到的，後來卻覺得不是眞正需要的。眞的如此不需要嗎？或許那不是最需要的，而不是不需要，這有何差別呢？有需要如此斤斤計較這種細微的差別嗎？的確是有需要！畢竟精神分析是如同拿著顯微鏡在工作，不能任意地滿足於現有的答案，就算佛洛伊德所說的，被傳誦的性學理論和伊底帕斯情結，也是需要不斷在實作過程裡疑問它們，因爲每個人的對應方式都很不同。

　　有時候，就會冒著何以爲了讓眼前的情景，放進伊底帕斯情結裡，而要硬把那個不太搭調的角落去掉呢？可以不用看那個小角落所帶來的差異嗎？但是否有什麼正在那裡萌芽？是人和人之間的差異所在，也是他做爲自己和他人有差別的所在呢！

　　我前述的想像，是要從另一個角度，來檢視失落和空洞的心理位置。就算佛洛伊德說了「哀悼和憂鬱」的現象時，好像隱隱地認爲哀悼是正常的人性反應，而憂鬱則是病理現象，但我主張大部分的情境是，對於重要客體的失落，是處於兩者之間的某個地帶。不論是哀悼或憂鬱，那裡都是荒涼地帶，差別在於，哀悼和憂鬱以不同比例混合的結果，個案在荒涼地帶會有不同的感受和態度。

　　我想進一步說的是，「哀悼」就算被當作是正常的反應，但是否如溫尼科特所說的，「沒有嬰孩這件事，有的是嬰孩和母親」。我想推論的是，沒有哀悼這件事，有的是哀悼和憂鬱的合體？如果將這些情感反應推衍至生命更早期：「嬰孩看著母親」，這是什麼意思呢？除了被母親注意，讓自己變得有整體感和覺得自己因而存在的感受外，這也是一種偷窺嗎？

　　以成人的偷窺者做參考，他們是有距離的偷看，然後再私下滿足自己的性欲望，這種偷偷看和事後的滿足，都是在與客體保持著距離的方式，得到最大的滿足，何以需要距離？只是因為現實的安全以免違法嗎？或者還有其它深層的心理緣由？例如，「分裂機制」的二分法的影響？如果將偷窺的場景稍往前挪移到佛洛伊德描繪的「原初場景」，是指嬰孩偷偷看著父母在交媾，但是嬰孩看見的是什麼呢？

　　在精神分析理論裡，「原初場景」並沒有那麼被強調，但它是「性」嗎？「焦慮」的原型？或者它更是「失落」的原型之一？嬰兒的手伸不出去，也伸不到父母那裡，就算伸出去摸到了父母，也不會覺得那是「性」，這是很大的挫折嗎？嬰兒真正的意思無法被有效地傳達出去，並被接收到，而偷窺是保有距離，這兩者有什麼關聯呢？只為了現實的安全而保持距離，或者這種距離地帶本身就有它的潛在深意呢？

　　我想說的是「荒涼」，在偷窺時雖然有焦慮和愉悅混雜的感受，但是也有多少難以企及，而心理上是覺得需要的距離？這種距離裡對於欲望的滿足，帶有多少絕望和失落的感受呢？這些失落和絕望的感受，是如何被很原始的「分裂機制」運作，而隔離在很有距離的感受之外？有詩為證：

有人說他的滄桑
背著腿長的夢流浪
在空白的心酸裡
爭執著
多少勇氣
能撐起兩行字間的風
有人說他的故事
有戲
在秋天曲折憔悴
糾纏開始心動落葉的
臉紅

VII. 從矛到盾有多遠：
到底荒涼裡藏著什麼玩意啊？

當他走到荒涼的地方時，他甚至不知道「荒涼」是什麼意思？他只是走回心中，很久以前被他拋棄的所在。雖然大部分的人都認識他，他每天依然走在無人的暗巷，或擁擠的市場。

荒涼的所在，還有什麼嗎？

「矛盾」是我們的日常用語，有衝突的意思，但是以「矛」和「盾」這種具體的武器做為一組語詞，就構成一個語詞裡有攻擊和防衛的意義。所以也不只是衝突而已，而是有攻守的雙重意義；矛和盾是天生註定，一個要攻擊，另一個要防守。因此，當一個人說他處在某種矛盾裡，這是什麼意思呢？是要強調攻，還是守呢？就日常用法來看，當一個人無力地說著很矛盾的心情時，可能是他目前處於守勢，雖然有些攻勢想做，但是陷於無法做出最後決定的狀態，而構成了矛盾？

一如「本能」，就是要滿意自己的欲望，這是一種對生命的矛，就是要伸展身手的，只看是否有機會？但生命也有盾的防守，那麼，對抗「本能」，尤其是「死

亡本能」的是什麼呢？可能是「超我」，也可能是「外在現實」。跟「矛盾」比較接近的用語是「焦慮」，是指預期有什麼不利的事會發生，因而感到焦慮。這樣的說法，在精神分析的基礎上，是可以接近現有的後設心理學，如性學理論和伊底帕斯情結等主要概念。但是值得在我們的日常用語裡打轉一下，看看從我們的語言，是否可以激發新的想法？

　　「矛盾」之間的距離有多少的空間呢？是否空間很大的矛盾，是不必過於擔心的？因為距離，讓矛無法攻擊到盾，在日常生活裡這是什麼狀況呢？以具體情境的假設，如果把矛和盾分開擺放在有距離的地方，那麼就算矛和盾都存在著，矛的力量是無法真的傷害到另一方。也許這個模式是比較貼近佛洛伊德對於「本能」和「超我」之間，有「自我」來尋找妥協的過程。不是直接把「本能」滅掉，而是讓「本能」、「超我」及「外在現實」在「自我」的服務下，可以找出妥協的方式。就現實來說，就像目前很多國家都有軍備像矛，但是不必然就會出手戰爭。

　　或者說，矛和盾是「分裂機制」下二分的極端，這是人性上難以完全消除的現象，我們無法以消滅兩極端為目標，就像自古以來，極左極右的政治現象是不可能被消除的。以佛洛伊德的論述來說，是「自我」充當協調者，找出讓「原我」、「超我」和「外在現實」三者

都感到滿意的妥協方式。不過這些運作是潛意識層次，也就是治療師在技術上，是無法直接介入這個過程，因此理論上是藉由詮釋移情，讓個案可以更自由地聯想。就臨床的現象來說，如果個案可以更自由地聯想時，個案在潛意識裡，「自我」就更能夠服務「原我」、「超我」和「外在現實」，找出它們之間的妥協方式，這種平行現象在臨床上是可見的。

另一位重要的精神分析家克萊因的理念和技法，是著重矛和盾的衝突論點，尤其她在「生之本能」和「死亡本能」裡，特別強調「死亡本能」，並以「破壞本能」間接取代了「死亡本能」的說法，她傾向處理「分裂機制」。克萊因以「好乳房和壞乳房的二分法」做為嬰孩建構內心世界的出發，因此技法上是假設，既然「破壞本能」是造成客體關係難以為繼，使個案失去協助者的主要問題，她的主要技法於是針對「負向移情」詮釋，假設「負向移情」是起源於「破壞本能」，經由詮釋，「破壞本能」被看見後，是可以阻擋破壞力的繼續發揮作用。

但是，這遭遇了一些臨床的挑戰，例如「本能」層次的問題能夠被語言穿透而改變嗎？如果「本能」是無法被五官所接觸的領域，語言的詮釋能夠抵達「本能」嗎？也許臨床的改變不必然要語言達到「本能」領域，只要能夠整修處理「本能」所衍生出來的某些破壞現象，

就能夠阻擋住破壞的繼續加深了？

　　參考克萊因的學生比昂的觀察，我是傾向讓矛和盾有個中間的距離，若以比昂的說法，他是用軍事用語「container」，說明在戰區和非戰區之間，有一個為了保護平民百姓免受戰爭直接影響的隔離地帶。比昂在克萊因之後提出這個重要論點，對於分析是什麼或治療師是做什麼，都有了不同的切入點。比昂仍然是著重「詮釋」的技藝，但也提出了這個重要的「隔離地帶」的理念，也許要傳遞的是，當二分極化的好壞發生爭戰時，更重要的工作也許是建構戰區和非戰區之間的隔離地帶。至於如何建構呢？他再提出了「思考理論」，探索如何在被逼得難以思考，只能行動的情況下，讓自己仍有可以思考的空間，以「能夠思考」來突破「無法思考」，做為前進的方向。

　　至於要思考什麼？似乎沒有固定的答案，因此那個隔離地帶，在心理學上變成了思考的地帶，這自然是延續了自從佛洛伊德以降的，要將文明的進展，語言和思想，發揮在行動前的「暫停，想一下」。這是假設「暫停，想一下」會減少缺乏慎思的行動所衍生出來的破壞，我們的日常用語是「三思」，以英文來說則是「想兩次」（second thought），這個詞也是比昂的一本專書的書名。

　　如果「死亡本能」或「破壞本能」，是走向荒涼的必然道路，只能藉由「生的本能」或「性本能」沿路發

揮創意，讓這種荒涼變成可看可說可聽的所在。因此，如果要推想荒涼裡有什麼，也許是充滿著要活著和活下去的想像，而這些想像的推動力，是來自我們根本摸觸不到，甚至語言也無法抵達的地方：本能地帶。意味著隔離地帶的深度心理學，它的功能的發揮，最好再度回到精神分析史裡走過的路和想法，也許這種想法有一些戀物的況味，好像精神分析曾有的歷史足跡是戀物的所在？

不必排斥這種說法的可能性，不過仍得再仔細思索這些命題，在矛、盾之間是要解決矛盾，解決後就不再有矛盾嗎？那是指矛不再是矛，盾不再是盾？還是矛依然是矛，盾依然是盾，但兩者之間不再是如此窄小的地帶，不致於伸手就會打到對方，而是伸手時是象徵性對著有距離的對象在揮拳？對矛的本質來說，就算它有了愛，出手也是一種攻擊。雖然有人會想重新定義：那就不是愛了！問題是誰能夠界定到那麼深細的所在？那是「本能」的所在。

「矛盾」在表面上是焦慮和不安的所在，和憂鬱的空虛是有距離的，因為「生的本能」為了活著和活下去，可說是施展了所有力氣，這讓失落後的空虛很困難被察覺到。畢竟，憂鬱的現象並不是矛盾或衝突，因此在臨床上常見的是，個案在空巢期時，回頭看忙碌了半輩子後，那種空虛突然湧現，雖然它一直在那裡，但它真的

都沒有展現自己嗎？我是疑問的......有詩為證：

不是錯覺
捲起一場夢想
角落裡
蹲著隔夜的風波
是誰的記憶被扭曲
明明只是虛弱的落寞
卻擁擠成
一張薄霧裡
遊子多年前拋棄的景色
有故鄉多愁的自己

VIII. 從人格分裂到自戀：

好吧，我的荒涼還是很偉大，你不覺得嗎？

當他走到荒涼的地方時，他甚至不知道「荒涼」是什麼意思？他只是走回心中，很久以前被他拋棄的所在。雖然大部分的人都認識他，他每天依然走在無人的暗巷，或擁擠的市場。

荒涼的所在，還有什麼嗎？

有趣的事吧？「分裂」和「自戀」是我們的日常用語裡常出現，而且是用來罵人的話，尤其是針對政治人物。不過這種罵法，有多少人相信對方會改變，或者根本就只是絕望到谷底的說詞呢？那麼何以「分裂」和「自戀」這兩個常用詞，可以被用來代表這種如此無力卻又被覺得能展現力道的罵人語詞呢？其中的有力和無力，是怎麼回事呢？在說話者的心底經過了什麼樣的轉折呢？

或者，被這兩個語詞丟到身上的人，聽得懂是什麼意思嗎？或許有聽懂，但這是什麼樣的懂呢？是否這裡的「懂」也是展現我們對於「懂」這個字的分歧觀點？如果只變成了懂不懂時，這是什麼命題呢？

首先要問的是，這些日常用語被用來罵人，顯示了

什麼？是「分裂機制」的殘留嗎？但用來罵人是什麼意思？我們從這些詞在活生生的現象裡，了解及學習到什麼？

對我來說，依據精神分析的理論，「自戀」和「分裂」是親兄弟或鄰居，它們一起長大。我們先回想一下，當有人罵另一人是「精神分裂」或者「人格分裂」時，其實是反映著他們所觀察到的現象，再藉用精神醫學的語彙，支持自己的論點，意指那是有病的。不過現在隨意罵人「精神分裂」可能會被指控歧視病人，或者被冠上「侮辱他人」的罪名。從反面來說，如果缺乏可能會被指控的罪名，這個語詞的威力可能又會減輕不少。至於「人格分裂」也許在目前還稍具中性，好像只是在描述一種現象，但是語言是活的，不知哪天也會變成更具有侮辱他人的意旨也說不定。

我們通常指某人的言行不一，或者想法和做法前後不一致，會覺得這些人是處於「分裂」的狀態。在更早期，可能會加上對於「精神分裂」的潛在污名想法，因此以「精神分裂」來罵人，有這種背景現象才會有批評和貶低對方的意義。「精神分裂」和「人格分裂」有什麼差別嗎？在我們日常想法裡，如果是精神狀態或症狀層次，依「美國精神醫學診斷條例」的第一軸的內容，「精神分裂」被當作是可以治療的，至於「人格分裂」在一般想法裡，常是有著江山易改本性難移的絕望感。

　　我推論，當有人指罵他人是「精神分裂」到後來改成「人格分裂」，也許罵人的人意識不是如此明確，或者純粹只為避開法律課題，而走向更絕望、更無力的人格層次的分裂方向？這是我們的日常用語裡的可能性，或者這種說法也有它的某些道理？我會說，仍是有道理的。

　　回到精神分析史來看，佛洛伊德在精神分析診療室裡打滾了一輩子，他是否見識到人性的真正難題？當然不可能沒見識到困難，不然他不會提出「死亡本能」這種難以捉摸，而且至今仍有不少爭議的概念。但這是深不可測的概念，是指向很遠很遠的地方，或許地圖上有這個地名，有些像電影《巴黎德州》的況味，是種絕望般的追尋，但是男主角最後看見的是，離家的太太在色情場所工作；我們觀賞電影時，牽扯出複雜的情感和感動，也見證了性本能和死亡本能在遙遠的地方。

　　關於「人格分裂」這語詞，讓我再想到佛洛伊德從焦慮和歇斯底里的視野裡，看見了不少至今而且以後，仍會是人類思想寶庫的想法。直到晚年，他開始面對某些困難的課題，例如「自戀」和「分裂機制」等，尤其是他死前一年，還想說的「分裂機制」。對他來說時間已經不多了，他只能指出這種現象，以及它可能的深度意涵。處在這種絕望的心情，讓他能夠再度經驗到這個課題，並讓他在忍受癌症疼痛下，仍振筆寫下文章，讓

我們在這塊遙遠地方，也會有人使用「人格分裂」這個語詞來罵人。

有趣的是，如果罵人從「精神分裂」變成「人格分裂」是種趨勢，好像一般人也在不知不覺裡，納進了從可以醫療的「精神分裂」到難以改變的「人格分裂」。也許我們的語詞也湊巧地，見證了佛洛伊德概念史裡的演變，涉及的是臨床經驗視野的微調，而這種微調其實是重大演變的開端，埋伏了比昂將克萊因對於「投射認同」說法的定義擴大，也使得葛林在《死亡母親》裡，談論憂鬱母親對於嬰孩所帶來的衝擊，這種經驗打開了嬰孩的眼神，注視著心靈是如何孤寂和虛空。甚至在技術上，葛林主張需要重新思索現有的以詮釋爲主的技藝之外，是否有其它想像？至於其它的技術，如何在佛洛伊德《Lines of Advance in Psycho-Analytic Therapy》（1919）裡提出的「分析的金與暗示的銅」的架構下，來摸索臨床實境的千變萬化，這是個重點。

先前提到的，「自戀」和「分裂」是親兄弟或鄰居，它們一起長大，是什麼意思呢？可以回到我們的語境裡來觀察。當某人以「人格分裂」批評某些人物時，通常會再緊跟著的是，在對方聽不進「人格分裂」的話後，隨之而來的評語是「自戀」——意指對方聽不進他人的意見。先不管「人格分裂」和「自戀」所代表的內容是不是眞的容易被當事人理解，這系列語彙常被一起使用來

批評他人，倒是個有趣的現象！

　　對我來說，這是巧妙地連結佛洛伊德建構理論過程裡所呈現的，先是焦慮和歇斯底里等表象的症狀群，至於更深層的心理素質，所涉及的就不再只是症狀，而是接近我們說法裡的人格層次，如「自戀」，或者以「分裂機制」的二分法為主要特色的邊緣型，這是佛洛伊德在晚年才正式專章，開始加進他的後設理論裡。

　　另外，自戀者或者過於使用分裂機制的個案群，在臨床上常見他們覺得日子過得空空的，好像隨時都可以離開人世，雖然不見得是主動地傷害自己，但是自己是多餘的，或是不必要的存在，潛在裡都同時有憂鬱的傾向。

　　我感到興趣的是，自戀、人格分裂和憂鬱症是當代常聽到的說詞，這些詞語現在湊在一起，只是偶然嗎？或者就算是偶然，仍是值得再仔細看看它們？就臨床實作來說，這三者是從小一起長大的伙伴，相互牽扯，相互影響，很難只面對其中的一個面向，因此，就算是憂鬱，卻仍帶有「好吧，我的荒涼還是很偉大，你不覺得嗎？」這種「自戀」和「人格分裂」的語詞，讓說話者無法抵達想要送達的地方。有詩為證：

是誰

快站出來

還在錯覺邊緣逞強

臉紅佈置皺紋裡的英雄

明明路過眼皮的悲情

早就掀開多年前

遺忘的風情

路過隱隱作痛的迷失

沒人可以強留昨天的寂寞

各走各的不安

到明天

IX. 從失落到退行：

人心可以多荒涼呢？這個地方，是什麼模樣？

當他走到荒涼的地方時，他甚至不知道「荒涼」是什麼意思？他只是走回心中，很久以前被他拋棄的所在。雖然大部分的人都認識他，他每天依然走在無人的暗巷，或擁擠的市場。

荒涼的所在，還有什麼嗎？

到底是多麼早年時的失去，才會造成後來的抑鬱和空虛，不真實地感受一生呢？後來人生的抑鬱和空虛，和當年的失落有什麼關係嗎？這是個難題。

其實這需要一個重要的概念，做為思考的平台，才能比較合理的說明，後來的人生和當年的某些關係。在每個人的想法裡，或多或少都是有這種現象：覺得有些事情發生的緣由，就是和小時候有關，但是某些事情又堅持和小時候無關。這些只是當事人重新調整現有的想法而已嗎？畢竟現有的任何想法，都是來自過去，這是「退行」的意思嗎？「退行」就只是這樣子嗎？這樣子有辦法讓現在的我們了解，年紀小的時候出現的「陽具欽羨」或「伊底帕斯情結」是什麼意思嗎？尤其是如果

這些欽羨和情結，是某種古蹟，是否外頭早就被雜草或老榕樹包裹起來了，也就是這些情結，不可能以當年的樣貌，像照片那般存留下來，也不是說著故事裡的幾個情節，就表示已經說清楚那些後來被其它枝枝節節覆蓋的原初場景。

或者，當年的情結和失落是如同廢墟，被一些大樹糾纏著，我們回到那個地方重新看見那個廢墟，就表示我們是回到當年嗎？在診療室裡，我們並不會像郊遊般的，親身回到過往的情境，那麼，我們是依靠著什麼而說，個案當年的某些失落和創傷，是眼前某些問題的起因呢？

就診療室的實情來說，從佛洛伊德的時代就出現的情景是，個案說著自己的故事，分析師加上自己的感受和想像，一起建構個案所描繪的當年情境。分析師的想像，除了來自自己的個人成長經驗外，也有部份是來自個案在說故事之際，所流露出來的言外之意，分析師捕捉到了這些，共同形成了對於以前的重新想像。否則如果只是依憑個案說出的故事，就認定那是他們的從前，這未免太違反了一般經驗了。

說故事時流露的言外之意，也可以說就是「退行」概念想要描述的現象吧。在述說自己的故事時，無意中流露出來的行動和作為並不只是目前的狀態所致，那些可能早就是說話者的一部份了，例如，「自以為是」的

態度，或者自認是受害者，卻讓人覺得他處處爲難朋友……這些可能都是說話者在當年情境的反應，簡化的說法是，說話者在說故事的當下，也同時退行到當年的處境。

假設這是藉著說故事時，展現出言外之意的行爲和態度，那是故事本身之外的另一種記憶，佛洛伊德曾經說，那才是生命早年經驗的眞正記憶。這個說法是再次補充說明「退行」的概念是必要的，不能只靠被說出來的故事，來認識當年的經驗，更需要藉著說話者在診療室裡的「退行」行爲，來認識當年的其它記憶。

「退行」是常見現象，會讓人有負面的感受，因此以前譯爲「退化」，但精神分析採用這現象的功能面，因此「退行」是較貼近的譯法。如果以言語說話做爲文明的最高狀態，其它以行動做爲表達方式，相對是可能被當作不夠文明。但是實情呢？例如，舞蹈也是高度文明的藝術，它是身體的移位和運動，也有值得被體會和深思的地方。台灣舞蹈家林麗珍導演的《潮》，在接受「表演雜誌」專訪時，雜誌內頁使用的標題是「潮騷洶湧，只爲了那『缺』的追尋」（2017年2月頁38），封面更直接以「湧動/只爲了那缺的追尋」（字體將『缺』放大約十倍以上，並以褐色來強調）做爲標題。也許行動和「缺」的關連，「缺」和「失落」的意涵，以及在行動裡深刻的心理意義和美感經驗的交織，值得再深入思索。

　　這種說法看似容易了解，但實情是更複雜些，例如當年的記憶不論是透過記得的故事，或不記得而呈現在行為態度，如果都是苦痛的經驗，那麼需要假設這些經驗都會被防衛，讓自己不要再被干擾到。這些防衛方式的基本原則，並不是以「現實原則」的利弊分析做為指引，而是以能夠最省事省力的「享樂原則」，做為防衛手段的指導方針。這讓我們後來說「退行」是重要的記憶時，仍需要一步一步解開當年至今，以「享樂原則」做為指導所產生的防衛，這些防衛像老榕樹般覆蓋住了廢墟。

　　實情是，不只有「享樂原則」是運作基礎，但也不是全以「現實原則」為主。在後來的成長過程，實質上可能有「現實原則」的介入，使得眼前呈現的是兩者相互交疊，因此得觀察和想像「享樂原則」和「現實原則」之間，是以多少的比例方式存在，或是如在羊皮紙上寫字般的堆疊。而且可能的情境是，後來只覺得有什麼地方怪怪的，卻是不斷地在原有的防衛之外，再加上其它的防衛，好像那是一個不知怎麼回事的神秘所在。神秘所在被加上更多的禁忌和防衛，隨著時間的演變，更難以接近和了解那是什麼。如果這些所在只是藏在神秘地帶，或許不會發揮作用，那麼心理學的探索意義就可能不同了，然而從臨床的觀察是發現，這些被層層防衛的內容是不時發動著影響力。這種臨床觀察更讓「退

行」的概念變得重要，並不是以「退行」或「退化」來罵人，而是「退行」這語詞指出了精神分析實務的可行性。

如果我們說精神分析取向是讓個案在過程裡，能夠漸漸以更自由的方式，重新解讀自己的過去，那麼這個主張如何適用在我們重新解讀曾有的理念呢？至於回到佛洛伊德論點的演變，如何以後來的經驗，再重新解讀佛洛伊德的主張呢？那是一種假設，如果後來的經驗和概念，在當年同時存在於佛洛伊德心中，他可能會如何書寫那些已經無法再被他自己修改的文字呢？這種回頭的重新解讀，也可以說是某種退行，向後退卻是為了往前走。

佛洛伊德在《克制、症狀與焦慮》裡，不同意蘭克的生殖創傷理論的理由是：出生前是沒有客體經驗的。也許這仍是爭議的說法，不過，佛洛伊德既然以此做反駁，反而證明了客體失落的重要性。

需要再問的是，什麼是「客體失落」？在心理真實上，是失去了什麼？其中所涉及的性和死亡是什麼？性和死亡是如何在心理運作？何種心理機制，讓「客體失落」成為未來的影響因子？畢竟，如果只停留在因為客體失落，所以出現空洞和憂鬱，這個說明仍是不夠的，還要再想像和推論，來深化心理的機制，以及如何再和佛洛伊德的性學及死亡本能有所連結，而不是讓這種說

法變成是客體關係理論的起頭——需要再進一步讓古典理論的性本能和客體關係之間有交流。

至於是不是對於過去史有了新的解讀，就會造成改變，或有所謂的療效？這是另一個課題了。依溫尼科特的觀點，他曾嘗試提出一個疑問，什麼是有療效的「退行」呢？是「退行」本身就有療效，或是過程裡的其它因子的綜合，而構成了療效？就我所知，這仍是很神秘的現象呢！有詩為證：

網羅一陣風

吹縐來來往往的心情

卻漏了躲在三朵花蕊裡

寂寞跟班的雨

堅持喜愛漂泊的青春

為了整夜談論虛無和正義

詢問誰在風景角落

敲打死去的黃昏

為了活出過期三十年的夢

X. 從防衛到成長：

讓荒涼更荒涼，然後呢？活下去吧，不是嗎！

　　當他走到荒涼的地方時，他甚至不知道「荒涼」是什麼意思？他只是走回心中，很久以前被他拋棄的所在。雖然大部分的人都認識他，他每天依然走在無人的暗巷，或擁擠的市場。

　　荒涼的所在，還有什麼嗎？

　　有誰在長大的過程裡沒有「防衛」？或者沒有防衛地過一輩子是指什麼呢？

　　有某種流行說法的暗示是，有「防衛」就不是真正的自己，要自己不要再壓抑自己。當代大概愈來愈少人覺得，壓抑自己是一種良善的美德，但是把這種美德的機會拿掉後，人就真的不需要偶爾壓抑嗎？這不是少了一次人生的困局，多些機會被讚許的美德嗎？或者當代人已經進化到，不需要有一些被認可的美德，來鼓勵一下自己？或者連美德的需要，也變成某種防衛，被當作是不需要的？

　　「防衛」是像穿衣服那般保護自己嗎？國王的新衣是被嘲笑「沒有穿衣服」，那麼所謂沒有防衛的期待，

是否是想要當這個穿新衣的國王呢？

　　這些想法的基礎是什麼呢？何以會成為問題而需要思索呢？回到臨床或一般狀況常會聽到，當事人覺得壓抑自己是造成目前問題的來源，因此述說故事時，常是傾向針對某人，說他是個壓迫者讓自己不舒服。但是外來的壓迫，必然就等於內在的壓抑嗎？

　　先想想何以會有這些說法？雖然就算是最理想化、最美化自己的人，也可能忽略了人有皮膚做為防衛細菌或保暖等功用，何以某些防衛被當作是不好的，是妨礙做自己時的阻擾呢？這些感覺是如何出現在人的心裡面呢？尤其是愈廣泛存在的想法，勢必有它更深層，甚至是起源於生命更早期的經驗呢！

　　延伸精神分析家溫尼科特的「客體關係」論點，人是透過母親的眼神，看見了自己，是在母嬰一體的過程裡，逐漸有了孤獨的能耐。這種「孤獨」可不是隨隨便便的那種，不是被丟在街頭自尋生路，或者是躲在沒有人的偏僻地方，過著孤苦無依的日子，而是無論外在、內在，都能夠和其它客體維持著相互感受到意義的孤獨。

　　也許這麼說是有些挑剔了，何必一定得如此孤獨呢？如果很孤癖，難道不行嗎？我所說的並不是行或不行的問題，而是這些決定裡，有多少是對現實有益，或者明明是不符合現實原則，卻不計代價就是要那麼做？甚至和他人相處時，心理是傷痕累累，卻仍有一股莫名的動

力，讓他們堅持那些傷痕是更重要的事，如同那是勳章，何以如此呢？

回到精神分析史來找找，是否有些想法，可以讓我們理解這些現象？

從佛洛伊德的古典理論來說，「自我」是潛意識執行心理防衛機制，「自我」要協調「原我」、「超我」和「外在現實」，因為後三位主人都是一心一意，以滿足自己的需求為目標，因此「自我」是如佛洛伊德所說的，是個奴僕，周旋在三位嚴厲的主人之間，但主人的需求是相互衝突的，例如，「外在現實」不允許的事，卻是「原我」最想要做的——人是在這個過程裡存活下來的。佛洛伊德的論點是一種預言嗎？他預示了現代人不願屈就當奴僕，不願被壓迫和被壓抑，要做自己的主人，要在進步的意識型態裡有其文明的一面。

但是就心理來說，「自我」就是奴僕啊，辛苦地協調「原我」、「超我」和「外在現實」，要做到三位主人都滿意，勢必是充滿了妥協的過程。如果「自我」不想再當這個角色，想要公親變事主，這會發生什麼有趣的事呢？

佛洛伊德宣稱，潛抑、壓抑和合理化等心理防衛機制，是屬於精神官能症層次，相對於更原始，更接近精神病式的防衛，如分裂和視而不見的否認等心理機制，精神官能症層次的防衛，反而是較高級的心理防衛。是

哪一個「我」，會理想化地期待人要沒有防衛地做自己？是做哪一個自己呢？會如此理想化的，期待不要再防衛，不要再壓抑自己，這種想法本身是不是就隱含著「分裂機制」的運作？

難道我在暗示，這些屬於精神病層次的防衛——期待不要防衛、不要壓抑，其實是更原始的防衛？這麼說會不會打翻一船人？會的，有可能如此。不過，這只是一種嘗試性的思考，想想何以個案在宣稱要做自己，不要再被壓抑時，常常是同時出現著矛盾，或者更常出現「怎麼做都不是自己要的」結果？或許那個自己有個更深層的空虛在後頭，是它主宰著這種需求。

我無意說，所有不想再被壓抑者都是如此，或者鼓勵大家不要那樣做自己。如果這是一個重複在生活裡出現的課題，並且多年來一直重複出現，讓自己變得愈來愈是一個人時，也許需要探索的不再只是要不要防衛而已，而是另有更深層的課題。是否在荒涼裡，讓荒涼更荒涼呢？不再壓抑，並無法處理這種荒涼感，但是日子仍得過下去，這是享受荒涼嗎？說來容易，或者更像在說風涼話……有詩為證：

忘記了補光
半度有稜有角的寂寞

在風景左下角整夜辯論理想
替遲到的爬藤植物
睜開眼睛找出路
抬起迷路的舌上蓮花
順著多愁的歷史
伸手撥弄
擠在右上角的秋意

XI. 從記憶之島到生命的故事：
島和島之間，是波濤洶湧或是荒涼地帶？

當他走到荒涼的地方時，他甚至不知道「荒涼」是什麼意思？他只是走回心中，很久以前被他拋棄的所在。雖然大部分的人都認識他，他每天依然走在無人的暗巷，或擁擠的市場。

荒涼的所在，還有什麼嗎？

重複談論「荒涼地帶」，是想要說明這個語詞所代表的多重可能性，以及它在人生的處境裡的多元樣貌。我甚至是運用「荒涼地帶」的感受和意象，來表達人生的失落所帶來的景緻，以及這種風景是如何細緻地影響著我們的心理發展過程，並促使症狀呈現。

這些現象的背後，也都會涉及記憶的課題，這是古典精神分析理論的重點之一。以佛洛伊德談論達文西為例，這是一篇僅以少數文獻資料，加上佛洛伊德的豐富想像，而建構出的達文西心理史。這是無法被達文西證實的，就算是達文西的證實或否認，都難以抹滅佛洛伊德在這篇文章裡，展現做為精神分析者的氣魄——亦即他如何在少數的歷史資料裡，藉由其他個案的臨床經驗，想像和建構生命早期的心理史。

　　這是很大的野心，佛洛伊德晚年的文章《在分析裡的建構》，是他在風燭之年仍難以忘懷的意志和野心。而談論達文西的這篇文章，是佛洛伊德早就嘗試實踐的企圖，其中涉及的是，對於記憶課題的處理。不過我更想在這裡表達的是，記憶之外或者記憶之間的地帶，這些不同的記憶是否有關連呢？是否只像茫茫大海裡的不同島嶼，相互之間的連結？是否只是帶著病毒感染對方，讓對方難以生存呢？或者如同生命早年曾發生的各種經驗，由於腦記憶的生理機制，和心理學的分裂機制，而忘記了當年曾經在一起的經驗？這是什麼意思呢？

　　佛洛伊德曾說過，要補充記憶來補足失憶的地方。以達文西這篇文章為例，他以有限史料加上他的想像力，來達成所謂補足記憶之島間的地帶，這是一種想像的模式。佛洛伊德以這種補足記憶的模式，來推論達文西的徒弟，大都是年輕俊美的男孩，他的推論是，達文西的這些作為，是讓自己變成像母親的角色，這是什麼意思呢？是指達文西小時候感受到的母親之愛，或者是複製母親的角色呢？

　　這是針對史料文本的方式。如果回到臨床實境裡，則是以另一種想像模式，來推論記憶島嶼之間的地帶。例如，大海如何讓記憶島嶼之間，知道有這些不同的島嶼？然後藉由治療師的牽連，讓個案開始嘗試冒險，走過荒涼地帶，或者如同移民渡海到另一個島嶼，使得島

嶼和島嶼之間開始交流。至於交流後，會產生什麼樣的新風格，則不是能夠事先掌握的。

佛洛伊德以豐富的想像，添加至記憶島嶼之間的地帶，但這涉及的是，要添加想像或者只是搭起橋樑呢？如果是橋樑，也只是橋樑，無法塞進島嶼之間的記憶，或者這些中間的記憶，的確只是橋樑？我倒覺得，以橋樑模式來想像臨床過程，是比較貼近治療技術的自由；建立橋樑，讓記憶島嶼之間，可以相互交流，而不是硬要把我們的想像塞給個案。

從心理學角度進一步思索時，仍需要假設：何以記憶之間會失聯呢？是因為失落的苦痛，或是妄想所致的苦呢？如果是失落，是指失落了什麼呢？是什麼客體經驗，或者純粹只因為自戀的存在，無法滿足就有失落，而導致抑鬱？我在這系列文章，傾向假設失落的經驗是生命很早期的過程。雖然佛洛伊德在《哀悼與憂鬱》裡形容，「哀悼」是較接近一般人的正常反應，不過我的主張是，「哀悼」只是少數情況，每個人面對失落，都是混合著不同比例的「哀悼」和「憂鬱」。

記憶島嶼之間，無論是大海或荒涼地帶，都是失落後的憂鬱反應。是什麼東西跟著客體失去而留下了荒涼地帶？也就是佛洛伊德所說的，憂鬱者因客體失落，而自我的某部份也跟著失去，留下空洞或陰影。但是就個人心理建構來說，也許可以說成是「失去的部分變成記

憶島嶼之間的荒涼地帶」，以這種方式持續影響著嬰孩
的心理發展。

更貼近實情的也許是，記憶島嶼之間連結後，兩島
的交流互動，是構成改變的過程，一如個案來到診療室
和治療師之間的交流。至於交流，為什麼會是有用的？
可以參考比昂所說的，「投射認同」是好、壞都有的交
流。記憶島嶼間的交流，構成了心理治療過程裡，逐漸
形成的某些想法和情感，如同兩位親人從小分離，長大
後再相遇，彼此交流會發生什麼事呢？這些交流的想像
是比純粹只是把記憶找回來，更貼近臨床實作過程點點
滴滴的累積。有詩為證：

> 肚臍可以想出
> 多少棵老樹
> 有別人遲來的黃昏
> 渲染站著發呆的愁苦
> 掛在眉毛邊緣
> 為了還沒說完的故事裡
> 遺漏在胸口的
> 一句話
> 糾纏著傷感的石頭
> 彩繪殘酷的漂泊

XII. 從面質到禪宗的棍棒：
　　荒涼是值得被想像的嗎？可以參透什麼嗎？

　　當他走到荒涼的地方時，他甚至不知道「荒涼」是什麼意思？他只是走回心中，很久以前被他拋棄的所在。雖然大部分的人都認識他，他每天依然走在無人的暗巷，或擁擠的市場。

　　荒涼的所在，還有什麼嗎？

　　或許很多人嚮往的是，無法一語道破人生的神秘處境。在日常用語裡，人類留下不少文化資產的想法，例如：「人都會老，人都會死」。常常聽到「人都會老」，比起「人都會死」，前者是讓人感到更可怕的事。這些說法都有一語道破，甚至一針見血的功能，只是見血有血腥味，還有些微的暴力傾向呢！

　　臨床上，會想讓人一語道破的話，常是有技術上的「面質」意涵，只是「面質」被歸類在技術的課題時，會讓大家想得更多，或者反而不再細想？這是什麼樣的技術呢？這樣的技術在精神分析史裡，有什麼值得想像的呢？禪宗公案故事裡，老和尚在小沙彌問：「什麼是佛？」時，老和尚以手杖敲打小沙彌的頭，然後小沙彌

有所頓悟，這是最經典的「面質」，直來直往。但是也不能只靠這招，對待所有的問題。

佛洛伊德曾說過一句話，帶有美麗的意象：「人生的璀璨，是由於有生的本能和死亡本能的交織」。不過這句話真的有人聽得懂嗎？或者佛洛伊德真的懂嗎？不是瞧不起誰，而是這是多麼困難了解和體會的事啊！這篇文章出現在佛洛伊德的晚年回顧，他寫下這想法，是在他罹患口腔癌症多年後，談論的卻是未來的精神分析和它有所不足的地方。他是暗暗地在反駁或者隱隱地說些很不一樣的想法，不是一語道破的那種。他忍著癌症末期的苦痛，以一整篇長文訴說他的重要弟子費倫齊曾批評自己，當年未完整分析他。但什麼是完整分析呢？有這種事嗎？

也許可以一語道破地說，人啊，不可能有完整分析或完整了解自己的時候啊！費倫齊也不是泛泛之輩，他在精神分析史上，雖然和佛洛伊德常常有不同的想法，卻始終是在精神分析領域裡合作耕耘的伙伴。佛洛伊德終究沒有使用一語道破式的回應，敷衍地打發費倫齊的抱怨，也許佛洛伊德在其它私人場合說過也說不定，不過佛洛伊德是以一個更大的課題：「分析有終止的時候嗎？」來回應一個簡單直接的抱怨。

精神分析式的詮釋，可能也抱著這種期待——可以一語道破。例如，哇！你有「伊底帕斯情結」啊，你有

「戀母情結」啊。能說出這幾句話，有時是很愉快的事呢！好像等了很久，終於找到機會可以說了。「可以說了」或者「終於有機會可以修理你了」，這樣的心情，只要是治療師，大致是可以了解的。雖然個案聽到我這麼說，可能會很遺憾和失望——治療師怎麼可以有這樣的態度呢？

也就是，有時候，「詮釋」也可能被當作「面質」來使用。所謂「面質」是指直接的對峙，開門見山，不必多囉嗦。試想，說出「伊底帕斯情結」、「戀母情結」這幾個語詞可是會被當作某種美德呢！但是精神分析取向的想法和技藝，只要有美德就是好事嗎？這些語詞會存在文明裡，一定有它的高明之處，精神分析要如何面對這些高明呢？

也許可以繼續想像。佛洛伊德忍著癌症末期的疼痛時，他要回應的是那個批評本身，或是想著，在精神分析變成文明和文化的一部份後，再回頭看，他要如何看待跟這群伙伴的關係，以及這些關係在精神分析裡的深度意涵？不是只以「是不是朋友」來回應——這其中深含著「意境」的疑問和評論。顯然地，佛洛伊德是採取長篇大論的方式，慎重回應一個乍聽可以簡短回應的課題：「人的分析有完整的時候嗎？」

佛洛伊德風燭殘年，在書桌前，書寫著這篇「分析是否有終止」的課題時，他宣稱：分析是無止境的。人

性和心智怎麼可能有止境呢？但是人終將一死啊，一如他當年正在面對的，有自己的細胞在啃食自己的身體和意志，相當具體的死亡方式。他可能暗暗希望著，人的生命也是沒有終止的，雖然他在《論無常》的短文裡，以預設的方式跟詩人里爾克隔空對話，談論「夕陽近黃昏」是種無常，卻是它美的本質。佛洛伊德說得很肯定，卻可能反映著，它可能還不是被慎思的複雜感受。

　　《論無常》是小品文，論及佛洛伊德在建構精神分析理論的過程，相對較少觸及的領域：死寂、空虛和憂鬱感，或人世間的蒼茫感。何處是精神分析或人自身要落腳的地方？這是佛洛伊德和弟子們，一輩子都在打拼的事。直到晚年，他被迫當難民逃到倫敦，雖然可以說，他的所在就是國際精神分析學會的所在，但落腳於倫敦，他的心情如何呢？

　　《論無常》的小品文是否反映著，他對於詩人里爾克和弟子費倫齊之間的重大差別？佛洛伊德對於詩人始終帶著敬意，不只是針對里爾克，而是所有能夠比精神分析更能參透人性的詩人。佛洛伊德的小品文，回應一個人生無常的課題，這是多麼重大的課題啊，也是佛洛伊德甚少深入的領域。相對地，他對於焦慮和歇斯底里的注重，加上晚年回應費倫齊的「分析是否有終止」，他是逐漸有重大轉向了？所謂「無常」，基本上也是牽涉到失落，自己和客體的失去所帶來的生命衝擊，這比

精神分析所正視的，還要更有影響力，因此從《論無常》的小品文，點出了生死一線間的美感。實情上，隨著病痛即將帶走他的身體，他的意志和概念還在搏鬥，因為他還有很多話要說。

也許他想說的，不是以前已經說過的話了，不再只是他早就開發出來的概念，如性本能、生之本能、死亡本能等，這些已不足以說清楚他的深刻情感和想法——那是一個即將失落，卻喚起生命失落經驗，如父親過世或更早的經驗，一直存在的空虛和空洞。人在哀悼失落後就不會有憂鬱嗎？哀悼和憂鬱是不會共存的現象嗎？我的假設是，失落對於人的心理影響，混合著不同程度的憂鬱。這不是要病理化人們，而是以此假設來觀察人的心理史變遷。

精神分析對於「憂鬱」的概念，原本就不全然等同於一般人認為的憂鬱，而是主張這是一種綜合現象，反映著人從出生後，面對現實世界的不夠完美，讓期待完美的自戀，帶來必然失落和失望的荒涼。

前述兩篇文章，再度反映著我關切的，佛洛伊德還沒機會多言的領域，例如自戀、邊緣、失落和憂鬱，它們是否太被簡化了呢？我無法一語道破這些語詞裡的複雜現象，因此還需要更多的想像，在這些話題上打轉再打轉，只為了說一點點的想法和心意。是否根本沒有純粹正常的哀悼？只有哀悼和憂鬱的混合？有詩為證：

泛黃的照片
中間偏左上兩步的地方
是誰眼角堆滿微笑
正要開口說話
那是往事嗎
或明天會聽到的聲音
呼喊
有人知道嗎
風，吹過一心想出走的魚尾紋
探問誰在舌頭上的修行
走出斑駁的
思念

XIII. 從失敗的美學出發：
如果荒涼是片風景，它想要說什麼話呢？

當他走到荒涼的地方時，他甚至不知道「荒涼」是什麼意思？他只是走回心中，很久以前被他拋棄的所在。雖然大部分的人都認識他，他每天依然走在無人的暗巷，或擁擠的市場。

荒涼的所在，還有什麼嗎？

人是從成功出發，或者，失敗才是人生命的起點？這個問題是需要的命題嗎？問這些要幹嘛呢？是否成功和失敗的命題，的確不是有意思的說法，難道日常生活就只有成功和失敗兩種結果嗎？人生裡真的有這兩樣東西嗎？也許我就不要太挑剔了吧，何必盡在這些日常用語裡，轉來轉去，這能夠有什麼搞頭嗎？

其實我是在挑釁一般人的想法。人是往成功走，但是我想要主張，人只是在活下去，一直在失敗和成功之間擺盪，而成功和失敗被想出來、說出來，是因為這是可以具體感受到的，但這兩種感受到最後，甚至在生命的起初，都是虛假的。我說虛假的，並不是這是對或不對，而是它有種本質的意味。我意圖把自己的想法，說

成是人的某種本質，這麼說就帶有虛妄的意思了。我憑什麼對人生或人是什麼，做出任何判斷呢？

我的確盡量讓自己不要下判斷，但是日常生活裡，大家都是期待成功的過程，卻忽略了成功者後來的一無所獲，難道這句話只是用來嚇唬人的嗎？臨床上，看過有不少人辛苦將子女帶大後，子女都不在身邊了，然後開始想不懂，為什麼小孩們都不願在身旁？雖然要很久很久以後，他們才會想到，當年就是小孩聽進他們的建議，要往成功的路上走，意味著成功就是要往愈遠的地方走。

這是一種很奇怪的地理的心理學，卻是臨床上常見的現象，就算有恐慌和焦慮，甚至是憂鬱，都是難以叫回遠方成功的子女，到底這是成功或失敗呢？也許有人說要看從誰的位置來說，這是有道理，但也不全然有道理，難道當年在失敗的影子或荒涼裡，所努力製造出來的成功，不會埋伏著當年失敗的種子嗎？這種說法太嚇人嗎？不過，佛洛伊德早就這麼說了，只是他是使用術語，「生的本能和死亡本能的交織，構成了生命的璀璨」。但是這種話能聽嗎？尤其是對於這些辛苦一輩子，最後卻是只有滿滿失望的人？

是否要告訴他們，從佛洛伊德的理論是可以推論出，就算失敗也有美學？或者應該更面質地說，失敗就是要有美學或失敗就是美學？我只是在咬文嚼字、擺弄

玄虛嗎？其實真的不是啊，我是很嚴肅地以我們的語言摸索著，人是每天在死著不同的死，或是在活著不同的活呢？到底差別在哪裡？這種說法，是否具有細看佛洛伊德對於生之本能和死亡本能交織的意思呢？

克萊因後來加強佛洛伊德的「死亡本能」的說法，並且從破壞的角度來談死亡本能，也就是從「死亡」開始出發的意思，所以人過日子是死著不同的死，這麼說是否完全誤解了克萊因的意圖？畢竟，她是想要補充佛洛伊德在生的本能和性本能之外的重點，她也延續了佛洛伊德以性本能和生之本能為主要論述的詮釋技術，只是後來，包括克萊因的學生比昂、約翰史泰勒以及法國的葛林等人，對於她處理「破壞本能」的詮釋策略有些微調。他們的微調有他們的臨床經驗做基礎，而我的疑問則是，是否在這些基礎上，可以再想像，何以克萊因能延續佛洛伊德的死亡本能，再往前走得那麼深細呢？這些想像力很壯觀，很有生命力，雖然是以破壞的角度來看，是種敗壞或失敗的方向。

其實克萊因會有空間想像這些，可能是佛洛伊德在《論無常》裡早就露出端倪。依我的主張是，佛洛伊德在《論無常》裡的悲觀還不夠深刻透徹，太快進入失落裡生之本能的美學，對於夕陽近黃昏的失落感受太過悲觀了。佛洛伊德過快地強調「夕陽西下」的必然和美感，反而遮掩了「夕陽西下」帶給人的感嘆所隱含的心理學，

這不是以「無常」這兩個字可以輕易蓋住的，雖然也許最後總是能體會到，的確是「無常」，但是這條路很長。

試想夕陽就是夕陽，干人什麼事啊？何以從古至今都有人在描繪夕陽西下的感受呢？這是比愛情還要熱門的話題呢！再試想戀人們一起看夕陽，到底在感傷什麼呢？何以在戀愛中的人，會那麼喜歡一起看夕陽呢？是愛和失落的交織，生與死的交織嗎？是所謂「愛得死去活來」的複雜意思嗎？

如果是在二分法中間找出路，或者是在空洞裡讓自己可以安頓下來，意味著什麼呢？中間的想法也許只是打開僵局用的，而不是人生的實質所在，好像是車站的所在，不必然是回到故鄉的過程，是否這接近比昂所說的，最後仍得是「沒有欲望、沒有記憶」，這不是腦部病變的失智，是他給精神分析者的提醒，也適用於個案在治療過程的結局。那麼這是成功嗎？或者本質上更貼近失敗，一種不同品質的失敗？其中的美學和概念，值得再思索。如果這是更貼近人性的結果，也是貼近佛洛伊德說的，生命的璀璨是來自於生的本能和死亡本能的交織，也許這就是失敗的美學。有詩為證：

放牛吃草的魚尾紋
決定聲援三十年前的往事

失控的一陣迷霧
堅持文明人的風度
埋頭慢慢耕耘
平坦臉頰愛說話的人生
卻一心想走捷徑
苦苦經營等待中的年老
拍賣自己
彎彎曲曲的命運

XIV. 從享樂原則到現實原則：
　　　把自己的荒涼介紹給自己認識

　　當他走到荒涼的地方時，他甚至不知道「荒涼」是什麼意思？他只是走回心中，很久以前被他拋棄的所在。雖然大部分的人都認識他，他每天依然走在無人的暗巷，或擁擠的市場。

　　荒涼的所在，還有什麼嗎？

　　再從另一個方向來談談，生命裡如果有荒涼地帶，那是指什麼？比昂認為精神分析是在追尋真理的過程，他的「真理」是指，最後終於發現，原來好客體和壞客體是同一個人。我猜想那個人可能是自己，也可能是重要客體，甚至這種客體並不是指我們想像的一個人，而可能只是部分客體，如乳房或陽具或只是一隻玩具熊。

　　這是什麼意思呢？何以要發現好或壞是屬於同一個人，需要如此大費周章，如此漫長的時程呢？在概念上好像容易理解，但是心理上何以需要漫長的過程來分析呢？這個過程裡是做了什麼，才有可能走向尋獲真理的結果呢？找到真理以後會是什麼模樣呢？好和壞之間的距離，是否不論很寬廣或者很近，中間就是有一道很難

被打破的牆？

牆的比喻容易理解，不少人要處理好和壞的課題時，會以要打倒或打破什麼來想像，然後就像柏林圍牆倒下來那般，東西德兩邊就可以合在一起了。要打破「壞」當然不是容易的事，這個思考模式可能更偏重在最後被打破的瞬間。這是從「現實原則」來想像結果，但是走到這個結果之前，會有哪些原則運作著，讓它很難接近？也就是牆旁邊有寬廣的地帶，是危險難以接近，在這些情況下，這個地帶就逐漸荒涼了。

我相信這麼說是很簡化的，仍需要更多的想像和描繪。如果人都是從荒涼地帶走來，需要辛苦的開發田地和耕耘，一切都是從失落，覺得自己一無所有開始，那麼，遭遇問題時，在心理學上，以佛洛伊德的觀點，是依據「享樂原則」來處理。雖然我是懷疑，真的沒有「現實原則」居中發揮作用嗎？除非我們假設，「現實原則」只是意識層次，而「享樂原則」處理問題是不計現實代價的，是硬是要解決問題的毅力和勇氣，雖然也常因此有後續的代價得付出。

「現實原則」是時時計算著現實的代價，盤算是否值得付出代價去換取？「享樂原則」的最高理想是以最小阻力為工作方向的基礎，但是最小阻力卻可能導向後來現實的大災難。「現實原則」是殘酷的，需要克制以配合現實的期待，雖然這些可能早就化身成文化或禁忌

而發揮力量，而「享樂原則」是一心一意以減少受苦為目標。

一如父親的缺席，卻以存在母親心中第三方的方式存在，這幾乎是必然的生命經驗的開始。至於餵母乳，這個最攸關生命成長的日常事件，注定了「父親」的缺席和失落，「現實原則」也是在開始就注定失落。也就是「現實原則」是以失落的型式存在著，如「一拳超人」可以簡單地打敗所有敵人，不必多說什麼，也不必有什麼花招。

是否到了「現實原則」裡，多了更多的文明？但是《文明及其不滿》裡的不滿呢？這些不滿是什麼呢？佛洛伊德所談論的不滿，是否更是重點，更是實質影響著人的內容，也是社會發生偶發大事件的緣由？

例如，「憂鬱」被當成是負面想法的結果，因而從負向到正向的說法很流行，卻是相當不易做到，這是想法上的「享樂原則」的呈現，因為這麼想的阻力最小，即使現實上是複雜千百倍。如果說負向到正向的簡化說法，將心理學扁平化了，這是否不公平呢？如果我只下評斷而不多說一些，到底是如何想和做，才不是扁平化，那我也是陷在二分法的分裂。

因此我是需要鑽進正向和負向之間，多描述我在中間看見了什麼，那些有什麼意義，使其他人也可以試著看見那些，這樣我的說法才有意思。我就說說看，或許

增加一些想像的描述，可以讓心理更有厚度。

　　克萊因的主要論點「分裂形勢」和「憂鬱形勢」，是否不是時序前後的發展？或者也許在生命初期發展過程是如此，但是當成人來到診療室時，是否如同性本能和死亡本能，兩者是交纏在一起的？同一時間的橫切面是兩者都存在，「分裂形勢」和「憂鬱形勢」所指涉的內容是共時存在的場景，而不必然是一般想像的，在時序上是前後出現。在技術面上，需要同時注意和言說兩者嗎？或者只處理負面的「分裂形勢」，那麼有創造力的部份不需要我們多看它一眼，就假設它會自行啓動發揮功能嗎？如果在關係裡，只看負面的部份，後來兩人之間會變成怎麼樣呢？何不多看幾眼創造力，讓它啓動，如同嬰兒被重要客體注視下所啓動的行為？

　　我是要提出一個想法，關於生之本能和死亡本能，或者享樂原則和現實原則，這些為了論述上可以分明，而出現的兩極化現象，這讓中間地帶荒涼了，或者緊縮了，使得臨床上是常看到，某些個案在兩極化之間快速擺盪，引起很大情緒的波瀾，雖然表面上可能以「個性黑白分明」，這個美麗的說詞來包裝，畢竟這總是他們問題的來源之一，甚至是問題的最主要來源。

　　我們如果想要擴大這些兩極化的，本能或原則的視野時，它們的中間地帶是什麼呢？如同比昂的戰區和非戰區的中間地帶，被做為涵容地帶（container），是可以

思考的所在。這樣介紹給自己認識的荒涼地帶，會是更多語詞的地圖，更多采多姿！畢竟，能持續來到診療室裡的人，就算被死亡本能牽著鼻子走，但是生的本能不可能不存在，不然是什麼力量牽引著他們，熬過千辛萬苦來到診療室呢？有詩為證：

逃生多年
三隻魚尾紋
兩隻開始想家
一隻還要
流浪
有人說這就是秋天的
臉色
晚回的
最好永遠
不要出現家門口

XV. 眞相、責任、和解：
從荒涼的餘生，尋找夢想中的餘地

　　當他走到荒涼的地方時，他甚至不知道「荒涼」是什麼意思？他只是走回心中，很久以前被他拋棄的所在。雖然大部分的人都認識他，他每天依然走在無人的暗巷，或擁擠的市場。

　　荒涼的所在，還有什麼嗎？

　　這十五篇是以螺旋式談論同一個主題，如何從不滿足佛洛伊德的後設心理學基礎，再從臨床或社會心理現象，來想像這些不滿足可能是什麼？

　　這系列的最後一章，你已經可以清晰知道，我是要以生的本能、死亡本能、焦慮和歇斯底里爲主要場域，對照觀察佛洛伊德在《克制、症狀與焦慮》的附錄三裡所說的，他對於失落、苦痛和哀悼的了解有限。在社會政治現象裡，從對憂鬱症的著重，到英國「孤獨部長」的設立，我覺得這是有意義的社會政治的自然進展，好像整個社會逐漸體會到，原先所注重的處置，並不足以解決切身問題，或者在解決問題之前的了解和想像，都還很侷限。這是因爲視野的侷限所致，因此這十五篇文

章就在這個現象上打轉，的確是打轉，想看看是否可以
轉出什麼新想法。

　　真相、責任與和解，不只是政治轉型正義的課題，
這幾道步驟早就是精神分析取向心理治療處遇的方向，
只是每一步都是很困難的。以我們的說詞是，阻抗無所
不在，但是光是「阻抗」這兩個字，是太簡化了其中所
經歷的劇力萬鈞。例如，以客體的失落，從哀悼到憂鬱
之間，有多少的衝擊呢？何以有些會走到不想再活下去
的力道呢？而人生是眾多失落的總合，無時無刻不在經
驗著失落，那是什麼心理內容呢？

　　在《論無常》裡，佛洛伊德忽略了瞬間失去，以及
「無常」的深遠意涵，至少我們在佛教的環境裡，「無
常」就是一件說不完的事啊！或者大部分的佛經就是在
談論人生的無常，而在《有止盡與無止盡的分析》裡，
佛洛伊德再使精神分析的無止盡，成為某種永恒。當我
們深信技術上是沒有重複的，如水流，這種技術觀也隱
藏著失落以及無常的心理。不斷的流逝和失落，所累積
的經驗、「境界」或「智慧」，以及「無常」所隱含的
生命觀和死亡觀，產生的無比威力，絕不是佛洛伊德在
《論無常》裡，談論的那麼輕鬆。

　　當好友橫光利一在1947年過世時，日本小說家川端
康成哀痛地發表了悼文，說到：「從此就是餘生......」。
人是什麼時候才開始「餘生」？是生下來不久，開始經

驗客體的來來去去，就開始「餘生」？還是後來焦慮出現了，「餘生」的概念開始不那麼公開出場？

除非人的自戀從來不曾失敗過，可以死去再自己長出來，但也許只有純粹的精神病患能如此，因為人總是會覺得有現實感的壓迫。人是無法有那種百分之百的自戀，使得失落是必然，從此是「餘生」？

因此除了明顯外來的暴力和忽略所帶來的創傷，在嬰兒的日常生活裡，可能有什麼失落帶來創傷嗎？是誰給的創傷，或是任何人都是難免的，生而為人，必然就會存在創傷？如果這是真相之一，在分析治療的過程裡，是誰給自己真相呢？那會以什麼方式來呈現真相？如果這種人生難免的課題，是屬於自己要給自己的轉型正義，自己要如何跟自己對話？和解是種妥協，人和自己容易妥協嗎？尤其是，如果這是人生開始出發時，就存在的想法和期待……

前面章節曾約略提過的，仍值得在此重複再說：何以有些人，只要他人給個不同意見，他就覺得自己是被冒犯了，覺得自己被吞沒了，因而要再用力強調：「我要做自己」呢？也就是那個被覺得的「自己」，是如此表露和他人之間缺乏縱深，他人只要意見出場就像是揮手那般，會撞到那個「自己」。何以在某些時候，「自己」是沒有皮膚、圍牆或護城河呢？是讓「自己」外露在險境？為什麼呢？在心理的建構上，這是什麼意思呢？

看來是脆弱的自己，卻是外顯很強悍，像受傷被逼到牆角的困獸，而不是在深處裡，可以悠遊平靜做自己的自己？

因此如何在「餘生」的荒涼裡，有「餘地」活著，並且活下去呢？或者這早就顯現在診療室裡了。對於任何治療師來說，不論有多少經驗，都會在日常工作裡面臨著，帶著前次離開時的失落，再返回診療室的個案，帶回來的是怎樣的餘生經驗呢？這樣來來回回的經驗裡，濃縮了多少他們的人生浩劫呢？是否每次說出來的任何話題，不論是焦慮、不安、恐慌、性倒錯和戀物等，都是試圖在餘生裡尋找餘地呢？

這系列想法的開始，是臨床個案群常有的自戀、邊緣、失落和憂鬱等現象，它們明顯地出現在診療室的現場。後來我重新閱讀佛洛伊德的《克制、症狀和焦慮》時，他輕輕地說他不同意蘭克的「生殖創傷理論」，因為在出生前是缺乏客體關係的。這句話也可以解讀為：「在客體關係出現後，就是創傷的起源，而這種創傷就是『失落』」——這就是基地，是後來「人格課題」的基地。而焦慮、不安和歇斯底里等不曾完全消失，三不五時它們會在不同人身上出現，來張揚自己的心聲。它們說話，展現自己的方式，仍得感謝佛洛伊德，他已經幫我們描繪了眾多的文字地圖，牢牢鞏固了精神分析和精神分析取向心理治療的傳統領域。有詩為證：

就是不願意
直走
不行嗎
歪頭的小巷子有三條
擠在沒落的街口
逼問夾在葉脈裡的
秋天
你有心事嗎

後記：

　　原本在書寫關於2018年9月–2019年1月，每週六下午的「古典精神分析理論」的課程講義時，我就邀請臺灣精神分析學會三位年輕會員，彭奇章、王明智和呂思姍合作，請他們協助主談「佛洛伊德怎麼說」。我是想要建構一個視野，也許其他人早就談過，但是我要以我的方式和我的語言來說，讓這個課題用中文落實在這塊土地，等待有一天可以萌芽。

　　但對於是否要在同一個想法上，如此打轉，是頗有疑慮。就在2018年3月29日接到由臺灣精神分析學會秘書處發出的信件，鼓勵會員參加學會學術委員會發起的，第一屆學術論文獎，以下這句話突然發揮了某種激勵作用，讓我更有信心以本系列的方式書寫。

　　「此學術論文　的目的在於促進學會內部的討論風氣，並希望藉由鼓勵各位的論文寫作，逐步發展出屬於我們文化環境的理論，精神分析寫作的歷程，如名分析師 Thomas Ogden and Glen Gabbard (2009)所說：『想法從書寫者的筆尖流出，而後書寫者將思考自己所寫的內涵，再寫，如此逐漸深入......』對書寫者而言，很可能是個在經驗上相當豐收的過程。」

可撫慰與無可撫慰的分析

回憶斜纏著

還沒有說出口的笑聲

守著陽光的夢

明亮

卻趕不走

暗夜的腳步聲

守著說不出口的規矩

低頭默默排隊

等待稀少且珍貴的

孤獨的漂泊

　　如果「荒涼」是人的一種影子，當影子開始當家作主後，「荒涼」成為某種主體，開始它自己的人生；人走在「荒涼」裡，也讓「荒涼」冷冷地看著人生。

　　當他走到荒涼的地方時，他甚至不知道「荒涼」是什麼意思？他只是走回心中，很久以前被他拋棄的所在，有時候，連自己都不想看見自己。

　　佛洛伊德在《有止盡與無止盡的分析》裡，探索精神分析是否有終點的課題，結論是精神分析是沒有止盡的。不過，回到臨床實作來說，總是有終止的時候，可能是發生在個案或治療師身上的某些現實因素，例如搬遷或重病等。

　　本篇是在這些臨床事實的基礎上，以佛洛伊德《哀悼與憂鬱》的內容做為背景，來談談終止治療這件事，在技術和理論上，有什麼值得深思的地方。尤其是由治療師這端提出的結束治療，我們通常會說需要「處理結束」所衍生出來的課題，或者是「做收尾」的工作；選擇「處理結束」和「做收尾」其一的說法，是否會帶來不同的想像，以及在處理策略和態度上的殊異呢？「收尾」本身就有要付諸行動處理結束的意味，那麼，「處理結束」是什麼意思？使用的語詞不同，將會帶來什麼不同的反應態度？這仍需要再回到臨床實作來觀察，以

後有想法再進一步談。

　　本篇要談論治療師因個人因素，向個案提出需要終止治療時，在處理上有什麼值得再思索的？尤其是這種終止是可以預期的，會發生在往後的某個時間點。佛洛伊德在處理「狼人」的案例報告裡曾提過，為了催促個案不再停在原地打轉，他向個案提出了一年後要終止分析的決定。佛洛伊德如此作為，具有推動個案往前走的意味，但這是一項冒險，以決裂式的手法，逼著個案要往前走，而不是停滯在當下。以這案例來說，是成功有進展的，不過佛洛伊德的結論，並未把這種手法當作是必要的分析手段。至於本文要談論的是，治療師的個人生涯規劃，若可預期的需要遷移，必須帶來治療的終止，這是具有強迫性質的終止治療。

　　首先，這會涉及治療師覺得需要在多久之前，告知個案這件事？這個決定來自於治療師的經驗，而這個經驗可能意味著，治療師認為只要從告知到結束的這段時間，做所謂「收尾」的工作就可以。例如，一個月、兩個月或更久前，這反映的是治療師覺得這樣的時間就夠了。但這是什麼意思呢？是指什麼夠了呢？預設個案的心理狀況，在那樣的時間裡，就可以足夠被處理了嗎？是治療師對於自己技術的自信嗎？相信只要那樣的時間間隔，個案就可以接受治療師的強迫終止治療了？

　　或者只是純粹的想像，反正時間就是這麼多，不論

個案如何反應都要終止？並不是說，多久前提出預知的終止時間，會是最好的答案，而是要先讓治療師知道，這種時間的長短是反應著治療師的內在主張，也可能預設著治療師對於個案的心理狀態的假設，覺得那樣的時間就夠了，也就是指個案能夠承受，並且是有足夠的時間，讓個案覺得被拋棄的恨意可以表達出來，並可以因此化解這種恨意。有時候治療師好像做了預告之後，對於個案被強迫終止治療的罪惡感才會消減一些。

這種預設是反映著，讓個案談出被拋棄的感覺，就是處理「結束」或「收尾」的手法。不過，這可能是一種迷思，在臨床經驗上的反應是更複雜。這種作法顯示催眠式的宣洩功能，假設個案說出心中覺得被拋棄的感受，就代表做了完美收尾的處理。如果再細想個案的狀態，果真如前述這種預設嗎？個案是否反而變成了被強迫終止治療後，要自己收拾內心複雜的感受，最後還要如治療師所期待的，可以做到如同教科書般的預期，說出對治療師的恨意？這種情況對個案有助益嗎？或者反而是個案在被拋棄的受苦下，還要符合治療師「分離理論」的標準作法呢？

我不認為這麼做對個案一定沒有助益，而是想表達如果回到個案的狀態來推衍的話，「有助益」是什麼意思？是什麼機制造成了效果？如果反而變成另一種強迫，是何以如此呢？是個案處於什麼樣的心理狀態，使得收

尾不是只有讓個案把恨意說出來就好了？

例如，個案（不是某特定案例，有修改過一些個人相關內容）重複說，自己的童年被母親毀掉了！母親把她的童年塞滿了各種補習課程，她常覺得自己什麼都沒有，一輩子只熟悉孤獨，心情不好時只有動物是她最好的朋友。但是她目前的工作能力，卻是來自當年課外語言的教育。近來她更痛恨的是，母親不斷地跟她要錢，她罵母親是個永遠填不滿的黑洞。她只想遠離母親，雖然她還是跟母親住一起，但是以恨意回填母親的黑洞，而不是以金錢填滿母親的口袋。

治療師在三個月前告知個案，因為私事需要終止她的治療。個案沈默了一會兒表示，很想知道治療師何以要離開？治療師表示，是個人生涯規劃的事。個案接著繼續抱怨，母親當年如何毀了她，讓她什麼都沒有了。

下次來治療時，個案仍談著和母親的衝突，抱怨母親拿走了她的童年，拿走了她的一切，讓她一無所有。後來突然提到，她覺得上一次被治療師打敗了，自己被淘空了。然後說，她已經約了新認識的朋友，要去旅遊三個禮拜，態度很堅定。治療師嘗試多了解她的想法，是否她的旅遊安排，跟治療師提出三個月後將終止治療有關？她堅決否認，然後談她在工作上以及和母親的事情。直到這次會談結束前，大都是在談和母親的事情，很明顯的不滿，直到治療師說，今天時間到這裡。她馬

上站起來說，三個禮拜後見，開門時，還回頭說，她一定會再回來。

我依著麥克巴林（Michael Balint）在《基本謬誤》裡所區分的三個領域來說明。一是跟「伊底帕斯情結」有關的症狀，理論上這是可以藉由古典的詮釋技術，讓當事者有所了解的領域。第二種是「基本謬誤」區，個案好像原本就存在著某種難以言明的、空虛和沒著落的感覺，這不是語言可以直接觸及的領域。第三個是指人原來就有的「自戀」區塊，是還沒有客體經驗的領域，雖是自戀但有創意地讓自己活下去，這也是語言難以直接觸及的領域。

所謂「語言難以觸及」的領域，依我的想法，就像標示那是什麼區塊，如「基本謬誤」或「自戀」區塊，但是這些名稱並無法直接涉及領域裡的內容，如同我們在地圖上說，這是「台北」，這兩個字是標示了一個區域，但是它的細節則不全然能藉由語言說得清楚，雖然語言試圖有所描繪。

我的臨床經驗搭配巴林的部份說法，以「是不是語言可以說清楚」或者是「語言能否說得到那種感覺」的假設，再區分成三個層次，而有的層次還是言語難以抵達的所在。

最先遭遇的是「矛盾衝突」的層次，這是「伊底帕斯情結」的所在，是詮釋的語言可以抵達的地方，是對

於分離和失落的反應。例如，這位案例描述她和母親之間的衝突，以及她常是站在父親這邊，甚至常想替父親出頭，覺得父親的一生也毀在母親的手裡。這些衝突矛盾，可以找得到現實的理由來支撐她的判斷，也是她說服自己的方式。這是外顯上像「伊底帕斯情結」的三角矛盾衝突，若以治療師提出三個月後，要治療終止的事為例，個案下次來診療室說，她已經要和另一位朋友去旅行，意思是，要先把治療師拋棄在前，她要比治療師更早離開治療。

這是表面上容易看見或看得清楚的，三角情結衝突的情境；個案以結交新朋友，來取代治療即將終止而產生的被拋棄的感覺。這是一種行動化，個案用能力所及的範圍裡，去結交朋和旅行而需要請假，所以三週無法來治療，做為直接表達被拋棄且憤怒的方式。從這角度來看，這是文明的心理機制運作後的成果，不是採取直接的憤怒和攻擊，而是以間接但意識上又不會太困難理解的方式，反擊治療師的拋棄。

這是一般語言可以觸及的現象，以交新朋友和去旅行來達成目的，也是技術上假設，以詮釋可以讓個案了解行為或症狀裡潛在的動機。不過，以這種常見的案例來說，這個案早就大聲說過，她是戀父情結了！然而心中糾葛不曾停止過，她的失落和空虛，她覺得自己一無所有，她的一切都被母親剝奪走了。對她來說，這種感

受不只是伊底帕斯情結的矛盾衝突感，而是另有其它恨意和難題。

　　第二層遭遇戰，是類似於乳房好或壞的層次。個案對於母親的恨意，有如伊底帕斯情結裡，她和母親競爭著父親，她對父親無限同情，覺得她和父親都是受害者，她跟父親是綁在一起的。不過她又覺得母親剝奪她，讓她一無所有，這倒不見得全然是前述三角關係裡，競爭所帶來的結果，而可能是有某種更原始更難言，卻是更固著的經驗。

　　這些更原始的經驗，使她對母親的恨意裡，不全然是針對眼前的母親這個客體，而是在生命更早期就已經有被剝奪的感覺，彷彿是在餵奶時就累積下來的深沈感受。這在治療過程裡，常讓治療師覺得不可思議或難以了解。何以她對母親是那種態度？而且是無法只以她是跟父親聯盟，因而展開對母親的恨意來詮釋，也就是在治療過程裡，從個案累積來的感受，是某種更原始的、片斷的，不是整體母親的印象。在這裡就暫且採用克萊因論述的焦點：「母親的乳房」做為比喻，來建構這種感受。

　　個案的挫折是來自更早年的嘴巴和乳房的關係裡，胃部難以溫飽的經驗。個案所呈現出來的經驗，除了是來自和父親有關之外，她跟母親衝突的問題，是缺乏溫飽的直接情緒反應，這種源自於挨餓的感受，以不斷找

原因、找對象，來展現難以言說的處境。引用克萊因的
「破壞本能」說法，那是起源於自戀被破壞而出現的反
應。依克萊因的主張，無法即時供應奶水的乳房，是壞
的乳房，如比昂所說的「no breast」的no是壞的意思。

　　原本只是對部分客體（乳房）的不滿，但在成人階
段述說那種經驗時，卻常以整個客體（母親）為對象，
因而在個案所說的衝突故事裡，主角是她眼前的這位母
親。其實那種經驗是更原始的，針對乳房的不滿，而不
是針對整個母親，因為整個母親勢必也做了不少讓個案
滿意的事。但後來常見的是，原始經驗瀰漫整個母親，
或者，後來變成父親也被拉進來的「伊底帕斯」衝突。

　　這種描述的方式是臨床常見的現象，意味著那是言
語難以直接觸及的原始經驗，因此後來所說的故事，雖
然大都是以完整客體的角度，來描述自己的那些原始經
驗，卻常是覺得無論怎麼說都說不清楚，或者就是無法
清楚描述那種感覺。也就是說了很多故事，來解釋自己
的問題，但是轉眼之間又覺得，有種莫名難言的不安。
何以這種言語難以觸及的領域，是以匱乏為主的感受？
甚至被加上「壞」的說明？

　　個案後來述說時，也會把父親放在故事裡，這可能
不是伊底帕斯情結的戀父，而是生命更早期的，如葛林
所說的，第三方在母親的情感和態度裡所呈現的，母親
心中的父親形象。這種「父親」也是片斷的客體印象，

而不是完整的父親客體。因此在聆聽個案描述時，除了一般較易清楚了解的伊底帕斯情結的衝突矛盾之外，在這些清楚的故事背後，有零散破碎、難以理解的緣由，讓個案做出某些反應。

這是言語難以抵達的層次，除了因為未獲滿足的失落，依克萊因和比昂的解讀，還帶有「壞」的意味，反映在個案，讓她始終覺得，母親是害她一無所有的人，雖然她目前可以有工作度日，但是那些經驗和成就，始終無法蓋過對於母親的「壞」的感受。

臨床經驗可見的是，在「壞」的感受之外，還有空洞的死亡層次，這是我列為第三層次的課題。以這個案來說，她在各種衝突和恨意裡，還帶有某種更難以言明的空洞和死亡感，她常常會覺得生不如死，或者覺得自己就像是死的活人般。她在生活上的各種衝突愈聽愈像是，她真的需要這些恨意和衝突，如果缺乏這些衝突，她反而不知道如何過日子，因此治療師總是聽到她跟母親、同事都不和的事。有些個案會因為這樣而無法好好保有工作，這個案由於自我的妥協機制，仍是較接近「現實原則」，使得她雖然有不斷的各式衝突，但總是在某個關頭就停了下來。一如她在聽到治療師提出，三個月後要終止治療後，安排了旅行三週，但是離開診療室時，她表示會再回來，讓原本存在的競爭和攻擊，侷限在某種程度裡而不致完全崩解。對她來說，就算是維持

著不走向完全崩解的關係，但是似乎充滿了死亡的況味，所有生活上的衝突，都不是爲了生存，然而實質上的確是有股生機，但總是很快又展現死亡的味道，慢慢走向衰亡的意象。

假設第三層的遭遇是「死亡本能」層次，在嘴巴和乳房關係的失敗和失落裡，是經驗到克萊因學派所強調的壞客體，以及源於破壞本能的死亡感覺，個案感到自己一無所有，卻又一輩子想要吞下整個世界。這不是矛盾衝突，是基於破壞而呈現的妒嫉，既破壞了客體也毀滅了自己。以這案例來說，是有這種本能動力驅使著她走著，不是她主動的破壞。

克萊因以「破壞本能」來代表「死亡本能」時，從臨床來說可能仍是有爭議的地方。「破壞本能」是否等於「死亡本能」？克萊因的「破壞本能」是帶有主動的嫉羨（envy），而這個案有部份呈現出主動攻擊模樣，使得關係常常很緊張。個案雖說三週旅行後會再回來，但這是在安慰治療師，讓治療師不要挫折嗎？

個案在整體上是有破壞的現象，也有看似克萊因所說的「憂鬱形勢」的修復功能，同時她也呈現某種空洞和空虛感，反映著她仍是緩慢走向死亡的況味。她在人生大海裡掙扎和衝突，好像要讓自己活著且活下去，但是以低自尊的形式活著，如同佛洛伊德在《哀悼與憂鬱》裡提到，在重要客體失去後，顯得低自尊，讓自己覺得

不值得再活下去。不過，這個案也如目前我們在診療室裡常見的，不致於如佛洛伊德在《哀悼與憂鬱》裡描述的，那種能量低到沒有生的氣息。她的生活仍是生氣活躍，只是整體來看，很容易就感受到，如果她再不處理或自覺，可能會在充滿生氣的衝突裡，一步一步走向衰竭。

不過，這畢竟只是我們的假設，有些狀況還沒有發生，做為治療師要能視而不見，雖然就算看見了，我們也未必可以馬上幫上忙。但是總不能因此就停下來啊，至少觀察和描述仍是值得的，且有需要持續。這個層次裡所隱含的本能，尤其是「死亡本能」，並不是我們想著這四個字，就能直接觸及它的所在。因此我們和個案一樣，只能在外顯的象徵代表上打轉。並非象徵物不重要，就心理學來說，如同兒童的遊戲是很象徵性的活動，卻是兒童生活裡相當重要的部份。

至於這三個層次，在個案身上是以混合的方式出現，因此很難只從表面問題，或單一次的呈現來做判斷，而是需要經過長期的治療過程，除了聽個案所說的故事外，還需要個案的感受和想像，再加上猜測，做為整體上形成某個假設的基礎。我的想法是，任何症狀的橫切面，其實都同時包含著三個層次，它們是共時性的存在。

不同的個案，或在不同時候，他們所呈現三個層次的比例可能有所不同。我假設，愈是第三層次的內容，

愈原始，愈接近「精神病」，愈會讓治療師覺得不可思議，愈難以想像怎麼會這樣。那麼，如果是語言無法抵達的領域，「撫慰」是有作用的嗎？或者「撫慰」是有作用，但只能部份程度產生作用的因子，且不全在於言語本身，而是伴隨著其它被統稱為「態度」的課題，例如：分析的態度。

我們在這個基礎上進一步思索，治療師要「收尾」時的技術和態度的異同。

前述個案在治療師提出，三個月後需要終止治療的事後，她在下次來治療時，告知治療師要請假三週，跟朋友去旅行，那麼，她這些舉動和即將終止治療的反應有關嗎？或者把它當作只是一種湊巧？以精神分析取向來說，雖然技術上強調「自由飄浮的注意力」，而不是專注在某個特定的故事上，不過這並不是說，就不需要注意觀察某些可能特定的課題。例如，終止的課題。

至於如何處理，才不致於讓治療過於違背基本的技術原則呢？或者這不是固態定型的模式，而是充滿動態的互動，實情是不可能有百分之百的「自由飄浮注意力」，而是在某個焦點上不斷地游移？從前述的三個層次來說，如何處理治療的收尾，尤其是因為現實因子而帶來的不得不終止，這是比一般想像的還要複雜的感受。畢竟心理治療的型式是很人造的情境，在這非一般日常生活的談話互動方式，所激發產生的感受和想法，是需

要累積更多的臨床經驗。

　　我先從前述的三個層次出發，是想要說明，對於被迫的終止治療，不是去假設，個案覺得被拋棄，因而會產生憤怒，然後治療師就是一心一意地，以為只要讓個案在有限的時間裡，說出了他們覺得被拋棄，而且感到生氣，就表示治療師終於完成了任務。這種所謂有處理個案的複雜感受，更像是治療師硬逼個案，要有我們理想中的反應，以為可以談論恨意，就是好的收尾，而忽略個案處於複雜多層次的感受，以及相關對應的情感。那麼能做的是什麼呢？一句普通的日常用語，「做到哪就停在那裡」，這是「隨意」或是「隨便」？也許還需要更多的語詞來描述。

　　在技術上，我先以比昂對於linking的說法，來想像linking除了一般說的「連結」之外，另外有一些是原本在一起的連結，因為「破壞本能」的攻擊，使得原本連結的素材變成失聯了，後來再度藉由治療師的詮釋，而將那些失聯的或原本沒有相聯的，也連結了起來。這是藉由預設的意義而連結起來，或者是經由連結，後來因為互動而產生了意義。

　　也許linking更像是穿梭在治療師的問題或詮釋、說明或沈默中，來來回回的穿梭，整體上構成了在不同層次之間的來回穿梭。想著linking時，我們常說，要有意義的連結，但是實作是如此嗎？我們假定，如果說出口就

是要有意義的連結，但是實情是否真有那意義卻是另一件事。因此，比昂所說的linking，是否更像是「穿梭來回」呢？讓不同故事裡的事件、人物來回穿梭，自有意義浮現。有意義是後來的事，也可能在穿梭的時候，就已有自覺或不自覺的某些意義存在了，只是後來才意識到，而形成我們常說的「意義的浮現」。是否這才是真正造成效用的原因？不只是單純將一些事連在一起，形成詮釋而已，而是不斷地來回穿梭，如同有個身影穿梭在不同人之間，後來就能建構成某種團體，人和人之間的理念和情感，就透過這些穿梭，而連結了起來。

原本彼此之間可能是陌生的，或者早年曾有關係，後來以記憶孤島的方式存在，卻已經遺忘了之間的關係，也遺忘了最開始的原初樣貌。是否是如此呢？它們本來就相互影響？這讓我懷疑，西方人宣稱的「獨立自主」是什麼意思？是他們騙自己的方式嗎？我並不是要推翻這些概念，而是從自身經驗來想像，那種難度是什麼？有哪些是人做得到的，哪些是神或佛才做得到的？例如，當宣稱「獨立自主」，又說「全球化」，如蝴蝶效應般相互影響，這有些矛盾卻又可以並行——有趣的世界啊！這才是真正的世界。

這些想法與經驗，勢必會影響個案和治療師，但我不會因此而說：「這是結論」，因為站在精神分析的角度，我們仍得再努力探索，是何種心理因子建構出世界

這些樣貌？就在這些矛盾的空間裡，建構了人的某些心理領域，注定是難以觸及，因此「難以撫慰」，甚至是「無可撫慰」？想要有這些認識，就要停下來理解，人是怎麼回事？如果有了撫慰，是因爲來回穿梭，慢慢建構起來，但也可能仍無可撫慰，因爲空洞仍會是空洞，有些地方是人的侷限，有些地方是精神分析取向的侷限，但是侷限，並不是表示毫無改變的機會。

面對失落後心裡的苦痛，言語難以抵達的領域，我們需要假設，精神分析有侷限，使得這是「無可撫慰」的經驗，卻也是精神分析持續走下去的出發點，繼續尋找更多語言來描繪它的過程，而不是在錯覺（illusion）的基礎上，錯覺地先行主張，我們可以撫慰所有的失落和空洞感......

後記：

本文只是試圖描繪，臨床上的實作何以困難重重？也許可以如佛洛伊德或克萊因說的，那是「死亡本能」或「破壞本能」的作用。但這是什麼呢？是「本能」派出什麼代理者，來跟我們交手，讓我們難以藉由言語和它們溝通？而且是否有些失落的苦痛（psychic pain）是無可撫慰？Antonino Ferro（2017）提出的精神分析的三

個重要典範是，佛洛伊德、克萊因和比昂，其中比昂是以精神的「苦痛」做為焦點。本文試著對臨床上的難題，提出一些想法，但並不認為這是精神分析取向的窮途，而是正視言語難以抵達的領域，重新思索詮釋的言語是否有它的侷限，而需要言語之外的撫慰，但卻又可能陷於無可撫慰的處境......那麼，如何再往前走呢？

精神分析的自由（free）
是解脱（free）的境界嗎？

在「陰／陽」和「positive／negative」穿梭的人生

捉迷藏時

鬼王玩著人

直到晦澀嘴硬的青春

一點一滴

老去

　　本文的主要目的是想要初探，精神分析取向心理治療師（簡稱分析治療師）的養成過程裡，幾個值得再深思的課題。先挑出問題，再簡略提出一些理論上的想法，但是仍需要於臨床過程裡，萃取經驗和理論的對話。首先，在技術上，對於心理歷史曾經遭遇的創傷，是否在實然上採取有步驟的解決方式？雖然這些方式可能接近催眠式的暗示策略，但是在應然上，精神分析是有自己建構出來的理想性，但涉及的是，「只是分析」是什麼意思？只是詮釋嗎？在互動過程，有可能沒有詮釋之外的其它因子在發揮作用嗎？

　　我主張是不可能如此。這又涉及實作的實然是什麼，以及和應然的關係是什麼？兩者如何的交互影響，以及如何透過對話的方式互動，找出制度性或結構性的解決方案，朝向個案心理的真相，讓個案和自己及周遭者得到和解。這是精神分析取向的目的嗎？或者就算不是，也不必然一定要如此。而且，我們在實作過程，真的完全沒有這些想法在暗示自己嗎？本文主要以溫尼科特的「過渡客體」、比昂的「涵容」、以及葛林的「negative」等概念，做為想像和對話的場域。

　　另外，分析治療師在面對技術的難題，或者對於理想的期待時，通常會害怕污染了「精神分析的金」，於

是將分析治療當作是鉛而不是銅，這是運用什麼方式來處理？是分析治療師個人被分析治療就可以解決嗎？這是假設「可以」，但是實情呢？就算在結構化的嚴格訓練過程裡，有多少是治療師以自己的方式摸索出來，而那些內容不能說和精神分析無關，至少是在這過程推行出來的經驗。其中有多少是以在地文化和宗教的策略來達成的，尤其在面對複雜困難的個案時，光只是要如何維持架構可以穩定走下去，需要動員及引用多少在地隨身的概念和做法的投資，默默地處理這些難題呢？

　　也就是，應然是精神分析式的，但實然是什麼？個人運用多少在地文化和宗教的策略呢？精神分析過程的真正自由是什麼？達到後就可以解決不評斷自己和他人嗎（或稱為「接受」）？或者需要是的解脫的概念和過程，才能做到不評斷人呢？雖然這可以廣泛被說是反移情，但需要更細緻的想像和探索這個課題，才有機會了解，我們在實踐精神分析取向這個外來技藝時，我們是如何動員已有的資源，來協助落實在地化，而這些被引用的文化、思想和宗教概念和實作的資源，卻可能讓我們有意識地觀察和思索，我們對於精神分析的貢獻是什麼的方式。

從臨床疑惑出發

精神分析的後設理論是實作所累積的知識體系，因此是符合丹尼爾‧維洛謝（Daniel Widlöcher）所說的，精神分析要有兩個思想裝置才能運作，只有一個是不足以在結構上產生永久的變化。也就是，精神分析走到目前，勢必要主張主要的知識來源，是實作經驗的描述，而兩個思想裝置互動的經驗描述，就意味著仍需要從其它學門，萃取別人的故事和描繪來對照。

例如，何以在面對負面移情時，容易飄向個案的過去史去找原因，卻難以在眼前以「懸浮的注意力」觀察？不然就是想要硬接招，並反射性地詮釋，而可能使個案反彈？對於這些現象，是否意味著關於「阻抗」，還有新結構是未被說明的內涵？除了目前已知的，佛洛伊德提出的第一和第二地形學之外，是否能從自戀的概念和死亡本能裡，發現第三地形學？那是什麼呢？也許不是自我、原我和超我，這種器官結構式的比喻，而是如組織學般的結構？勢必有心智在這些組織裡飛翔著，然後就一直活著，但是有時飛不起來，就如同在無風的空洞裡，連死亡本能在這空洞裡的運作都是止息的，而不是破壞力的施展？畢竟任何破壞力的施展，總是會帶來風勢，對於會飛的心智仍是可以再助它起飛而活下去。

我提出前述的景象做為思考的模式。如果自由聯想

或自由飄浮的注意力，是精神分析取向至今被傳誦的技藝，也就是假設診療室裡，實作的任何技術，都是以個案能夠更自由地想像，和談論自己的過去、現在和未來為主要目的；他可以在解放原本潛意識的束縛後，以重新獲得的自由，來詮釋自己的過去、現在和未來。這是至今仍未被放棄的，對於「精神分析是什麼」的描繪之一。只是有一些問題仍需要思索，才能把前述的說法之間的連繫建構起來。

我們需要在語言和語言之間搭起橋樑，雖然也可以如老鷹般來回飛翔，這是天空般的視野，把事件並置來看待，並等待可以有什麼新的心意、概念和情感出現。至於地面上的連結，如精神分析所說的自由（free），是以獲得能夠自由地詮釋自己為主要方向，真的是如此嗎？或是在什麼方面獲得了自由，才會有自由地詮釋的能力或創意呢？另外要自由詮釋的內涵是什麼，才是精神分析取向所認定的內涵？或可以不做任何實質內涵的認定嗎？或所謂解除了束縛，是指做了什麼才能獲得這種能耐呢？

這是丹尼爾·維洛謝所說的「除銹工作」嗎？（哲學與精神分析的對談，作者：妮可·德拉特、丹尼爾·維洛謝，頁86）或是需要再回到他所說的，讓大家看到最底線的理論假設，以及在實作過程裡，我們最有可能觀察到的內容。對於這說法，我衍生的想法是，回到實

作過程裡，再觀察我們實質上所做的，以及事後來對照精神分析原本預設的規則。

也就是回到診療室實作的歷程裡，來來回回參究，如老鷹般或者如地上的橋樑般，參究至今仍重要的兩個面向，一是佛洛伊德以島嶼記憶或螢幕記憶（screen memory），在精神分析裡的記憶連結的課題。另一是精神分析發展至今，不同學派或者不同的術語被專注發展的程度不同，使得不同語詞，在精神分析領域如同大地或大海之間的不同島嶼。我們是需要再從這些比喻，來思索臨床實作裡的情況是什麼，而不是只討論假設，一切都按部就班地在現有術語的軌道上工作，畢竟有了軌道就難以飛翔，但是如果是天空中任意飛翔，也會需要一些軌道才不會互撞。

實作裡的實然可能是些什麼？

精神分析取向的專業職人們早就時時經驗著困難，這些困難是指要邁向佛洛伊德早就設定的概念，如對於伊底帕斯情結、原初場景和自戀等的觀察和想像，而我更關切的是，隨著精神分析的在地落實發展後，也許我們面臨的問題，尤其是所遭遇的各種險阻，就不再只是理論假設裡所說的，以應然裡的理想性，強行地生根成長而已，因爲這樣是忽略了這塊土地是什麼特質，一如個案的個人特質，除了人性共通之處，還有什麼是在地

著重的殊異呢？

　　實作裡的實然可能是些什麼？回到診療室實作的過程，應然和實然之間的對話是個重要的方向，也是我們檢視精神分析在地化的過程裡，埋下了什麼種子，而這些種子的所在，尤其是從文化的向度來說，激起了何種漣漪，因此，除了先前關切的「回到佛洛伊德」外，這也是再進一步想像回到診療室實作的過程。雖然這兩個想法可能因爲語言本身的侷限，而無法得到如大家所期待的一樣的結果。

　　不過，就是一個思想的開始，不再只是什佛洛伊德或之後的理論，以理論和理論來相互對峙，而是以理論回到實作裡，來見證理論的不足和匱乏，但沒有理論並不是自由，而是讓「不知」的自身，橫行至難以行動。

　　由於精神分析的後設概念可能被感覺是，容易在實作裡辨識出它們要表達的內涵，因此「回頭」變成了精神分析取向工作的目標，否則某些情結場景的說明反而被忽略了。除了情結本身內容的展現，讓我們看見有個雕像在那裡似的，但是就臨床實作來說，卻是更著重說明那些抗拒改變的結構是什麼。這是要呈現一些難以被意識的內涵，不是散兵游勇，而是它們具有結構般的組織，即便是有「阻抗」這個語詞在阻擋。

　　自從佛洛伊德把個案抗拒改變的現象叫做「阻抗」後，有趣的是，「伊底帕斯情結」等術語風光被認識，

這些術語在人們心中反變成了精神分析的主要英雄。這些情結術語成了名勝地區的雕像，許多人想要來看一看旅遊一下，反而忽略了要「一看究竟」，畢竟看一看和一看究竟，所抱持的好奇心和心理動力的量和質是有所不同。

臨床上有不少個案從閱讀或以前的治療經驗裡，覺得自己有「伊底帕斯情結」，說得好像是種榮耀感的樣子，好像自己終於走進了精神分析，並在這條道路上就要有所進展了。這是精神分析式的「到此一遊」，當然也可能帶來不少情感和想法、或欲望對象的改變，但是這種情結是種受苦，是值得流很多很多淚水，才能再清楚一些些的傷痕，何以會是高興地接受呢？這意味著什麼？如同依著名勝旅遊指南到此一遊的興奮，而不是在這個處境裡，和它有記憶所在的關係聯結。畢竟踏上這個象徵的所在時，所帶來的複雜感受和想法，是足以建構一座容納很多雕像和素描，集合而成的人生博物館。

阻抗的結構是否如同原始部落？

這些了解只是在身上張貼了標籤：「到此一遊」，更重要的是，是否有更自由？也就是原本潛在的一些阻抗，看見了伊底帕斯情結這個結構之後，是否能夠不再被這個情結所阻擋，而了解到先前有些問題被自己視而不見，是由於伊底帕斯情結構成綿密的關係網絡之故？看清楚這些網絡後，就能夠更自由的聯想嗎？而不是只

以自己獲得了什麼情結，就認爲那是認識自己的某種結論。這種結論不是生命篇章最重要的事吧？這是對自己的認識嗎？有什麼可能更重要呢？

　　如果依照佛洛伊德對於技術的說法，也許「自由」是更重要的，那麼我們也許就需要回頭看看，在我們知道並認識了精神分析這些重要術語後，我們是否有更自由？這仍是值得探究的課題，所謂的「更自由」是指什麼呢？是能夠更直接地罵原來想罵的人，就是所要的自由嗎？或能更直接地表明自己不想再做控制別人的人，或者不想再被控制了？或者還有其它更重要的事情，才是精神分析在設定技藝焦點、自由聯想和自由飄浮的注意力，最想要表達的眞正意義呢？也就是，精神分析所談的「自由」，在實作的過程裡是指什麼呢？和我們說的，自己如何介紹自己給自己認識有關嗎？或者只是要處理一些帶來不舒服的焦慮、不安或身體化等的症狀？

　　關於「自由」，它是最後的判決點，除了伊底帕斯情結和自戀等重要發現外，還可能有更多其它的阻抗，以結構化的組織型式存在，讓人難以自由，甚至如一般所說，想避開自由呢！如同在黑森林裡某個部落被發現前，它們在自己的結構裡，過著自己的日子，我們甚至不知它們可能對我們有著重要的意義和影響力。只有在這些如部落般存在的結構被發現後，我們才有機會慢慢深化了解，來回答那些我們從精神分析所獲得的自由，

是要讓我們能夠了解這些結構，或者我們要趕緊教化這
些結構裡的內涵，以文明之名介入？

我們需要了解，有一項難以避免的事情：當探險家
接近原始部落，就已經帶來瘟疫般的高度危險了。佛洛
伊德當年坐輪船去美國演講時，據說在船上就曾對費倫
齊（S. Ferenczi）等人說，美國人不知他們此行是帶來了
瘟疫。以原始部落比喻內在心理結構，可以讓我們想
像，如果這些結構被當成是阻抗的因素，那麼是要滅絕
它們或者是認識它們呢？這涉及了，當我們在技術上，
想像詮釋可以讓負面的材料崩解，然後人就可以更自
由，這是相同的事嗎？我說的是，如果某些結構或組織
是如同原始部落，不是只有話語的概念，而是有活生生
的人存在，我們要如何處理？我們能夠通過結構，化解
阻抗，而走下去嗎？

三個「我」被結構化成組織

佛洛伊德將工作的主要方向定義為，是使一些潛意
識的內涵能夠意識化，但是在實作過程，發現不是那麼
容易，會到處遭遇到阻抗。有人以這是不想要自由，來
說明這種阻抗，但是這種說法在實作上是不夠的，所謂
「不夠」的意思是，無法只使用「不想自由」或「阻抗」
的概念，就讓我們滿意地面對個案的問題，反而只是招
來個案的不滿，覺得我們不了解他。他覺得自己已經盡

力在說自己的故事了，怎麼還會被懷疑沒有照實說呢？能說的和想到的都說了啊！這其實反映的是「阻抗」。

　　但我的解讀是，這顯現了我們還需要更多的語彙，來進一步分析「阻抗」這語詞，才不會讓人們乍聽這語詞就充滿了誤解，畢竟它是需要被重複觀察和思考的。我認為精神分析的術語，在實作時，如果很快出現「就是這樣子」的現象，而難以被再思考時，就意味著對這語詞的內涵了解是不足的，需要再多一些更細緻的形容，來一步一步深入原先的定義。治療師不能只是重複認為，是個案不願意去思索、個案就是這樣沒錯。就算個案如此，並不是意味著我們就不需要讓一些重要語詞，再被更精細的分析成更多語詞，來幫助我們更接近對它的理解。

　　佛洛伊德因此再進一步透過臨床觀察，發現另外一些阻抗可能是具有結構性的組織，運作出表面上看得見的阻抗。不過，談論「阻抗」時，意味著精神分析是有它認為要抵達的地方，在目前，也許已經有了更多的想像空間，知道精神分析取向在理論和實作上要走向何方。但是在佛洛伊德時代，相對於要把潛意識變成意識，或者填滿被假設有記憶缺陷的部份，就能夠被再記憶，他建構了第二地形學，先有了代表本能欲望的「原我」，和一直有一個在協調各方欲望勢力，而讓人可以活下去的結構，佛洛伊德把這個結構命名為「自我」。

　　第三位重要的結構化的主角，它一直存在於《夢的解析》裡，常被提到但在當時還沒有被正式的命名，雖然早就知道它的影響力很大，但當時它先以「監督者」的暫時名稱做爲統治角色。直到在1923年於《原我和自我》裡，這位監督者所代表的結構，才被正式命名爲「超我」，然後這個宣稱是第二地形學裡的主要角色，「原我」、「自我」和「超我」就到齊了。

　　佛洛伊德提出這幾個角色，都是屬於「我」的一部份，是對「我」是什麼進行解剖學式的了解，想要透過這三個大組織，來探索和說明「阻抗」是如何被運用出來的。這個了解的工程，在精神分析取向的工作裡仍持續進行，甚至可以說從佛洛伊德、克萊因、溫尼科特和比昂等的重要著作，或重要的精神分析後設理論，大都是圍繞著實作過程裡，這些結構化的「阻抗」在增添。

「自由飄浮的注意力」的應然和實然

　　我試著再運用另一種描述方式，來想像「阻抗」或「破壞力」是什麼。「阻抗」並不是靜態的一道牆擋在某處，而是動態的力量，因此是否任何「阻抗」或「破壞力」介入時，就會在葛林所描繪的negative（陰面）裡產生一道風勢？而我們專業職人的任務是，如老鷹般順著風勢而飛，自由的飛？只有老鷹有這種能耐？佛洛伊德強調，分析師的自由飄浮般的注意力，我認爲這種注

意力就是如同飛翔中的老鷹，但是需要具有鷹眼般的注意力。我們專業職人的訓練過程，要多少或什麼內涵，才能讓我們如老鷹般在風勢裡盤旋呢？

　　什麼是順著阻抗或攻擊的力道，而引發的風勢？有時我們要降低這風勢，以免風過大而吹翻了治療結構，或不至於讓個案因難以承受而墜落。或者，我們不論風勢多大，都要讓自己可以在風勢裡殘存，甚至是駕馭風勢？那麼我們說出詮釋的目的是什麼呢？我的主張是，仍需要再思辨。是否平均飄浮或自由飄浮的注意力裡，「注意力」完全都不需要焦點？這是渙散的注意力嗎？或者是在某時候有注意力的目標，也就是需要的是平均的飄浮；或者是有時候注意力在某處，有時候又在另一處，它自由流動，不是被侷限在某個地方？我和Joseph Sandler的想法一樣，主張「自由飄浮」的注意力，較接近臨床實作裡的實情。

　　佛洛伊德描述診療室的另一個場景，就好像坐火車時，坐在靠窗位置的人，描述外頭的風景給坐在靠走道的人聽，火車一直往前走，目標就一直更換，而不是停駐在先前的景象。如果以鷹在空中藉著風勢盤旋，而注意力是在地面不停移動的獵物，這麼形容是有特定的目標，目標不是不定的。不過，一是實然，一是應然，應然是指不要有特定的目標，但是實然是一個目標換另一個目標。

　　進一步舉例來談，精神分析取向的知識並非來自現有理論本身的抽象推衍，而更是在於實作過程裡，遭遇阻抗後，如何細緻化的處理過程所累積的知識或發現。一如佛洛伊德從第一地形學，走到第二地形學的重大進展。至於後來的其它重大進展，包括談論「自戀」，也是圍繞著「我」（Ｉ），這被宣稱是走向更原始的心智結構，也就是從精神官能症走向精神病的心智結構。而「自戀」更像是一種組織學，是遍佈「我」的組織，它存在於第二地形學的自我、原我和超我裡。

　　甚至在「外在現實」裡也可以發現，具有這種「自戀」的組織做為組成的一部份，但是我們在實作上，光從「自戀」的說詞，是無法帶來改變的，它被認識的過程所遭遇的阻抗是更強烈的反應，也許這反映著，佛洛伊德指出來「自戀」，並說明它的精神病式的原始特質是有道理的。如果再往前走，第三地形學是什麼呢？它是以什麼樣式出現呢？是如同「自我」、「原我」和「超我」的器官般結構？或是會以組織學型式？或更細緻的比喻是如同分子模式呢？

　　精神分析或分析治療的目標，有人說是改變，但是要改變什麼呢？或不必有什麼改變，而只是儘管分析，不必整合？比昂也提出了「蛻變」，這倒是一個比較接近人和人互動後所產生的實情，也就是，人和人之間的互動，不論在一般日常裡或在診療室裡，人不會因為對

方的情況而有些調整或改變嗎？我是覺得「蛻變」這語詞是最接近臨床的經驗，這些「蛻變」是不知不覺發生的，是經過一段時間才發現自己有些轉變了，但也許很難如一般所說的「改變」，這是指有某些地方特別明顯的不一樣。也就是，臨床所見的個案是比較少很魔幻般的改變，而是很多細節一環接著一環的變遷。但不是每個變遷都可以明顯被感知和看見，而是逐漸累積至某種程度後，才會出現所謂的「蛻變」。

　　雖然這些語詞，如改變、蛻變或轉變等，就算我刻意區分，不必然所有人一定認同。不過，我的說明不是要精準定義這些語詞，而只是稍做區分，做為說明診療室的實作過程裡很細微的變遷。至於「蛻變」，以比昂的說法，是一個很難直接觸及，只能用方程式般來說明的某些領域的概念，如alpha功能。我們可以進一步想像的是，運作alpha功能的機制，或許不見得是「自我」、「原我」和「超我」如解剖學般的器官就足以說明，而是需要再整合出其它器官，再進一步來發現。

　　這些解剖學式的具體器官，如「自我」、「原我」和「超我」，需要再有更多組織學的研究，包括這些器官的組織學，或者未能形成明顯器官，卻是具有組織學般，並發揮結構化功能的組織，這個方向是值得想像和建構。我的經驗是傾向，就算是抱持著高境界的態度，採取「自由飄浮的注意力」，而慢慢釀製成的「蛻變」，

是否可以有第三地形學的出現，來說明「蛻變」或運作alpha功能的機制？它的組織是什麼？

走過高山谷地，難以相互看見的前因後果

我還是回到目前已有的某些實作經驗，做為想像前述內涵的基礎。

就精神分析的技藝，來談談起源學的詮釋和移情的詮釋。起源學的詮釋是指，治療師從個案所說的早年故事裡，獲知個案和重要客體關係（父母），所引發的問題，例如小孩被肢體暴力或者被忽略時，個案後來和同學朋友也常會重複出現類似的狀況，覺得自己的問題都是由於同學或朋友欺侮他，使他無法有成就。個案重複強調自己的不得志，有志無法伸展，都是因為小時候父母不當的對待他。當治療師也認同這種歸因時，治療工作的方向就會形成一種隱隱的形勢，朝向古老故事裡去尋找目前問題的原因。

這是很自然的動作，可以由現行社會大眾對於發生問題時，就指向「他們的父母是怎麼啦」來做推想。在大眾心理學層次，這種推想自然有它的道理，但是要運用於以潛意識為工作場域的精神分析來說，是需要比這些一般想法再多想一些。這是精神分析取向專業職人能夠存在的重要基礎，以這點來說，當治療師只跟著個案

往以前故事裡，尋找目前問題的原因，而把它們前後連結起來，變成一種「詮釋」，說以前的某些經驗或創傷，是構成目前問題的原因時，就是一種起源學詮釋的模式。

起源學詮釋的工作模式，表面上看來是找出了前因後果，但這是過於簡化的線性因果關係，臨床效用不如預期，可能的原因是，個案目前能夠忍受的故事和情感，仍不是原本更受苦的癥結，或者就算知道了所謂「真正」原因，要真的放下，並不是易事。另外更可能的是，會被如此簡化出因果關係的問題，可能反而是更複雜的因和果，或是多重元素造成，而不是簡單直線化可以推論的。或者，看似直線從一點到另一點，卻是走過高山谷地，起伏不斷的過程，因和果是被擋住，而難以相互看見的。

回到實作過程來看，要更在意的是，精神分析取向治療師已有的概念，例如精神分析取向的治療，以移情觀察和詮釋為重點，臨床上是有佛洛伊德提出的「分析的金與暗示的銅」，做為出發的提醒。但是如果要以精神分析為基礎，仍得時時關切的是移情以及反移情的課題。因此需要思索，臨床上治療師如何在被逼迫的情況下，將話題轉至起源學的課題？尤其是如何不自覺地，避開緊緊相逼的個案對治療師隱隱作用的負面移情？有時由於個案的投射太細緻了，使得治療師難以很快察覺到負面移情的存在。例如，當個案強烈且重複地表達對

家人的不滿，而且把互動過程說得很詳細，就更容易讓治療師陷在故事的細節裡，傾向認同個案，將焦點完全導向以往的故事裡，忽略了眼前發展中的移情......

既知道就要接受或放下它？

臨床常見的受苦現象也許被歸為「自虐」，不過這需要更多的論述來說明。但如果不在「自虐」這語詞來說明，何以很多時候，甚至是大部份時候，在缺乏某些仍待發現的因子前，個案知道了故事的起源，而這個知道被當作是認識自己的重要知識後，就傾向於想著要如何接受它，或者如何放下它？意味著既然知道了，如果還糾纏在這種受苦的記憶裡，就表示個案是意識上不願放棄，在這種情況下，個案或周遭人會回過頭來，形成另一種道德壓力的責怪，說：「事情已經過去了，當年的情境就是如此無奈，難以有其它的轉圜啊！」變成只能處在「既然知道就要接受或放下它」的說法裡，這又構成另一種知識的困局，好像必須在知道緣由後儘快改變，而忽略了這種知識仍是片面不全的，以及其中涉及的情感是糾纏複雜的。

當我們有個想法時，情感的糾葛不必然是同步的清晰，社會大眾常是以，「既是負面想法而且也知道了，那就以正向來取代啊！」這種方式來勸人，這是回到催眠術暗示的當代變型版，不是不能使用「暗示的銅」，

而是如前所述，臨床經驗如此還不夠，仍得再回到「分析的金」的領域，觀察移情和反移情的細緻互動。

如果要以新觀點和新感受來面對故事，需要先有新的自由，觀察以前的自由或不自由裡侷限的觀點。以「自由聯想」的經驗來說，只針對故事的起源學詮釋，常不是帶來更多的自由來聯想，而是很快陷進如前述的種種情境裡，一種過於理想化，以為從一端點到另一端點的改變，只要腳步稍為挪移一下，事情就解決的誤會或錯覺裡。

由於這種誤會和錯覺，帶來了新的難題，也就是陷在以為看清楚局勢裡，而可能反變成另一種阻抗，讓自己盲目於事情的複雜。也就是做為精神分析取向的專業職人，總是得辛苦地在複雜問題裡，避免只想要有簡便答案，畢竟這些答案可能完全有誤，或者就算是正確的，卻是無法一步走到位，這就變成了煎熬呢！

還有一種常出現的說法是，治療師先前已經多次嘗試詮釋負面移情，個案的反應冷淡或反彈，使得治療師覺得在負面移情上工作，是無法推動進展的。這些自然的反應是常見的，不論是否有經驗，這反映著人的心智裡，有什麼有趣的課題呢？通常在這種情況，治療師是最容易就跳到另一個方向，變成以個案的故事為主，嘗試要進行起源學詮釋的方向，邁進深知無法一步到位的地方，想要直指個案目前和兒時經驗的關係。那可能使

個案覺得太受苦而拒絕思考，因此治療師的心力就放在如切香腸般，一步一步地要個案知道，目前問題和個案某些早年經驗的關聯。

如老鷹般，把阻抗當作撞擊過來的某個風勢

治療師在無形中假設切香腸式的逐步說和做，可以讓個案較不會反彈，但有趣的是，這麼做之後，治療師一般相對地比較不會往移情方向處理，或者想到負面移情時，就過於快速的詮釋而遭來反抗。如果能夠採取切香腸的方式，逐步地將要詮釋負面移情的步伐，放慢成更多的步驟，是否較不會如前述的，只覺得個案反彈？畢竟如果要堅持精神分析取向的話，「分析的金」仍得是主要的焦點，也許個案反彈的現象是反映著，針對治療師的負面移情？

對於治療師來說，要能夠如老鷹般，把阻抗當作撞擊過來的某個風勢，但老鷹不是正面對峙，是趁風勢而盤旋，再以鷹眼觀察眼前局勢，而不是慣性的跳回到個案的過去史，以為要解決眼前困局的唯一答案，就在那些過去史裡。過去史總是如在煙霧中，就實作來說，目前才是最清楚的景象，如果愈能夠在負面移情上盤旋，就愈能夠自由地觀看負面移情的使用。

至於精神分析的技術史，是有某些克萊因學派者傾

向，直接硬挺地接住個案的負面移情，假設其中隱含有很深澈的破壞本能，因此詮釋的力道是意圖直指核心的本能。只是在實作經驗上，可能遭到個案的反彈，如果硬要重複做類似詮釋，個案後來是屈服或是更自由呢？這是一個值得深思的臨床現象，這種作法在比喻上，和前述老鷹的姿態是不同的技法圖像。

有多少自由會在不同作法裡浮現出來呢？所謂有了「自由」是什麼意思？經過精神分析而有了自由，這是呈現出什麼模樣，而讓自己和他人覺得是自由了？如果要的是自由飄浮的注意力，包括個案也如此，如老鷹般趁勢而起的模式是值得再細思的。以心智結構來說，是有什麼組織或系統的存在，讓阻抗的力道切過來時，那些組織或系統出現如空中的風般，形成某種氣流，可以讓心智如老鷹般盤旋注意？

畢竟以負面移情來說，個案施展破壞的力道，如朝向治療師的巢穴所在掃過的風，如果治療師飛往個案的過去史，而不再專注移情的處理，就像是因此而飛離了巢穴，拋棄巢穴中的小鷹。也許老鷹會盤旋，離巢穴很遠，但是終究得回來。這個比喻仍有些不周全，是嘗試在目前已有的象徵模式外，思索治療師在遭遇個案強烈負向的移情時，何以常會飄至個案過去史的遠方，卻忽略了眼前正有事情發生。

如鏡子般回應，和如母親般消化過小孩的恐懼

克萊因的招式是以這些做為基礎假設：如果我們愈能夠做到如佛洛伊德所說的，鏡子般的狀態，忠實地反映個案的潛在心理動機，並呈現這些潛在動機和目前問題之間的某些因果關聯性；如果我們也相信，直接如鏡子般回應給個案的內在受苦和動機，而這些受苦和動機是如同陽光般，投射到治療師身上，治療師最想直接說的，也暗暗相信這些說法（被叫做「詮釋」）是對個案最有益的了解，或者相信是最能減少個案的破壞力。

不過，試想陽光照射在鏡子上，然後治療師只是如實地反映回去，這是分析嗎？或者更像是再折回強光，讓個案更受苦，而不是想像中的，光線來了，暗黑就不見了？

佛洛伊德的《文明及其不滿》，描述文明是人類的進展，卻也有必然的不滿存在，那是站在文明對面者所發出的不平之鳴。我的想法是，這些文明的對立面，也是人性或心智裡必然存在的一部份，有些甚至是文明的產物。進一步來說，是否是另一種心智模式，如比昂所說的：「有母親般的能力」，能夠消化小孩無法言語的問題，然後採取某些相對行動，來緩解小孩的畏懼和不滿。如果是這樣，就不再是如鏡子般回映，而是有如母親般消化過小孩所投射的恐懼，尤其是對於死亡的恐懼，

然後再以言語回應，這時的回應就不是如鏡子般的了！

　　遇到眼前的困局時，治療師常傾向再回到故事裡找尋原因，並針對原始起因加以詮釋，不過這個方向跟做移情詮釋，都不見得是容易被了解的路。這涉及精神分析取向的重要假設，要將工作的領域設定在，例如「本能」的層次，這是語言和五官無法直接觸及的領域，理論上，就算是詮釋的話語也無法直接觸及，但卻感受得到它的存在。因此臨床討論上，常看見的是治療師會自覺或不自覺地，採取更細緻、旁敲側擊的方式前進。其實，這是催眠暗示的遺跡，並不是精神分析取向心理治療，我們需要看看「暗示的銅」如何在「分析的金」上工作，或者說是「暗示的銅」如何和「分析的金」一起工作？

　　回到臨床實作來看，會比較了解我說的實情，不只是概念上的應然——只管分析不管其它的。這是古典的目標和期待，但是實作很難如此，一來是個案的狀態和移情，二來是治療師不可能完全做到，沒有欲望和沒有記憶。不是這些應然要被拋棄，這些仍是必要的提醒，但是得回到實作來觀察，一如佛洛伊德舉例，描述治療師的飄浮的注意力，是如同看著火車外的風景，以語言描述當刻所見的，試想實作時會如何？個案常持續不斷地在一定時間之內描述一個事件，但是接下來跳到另一個景點，都是有專注點，只是不會一直停在描述火車已經

過站的景點。

因此，當開始精神分析取向的作為後，不再是以暗示為主，要留意如何再拉回移情的觀察和想像裡，仔細的旁敲，讓移情的詮釋是更細緻化的過程。也就是多段式的詮釋，例如一般來說，直接說出「我恨你」或「我愛你」，這是最直接的表達，但是人和人之間的實情，常是自然分段式的述說。也就是，人是有不同的本事，將我恨你或我愛你，分成相當多段的表達過程，在過程裡由於慢下來，就會有不同的變數加進來影響動態的發展，需要再把這些動態的因子一起考量，這使得過程變成動態且複雜。

事緩則圓，這是精神分析取向需要的嗎？

對於最想直接表達的話語，前述如鏡子般的再細緻化，加上消化後的回應過程，會帶來動態變化，把這些動態過程納進觀察，思索移情及反移情，雖然在本質上仍帶有暗示的特質，但這些動態過程，就足以讓「分析的金」和「暗示的銅」得以混合成合金。畢竟面對個案受苦的經驗，不是直接闖進去，宣稱做為治療師有權責直接說三道四，如在日常經驗，一言可興邦、一言也可喪邦。我們需要視個案的移情和我們的反移情，而有更多的分段，也就是需要妥協，如同因才施教的意思，只

是「妥協」常讓人覺得不夠完美。

　　所謂的「分段」，不只是一種技術速度的緩和，以我們的語言來說，有事緩則圓的意思，但是何以一定要圓呢？這是精神分析取向需要的嗎？我相信實情上，這是我們會出現的背後思考之一，對於精神分析來說，也許可以宣稱目的不是為了圓而圓，而是要說清楚。但是如果一昧地只想說清楚，而不顧關係的潛流，這也是奇怪的事吧？因此就在這些語言所代表的想法裡，讓思緒和消化過程複雜化，成為需要再細緻描繪的心理地圖。

　　當我們說「詮釋負面移情」時，不是這幾個字就可以代表過程裡其它更細緻的考量，也許以前大都是以「考量」來描述，但是任何考量都有它潛在的移情和反移情的描述，以及相對的心智狀態的命名。重點在於如何將考量更細緻化的過程，將那些經驗加以命名，讓後續者可以按名思索這些經驗，才會讓精神分析的後設心理學，能夠更細膩地發展。畢竟精神分析取向相關知識的進展，是來自實作過程的描繪，不是從現有的主要論述的再推論，而是在如何說出某個詮釋時，會遭遇可能的阻抗，然後需要再觀察移情和反移情的動態過程，如果反覆的觀察和描繪，就會增進對於心智的更細膩了解。

　　當個案重複訴說她和先生的問題，覺得先生根本不理會她時，治療師可能在關係很有張力的情況下，忽略了這或許是個案在抱怨治療師的不理會，或根本不可能

了解她。在這個細緻的過程裡，豐富了精神分析對於移情和反移情的經驗和描述，進而也豐富了精神分析，畢竟精神分析的基礎，就是這些臨床實作過程裡的妥協，但又能夠往更自由的路上走，因而累積出後設論述。這構成了精神分析的理論，雖然談的是技術，尤其是治療師覺得有做「移情詮釋」了，但當個案出現阻抗時，治療師就容易放棄，轉而針對生命早年的故事，做起源學的詮釋。

什麼是必要的妥協，仍是值得探索的課題

治療師在移情的詮釋裡，有對於反移情的體會，進而想像和猜測移情的情況，如何分段細緻的詮釋？這些過程的體會和經驗的描述是很重要的，因為個案處於愈退化時，投射認同所拋出的是更原始、更難解、更難以言語形容的內涵，偏偏這是我們的工作，也是理論和技術相互結合發展的過程。在精神分析的理想性裡，包括治療師的態度是什麼，以及關於詮釋的課題，而在實作裡，涉及的更是如何在個案本身的能力，以及移情的情況下，將原本直接要表達的詮釋，依著個案的心理真實而做一些必要的妥協；畢竟不是一下子就可以走到最理想的所在，說出最直接深刻的詮釋。雖然什麼是必要的妥協，仍是一個值得探索的課題。

　　如果採用佛洛伊德的「自我」、「原我」和「超我」的角度，所謂「妥協」是指「自我」如何在三位主人，「原我」、「超我」和「外在現實」之間的妥協，找出這三位主人都可以接受，不會太反彈的說法。治療師在一般情況下，可能常會「超我」過度運作，而以理想性來苛責自己：何以不直接詮釋目前最困難的阻抗或移情呢？

　　談論和探索「妥協」的過程，可以增添精神分析的後設理論，這種說法可能招來質疑，不過由於實作經驗的描繪和建構，才是精神分析理論的基礎，如此才不會讓精神分析變成只是以現成理論做推衍而已，而是在實作過程裡不斷的反思和描述，這些反思才是精神分析後設理論得以持續深化，並且對於心智的運作能夠有更多了解的方式。

　　我不是要挑釁目前的理想，而是嘗試說出目前的實情。治療師要生存、要活下去，我們的診療室要持續、要維生，我們做了多少理想之外的妥協呢？那些妥協是能夠思索的嗎？以精神分析基本概念來說，症狀也是「自我」在和「超我」、「原我」及「外在環境」之間，取得妥協後所呈現出來的現象。因此對於「妥協」的說法，一般人意識上會認為「妥協」是不夠堅持做自己的結果，這對於「妥協」是充滿了貶抑意味，不是想要了解「妥協」其實是無所不在的。就像透過症狀，讓我們得以探索潛意識，而透過「妥協」的多重樣貌的深度觀察和描

述，也是建構後設心理學的重要管道之一。

當年佛洛伊德為了擴展精神分析運用於心理治療，提出「分析的金」與「暗示的銅」，金銅是合金，擴展了純金在日常生活的運用範圍。純金在生活上的運用，如果缺乏銅而不能合成K金，那麼運用範圍勢必有限。但是起初在法文裡，「暗示的銅」被譯成「暗示的鉛」，讓精神分析和心理治療在一起時，這種彈性和妥協就像是金和鉛的結合，好像金是被鉛污染了那般，使得某些期待如淘金夢的精神分析者，對於精神分析運用於心理治療保持著拒斥的態度，雖然佛洛伊德自始不曾排斥精神分析和心理治療的密切關係。

舉這個金銅的例子，是要描繪前述關於「妥協」的觀點，「妥協」是金銅合金嗎？或者只是擺濫呢？是否「自我」在三位主人之間，找出的妥協即是重要的存在方式？是在當時的情境下，能做的最好的選擇，但是顯然不是最理想的。然而，是否能夠有機會走向更理想的過程，那就是最理想的情況嗎？

節制欲望和對於結果要放得下，兩者之間有多遠？

精神分析取向實作的經驗，早就讓我們觀察到其中的複雜，包括理想本身，就必然是生和死交織的過程。例如，大家可以接受要破壞才有革新，但相同的說法卻

可能是造成災難的開始，因為有著生和死兩者的角力。當我們把這些場景推向本能的層次，那是我們無法直接觀察到的場面，只能覺得有什麼在那裡影響著，但是無法接近它，只能透過本能所推出的象徵，做為和我們交手的對象——這對我們的自戀是多麼人的挑戰！

如果以廣義的「自戀」的說法，它本身是帶有生和死的本能，那麼，如何在我們專業職人的生涯裡，跟別人說我們的工作，都只是語言和象徵，而那些本能是我們的五官無法直接觸及的？也許因為台灣廣受佛教影響，有著死亡和受苦出發的人生觀，加上我們文化情境裡有前世輪迴的說法，信或不信是一回事，總讓人有個想像。就算我依循佛洛伊德在《克制、症狀和焦慮》裡，將視野集中在出生後的客體關係談起，而不管出生之前的事，但當我們以潛意識做為工作場域時，就會面臨前述無法觸及或不能言說的課題。

就一般的人生觀裡，有一種不易達成的境界：是否我們需要一直和「本能」所派出的代表對話，甚至可能雞同鴨講，但仍得試著對話？對於「本能」，我們是永遠不可能直接觸及，只能抱持著另一種態度或境界，然而，這樣就可以說我們盡力就好，不必在意結果？一如面對一般人所說的，命運是複雜的，但我們的文化又某種程度地推崇「對於結果要放得下」，這很容易變成教誨般的道德說教，雖然這種態度在心理上是重要的成份，

人能活下去，多多少少都有這份能耐裡的某部份，意味著在我們的文字概念系統裡，有系列語言在描繪所謂「境界」所代表的意涵。人可以活下去，勢必是擁有了和「境界」有關的部份系列語詞，使人可以活著並活下去，但卻無法達到我們說的「能夠放下」的境界。

回到精神分析取向專業職人的訓練過程裡，我們被告知了一些原則，例如要節制欲望、不評斷個案，並以移情和反移情的觀察和處理做為假設，可以讓我們逐漸地能夠遵循。值得再細問的是，我們的文化概念、做人哲學或宗教修行，都會在背後暗暗地動員起來，協助我們達成精神分析取向對治療師的期待嗎？

除非我們真的相信，人是可以如此分裂，一套是外來的概念，另一套是原本在地的概念，這兩套概念系統互不影響，但我覺得如此二分是很原始的防衛呢！因此如果不是很原始的分裂機制，讓二分法的運作持續作用，我們的文化經驗（對於社會、政治和藝術的統合簡稱）和精神分析取向的訓練和概念，勢必是會密切地相互作用，進而成為影響我們吸收精神分析的概念和經驗的過程。

用陰陽的「陰」來翻譯葛林的nagative？

前述議題如果不被意識化地彰顯，就會變成如同當年「反移情」的課題，在文獻上是極少被談論，後來就假設分析師在個人的被分析裡，解決自己的反移情就可

以了。但是當反移情的課題能夠被公開討論，發現不但無損於精神分析的專業程度，反而是讓精神分析能夠更正視心智領域的種種，進而豐富了精神分析。我也是如此想像前述的在地文化經驗和精神分析的原則，兩者是如何交互作用和影響？我是以治療師需要的，不評斷個案或是分析態度的概念，和我們的文化概念裡「境界」這語詞，做相互交纏的對話，試著談談精神分析概念在地深化過程的某種視野。

我假設前述這些暗暗地作用和相互影響是存在的，至於如何了解這種存在呢？我覺得葛林的negative概念值得借來當作一個視野，描述這些暗暗的領域，甚至延伸到想像我們的內在裡，是如何處理「境界」這個概念？另外，精神分析以潛意識做為工作範疇，是否重點是negative？以葛林對於negative的說法，是源於溫尼科特的想法，尤其是「過渡客體」的概念。溫尼科特說，「過渡客體」是非我的領域，這個重要的客體既不是外在客體，也非內在客體，而是一種非我的領域裡的存在，也可說是介於內在客體和外在客體之間的領域。

葛林因此推論，過渡客體是「我的negative」或「negative的我」(negative of me)，這是什麼意思呢？如何以我們的文字來了解呢？我先嘗試以陰陽的「陰」來翻譯葛林的negative。至於它是否就等於潛意識呢？依我的想法，現今的潛意識是包括陽和陰的所有內涵，由此

推論葛林的negative的概念，是潛意識領域裡的一部份，而這部份我暫以陰陽的「陰」的概念來理解它。

潛意識是所有概念和想法並行存在，我再推想在我們語境裡的「境界」，是否有這種成份？因爲目前精神分析所強調的準則，例如分析師如同鏡子般，或者比昂的「沒有欲望和沒有記憶」，若以我們的語言來想像的話，這些都是屬於某種「境界」。我覺得引進「境界」的說法來看這些準則，才可以讓我們理解，要達成這些「理想」的過程並不容易。或者以後有機會再分層次來述說，以光譜般的不同程度，分出不同的境界，一來理解它達成的不易，二來也許可以有層次感的出現，而不是只在有或無的相互排斥。那是一種具有理想性的「我的negative」領域，我們可以感覺它是某種模樣，但是它是negative的領域，因此以「不論評」或「不在意」等方式存在。

不論評或不在意，並非只是非positive，不只是有量的差別，而是有質的存在，是屬於negative的領域。也就是，這是正反陰陽並存的，而不是相互取代的，雖然一般心理學常是假設，陽要取代陰，或者正向來取代負向，但是除了以陰陽做爲了解前述的positive和negative的領域外，我們要如何以現有的精神分析理論，來和陰領域對話，進一步建構陰的內涵，使它有更細緻的心理地圖。例如，「陰」是否具有包容，再加上思考的能力？但什麼是包容的能力，可以讓精神分析對於日常概念有更多

的想像嗎？當然也有可能是我們日常生活裡的語詞，對於精神分析的加值貢獻。

這些想法仍只是起步，不過還值得從前述案例裡，個案的重複抱怨，說先生不理會她，好像她目前所有問題，都是來自於先生不理會她的結果，這是很常見的抱怨和歸因。治療師可能在臨床過程，也聽過個案對於父母的類似抱怨，覺得父母不重視她，不理會她的需要等等。這些常見的課題，是很容易被以社會政治的角度來說明，例如男女不平等、女性的被忽視等的理由，不過如果停在這種論述，就意味著只需要進行社會政治的變革或教育。

從不是自己裡自由或解脫？

如果以心理學來說明，個案的說法裡是反映著有一個領域，是她說不清楚那是什麼？那是以不被他人看見，不被他人理會的方式呈現出來，或者常以為是某件不被注意的事，但很快地又改變了內涵，使得治療師覺得個案是無止盡的要求，是永遠也無法滿足的。就是這些感覺構成了治療裡的氣氛，我曾以空洞的多重樣貌，嘗試描繪這種臨床現象的多元可能性。

回到臨床來說，當我們覺得個案對於自己的問題有歸因的理由和對象時，如果我們只聚焦在個案可能簡化

和誤置取代的歸因時，我們會忽略了個案的這些歸因，是因為個案相信有一個領域，如同陰或negative，是讓個案可以無窮無盡抱怨的所在，這個領域在心理上，吸納了個案的所有抱怨和情感。「陰」不會有任何反彈和指導，只是如海綿般吸納所有抱怨的想法和情感。我們可以疑問的是，從臨床經驗來說，可能因為引進「陽」的想法，就讓這些「陰」的故事和歸因消失了嗎？其實我是存疑的，這是兩個並行存在的領域。

對我來說，當個案難以說清楚，或者在說故事時讓我覺得，有難以說明白的地方，這是另一種型式的表達，如同佛洛伊德在《Negation》（1925）裡所說的，個案在夢裡有個女人，然後說那女人不是自己的媽媽。這是以直白明顯的方式來說「不是媽媽」，臨床上當然不是硬要個案承認，那就是他媽媽，這並無實益，只是在後設理論的思考上是值得想像。相對於這位個案常說的，父母不重視她，不理會她，父母眼中只有姐姐沒有她，也就是父母眼中的人不是她，「她」是被自己說成「不是她」的人。

雖然以細節來說，是有程度上的差別，例如，有幾分不被看見？不過就個案反應來說，卻常不見有「量」的程度之別，而只有「質」的不同，只有「不被看見」和「被看見」這兩種答案。相對佛洛伊德舉出的例子，是否這是另一種型式或變型版的negation？是她把自己弄

不見了。起初是她不被在意、不被看見，或者說是，父母的心中不是她（not me），但是久而久之，臨床所見的是，她也看不見自己、不在意自己。這些情況常曾呈現在她和同學及朋友的關係上，她常覺得別人不重視她，不把她看在眼裡。說詞上像是強調自己不被看見，但是也可以觀察到個案的低自尊，自己不把自己看在眼裡，這涉及的是主客體的易位，或就內在客體來說，沒有易位而是主客體兩者交織成的共同存在。

　　以葛林的說法來看溫尼科特談論的，由於分離和失落而產生的過渡客體的共同現象，從前述案例來說，是她在父母心中不存在，而這造成了分離和失落。依溫尼科特的意見，是可以推論：如果外在客體的缺席，讓內在客體的意義也消失，隨之過渡客體的意義也曾跟著消失。葛林的觀點是，相對於令人滿足的客體，或是被欲望的客體是positive的存在，而過渡客體雖然有具體的代表物，如兒童喜愛的棉被或泰迪熊等，但是就潛在心理來說是negative of me，但這是什麼意思呢？

　　當過渡客體既不是外在客體，也不是內在客體，那是屬於外在客體和內在客體之間的中介地帶嗎？葛林進一步說的是，屬於「我的陰領域」，那麼這詞不是指當事者的內在客體嗎？或許是如此，只是葛林想要再進一步細緻的定位，它是屬於我，但不是positive的陽領域的我，而是屬於陰領域的我的一部份。那麼這些概念在實

質上會以什麼模樣出現，讓我們知道那是這個領域的存在證明？

陰陽被提出來時，就預示了陰陽要調和？

除了溫尼科特舉出的具體物件，如棉被或泰迪熊外，是否另外還有更細微的存在？如佛洛伊德在《Negation》裡所提及的，夢者事後說，「夢中的女人不是我媽媽」的這種存在方式？或者如我舉例的，那位覺得自己不被父母朋友看在眼裡的個案？不過對於這些領域的描繪，我覺得可以先不要急於一時，想馬上就下個結論。首先，這仍是值得再深思和了解的課題，當我們以自己的語言體系，要再了解其中的內涵是什麼時，仍需要更多的描述來貼近它，而不要因為已經有個定案的譯詞，然後就只繞著這個可能只是暫定的譯詞，認為它就代表了外來語想要表達的領域。

另外，葛林也進一步提到，要區分第一個positive客體和第一個not me possession，好像它是存在於兩個身體之間，在嘴巴和乳房之間，或者移情和反移情之間。進一步說明前，先說明何以這些想像的推論是有必要的。也許其它取向者會覺得，這些根本就是語詞的遊戲和想像，是無法證實的說法，況且我們如何證明，人在年紀那麼小的情況下，早期的經驗真的就會影響我們的心理發展？

　　由於精神分析自佛洛伊德以降的假設，是想要更深細的建構這個眼不可見的心理領域，做為深究的場域，對於它的細緻化描繪，一如不斷地在這片心理地圖上，增添地名做標誌。但是對於這個領域的描述，起初仍只能以現有的字詞為出發做起點，而後來的發展就看能被給予多少注意力了。例如，移民到美洲的英國人，將英國的地名移植到美洲，例如，York變成New York等，也許New York是York的negative，但是New York會有自己的命運，以positive的方式走出自己的命運。

　　從另一角度看，以「移情」的心理地圖來說，可以比擬的是，個案原本在不自覺的negative裡的York，以positive的狀態搬到治療師的心理領域裡，有了移情，是指有了New York，相對於York如果是positive的話，New York是negative，在這種情形下讓positive和negative相互牽連，因為很少移情是如想像般的，將以前的模樣完全相同的移植。因此以New York和York地圖命名的比喻，是較接近診療室裡，人和人之間的對話裡，建構出來的新領域，依我的比擬來說，是指可以看見positive和negative的相對性，或者陰陽的概念被提出來時，就預示了陰陽要調和的方向了？這是我的解讀方式。

　　至於葛林所談的，關於第一個positive客體，如果以嘴巴為例，它的positive客體是指母親乳房。雖然就實質的人和人互動，也可以問，難道不是母親這個人，或是

她的皮膚或者體溫嗎？以嬰孩需要餵養而生存下去來說，在理論上，至今的確是把嘴巴和乳房做為相對的關係客體，而且是葛林所說的第一個positive客體。

由於乳房做為客體，是難以完全如嬰孩預期的滿足自己，使得失落和分離是不斷上演的戲碼，因而有過渡客體的出現，而過渡客體是處理必然會出現的失落和分離經驗，也是在「我」和「非我」的心理發展裡的重要過程。這不必然是病理，而是正常發展的一部份，過渡客體的出現是not me possession（非我的領域），是在經驗非我的客體是什麼，但這還不全然是另一個外在客體的概念，雖然那些東西是具體的外在客體，它是外在的東西，但在心理上卻不全然是外在東西，這麼說有些拗口，不過溫尼科特描述這些經驗，是很重要的現象。

如果要把「境界」的概念引進來呢？

葛林形容這是「journey of progress towards experiencing」（人的經驗的旅程）。從前述的這些描繪，我試著以我們的文化語境，嘗試說說「看山是山、看山不是山、看山是山」的經驗旅程。這些經驗的演變過程，是描述一種境界的體會，和前述精神分析的語言來對比，也許有著葛林所說的這種經驗旅程的意思。或者我們先不急著表態，分辨兩者是否相同，而是以相互

輝映的方式，來說明過渡客體是一種「非我」的領域，是一種「我的陰領域」的想像，那麼，過渡客體是第一階段的看山是山，或是第二階段的看山不是山呢？

也許都有可能，不過我不是現在要走進這細節，而是先藉用這概念，來說明這些精神分析語詞和境界的關係。因此先假設，「看山是山」是人在很自戀的狀態，「只有自己」的概念下的現象，以為看見的就是自己想像的。但是到了過渡客體，是「看山不是山」，有了非我領域的出現，而過渡客體只是這種經驗再現的客體，讓我們見識到孩童是處在這種經驗裡，但後來會發現，原來那就只是一條棉被罷了。不過這不是意味著，這種過渡客體經驗就消失了，其實它仍無時無刻存在著，只是不再以如此明顯的具體物件做為象徵物。

以佛教觀點來說，身體只是臭皮囊，那麼人生大部份時候是處於「看山不是山」的狀態，直到後來才真正認識，「只是臭皮囊」的「看山是山」的境界。

這些比喻只是粗略想法的起點，如果從這種比喻來想像，人生大部份時候都是處於，以過渡客體的經驗看世界和看自己，而要走到最後的「看山是山」階段，是漫長的經驗旅程。至於這些經驗旅程的匯聚領域在哪裡呢？也許可以使用葛林的negative的概念來說明。這些大都是以看不見，但仍不斷地潛在進行的經驗旅程，也就是我們所說的，看山是山、看山不是山、看山是山的經驗旅

程，是在這個領域交錯進行的經驗變化，依經驗來說是交錯，且不斷來來回回的經驗著。

以身體來說，人是愈來愈年老，但是心境上，有人會說變得更年輕，就算不見得是實情，但看來這種期待和欲望是深刻的，也許某些部份是會顯現出年輕的模樣。但是大家知道，身體仍是一步一步往崩壞的方向走，其中的「我」和「非我」的感受是很有趣的經驗，因此「境界」是在「我」和「非我」之間暗暗存在的領域，雖然臨床上，很多時候我們覺得個案很自戀時，另一種說法是因為對方把我們當作是他的一部份，這是一種很原始，但不曾完全消失在任何人的一部份領域。

因此「自戀」的概念浮現時，對對方來說是某種「我」和「非我」的交織，但是我們不會說這是一種境界，甚至相對於「我」和「非我」這種分裂式的原始心理二分法機制，如果以看山是山、看山不是山、看山是山的三階段相互混合並存和交錯，或這是一輛三匹馬的馬車，三匹馬是在各自的方向，最後達成妥協，前後排列地跑著人生路。

不在意、不計較、不佔有、不評斷是如何被達成的？

如果人生是一場「空」的體驗，理論上，這是生命開始的時候就有的體驗，有些習慣短期心理治療的論者知道這點，會強調在心理治療的開始，就得同時處理分

離的課題。在前述的不同階段，失落的「空」是有所不同的；生命初始若是看山是山，那麼，來到心理治療的開始，則是隱含著自戀式的看山是山和過渡客體式的看山不是山階段，仍無法讓自己真正經驗到失落的空洞所帶來的苦楚，而在其中不斷掙扎著要避開這種感受，這構成人生裡必然的大部份。

以治療師被期待是「不評斷」為例，用「境界」來說明它的經驗旅程可能是什麼。要達到某種境界，不在意、不計較、不佔有、不評斷，最後連「不」也沒有，也就是讓自己處於某種狀態。在我們的文化概念裡，那狀態是被當作高超的，或者不管高不高超，我們都會知道，達到某種境界時，人是會不同的，這是蛻變後的結果嗎？

以精神分析來說，是指如何做到這些「不」呢？如果以技術語言裡，自由聯想或自由飄浮的注意力來說，是否「自由」就能夠做到這些「不」呢？如果以英文free來想，也許有不同的意象，因為free在我們的文化裡也可以解讀成「解脫」，如佛教形容的，「不思議」的解脫境界，不過重點是在「不思議」，它的確可以被人經驗到，雖然可能是什麼仍是眾說紛紜，就像大家在談論夢，但是夢是什麼卻是人言言殊。不過至少以這個語彙所表達的境界，來理解「自由」，是可以提供一個心理學的角度。

　　如果從「不思議」的解脫角度來說free，那麼我們可以說，能夠自由聯想或自由飄浮的注意力時，是做得到前述不做評斷的角色。雖然在一般心理學，大都把「不評斷」當作是不會太困難的事，但是如果將潛意識領域，或前述的negative領域也納進來觀察，會發現這不是容易的事，而這種不容易是前述的不思議解脫境界嗎？這會更貼近精神分析取向者想要到達的狀態嗎？

　　在精神分析取向的訓練過程裡，對於不在意、不計較、不佔有、不評斷等等，被當作是治療師的基本態度，我們似乎沒有分層次的說明，如何達成這個過程的技術，也許這是不可能的事，但是如果依循的基本態度，就是要在難言或無以名之的所在，尋找更多的語言來描繪它們，藉由語言讓那些領域在概念裡得以存在；如果做不到，我們就以有「反移情」，來統稱這些未能達到不知節制的緣由，於是治療師藉由更多更深的認識自己，就可以節制慾望。這是實情嗎？

　　若需要不在意、不計較、不佔有、不評斷，是否治療師其實另有自己在地化的處理方式？以我們的文化來說，如果修行的日常概念被納進來，做為治療師的處理方式，卻被歸功於精神分析的移情和反移情所達成的狀態或境界，如果是如此，是否反而需要以更多的語言，來描述這個心智過程？也許這些從在地語言的了解和描述，是另一種足以豐富精神分析理論焦點的方式，不然

我們都說「自由聯想」，但這種「自由」能讓我們不評斷和中立嗎？或大部份人都是以自己不自覺的文化養份來處理，讓自己不評斷呢？這是我的主要假設，要想像並仔細再觀察治療師的自身裡，精神分析和在地文化是如何相互輝映交織，讓我們達到中立或同理？

背景一：關於free association

（1）

我以J. Laplanche and J.-B. Pontalis在《精神分析辭典》（The Language of Psychoanalysis）裡，引用佛洛伊德的某些論點，並以大家習慣使用的譯詞「自由聯想」來翻譯它。

「自由聯想」最直接的定義是指，將浮現心頭的任何想法都說出來，不論這些想法是否源於某些特定內容，例如字彙、數字或夢等，或者它是自發出現的想法。

「自由聯想」被當作是精神分析技術的基本準則，依據J. Laplanche and J.-B. Pontalis的說法，「自由聯想」這個概念，明確出現的時間並不是很確定，他們推論這是逐漸形成的語詞，大約是在1892至1898年之間出現。也就是「自由聯想」的概念，是出現在佛洛伊德的《夢的解析》之前。

（2）

　　佛洛伊德是在《歇斯底里的研究》（1895）裡，自由聯想的「聯想」，逐漸從催眠式的暗示裡浮現出來，那時候對於潛意識世界的探索方式是暗示，或者專注想著一個想法。

　　專注在某個想法上，目前在一些靜坐或禪坐裡，仍是被運用的方法，不過背後的理念有所不同。對於禪坐來說，是專注在一個想法或只在呼吸上，這只是一個方便的方法，目的是為了能夠做到，心不要隨外界的攀緣而無法安靜下來。而精神分析的方式，是為了可以讓潛在的想法浮現出來，在實作上，這兩種結果都是存在的，只是不同的目的會影響我們如何對待那種時刻。

（3）

　　佛洛伊德就在父親過世後的傷心時期，開始了他的「自我分析」（self-analysis），他以自己的夢為主要焦點。依據J. Laplanche and J.-B. Pontalis的說法，佛洛伊德即是以「自由聯想」的方式，分析自己的夢，藉由系列的聯想，而發現了「隱夢」的內容。另外，佛洛伊德發展出「自由聯想」的來源之一是，當時的蘇黎士學派（Zurich school）依據馮德學派（Wundt school）的字詞聯想的實驗。榮格（C. Jung）主張那些聯想的決定因子是和某些概念的情緒有關，他將這些概念和情緒的整體

稱之為「情結」（complex）。佛洛伊德在《精神分析運動史》（1914）裡表示，這些字詞聯想實驗直接快速的證實了精神分析的觀察。

（4）

「自由聯想」得以被成形的另一個可能來源，是佛洛伊德在《分析技術的史前史筆記》（1920）裡，提到他在年輕時曾讀過德國猶太作家Ludwig Börne的書，書裡建議三天內變成原創作家的方式，是寫下心頭浮現的任何想法，作家也批叛自我審查對於智識生產的效應。各位可不要以為這是很容易做到的事，不信的話，各位可以試試看。看來佛洛伊德在這裡的說法，是很貼近我們所了解的，「自由聯想」技術的前身。

（5）

精神分析家是如何理解「自由聯想」的「自由」呢？其實更重要的是，觀察我們在地對於「自由」這兩個字的某些日常用法，可能影響著我們對於「自由聯想」的作法。依著Laplanche and J.-B. Pontalis對於佛洛伊德使用「自由」這概念的一些想法，就算起先是如蘇黎士學派，以某個字做為起點的聯想，或佛洛伊德在《夢的解析》裡，以某個顯夢元素做起點所展開的聯想，只要過程裡，不被任何預先挑選的考量所影響，就被當作是自由的。

（6）

　　任何治療師，不論資淺或資深，在治療過程裡完全沒有任何期待是很困難的，通常會想要暗示個案來達成某些目標，包括停止「負面移情」等，畢竟如鏡子般反映，或比昂的「沒有記憶、沒有欲望」，都是難以達到或不可能達到的理想。起初有暗示的意圖是難免的，包括希望個案會好起來或有所改善，但只要拉長時間慢工出細活，並在過程裡允許一些隨機事件和想法，自由地闖進來，並被賦予注意力，那麼整個過程就會接近精神分析的「分析」。如果過於自信的相信，自己可以做到如鏡子般的客觀者，可能會加速地做出表面像分析般的詮釋，卻反而更像是，硬著陸般強行介入的催眠式暗示。

（7）

　　當出發點並沒有被規定是什麼時，自由度是更大，在這個假設下，「自由聯想」被當作基本的準則。相較於佛洛伊德，以歇斯底里等精神官能症為基礎的想像，主張「自由聯想」，在目前臨床常見的自戀型或邊緣型個案來說，這個基本準則雖不必放棄，但卻需要漫長的過程才能做到一點點。這種滋味，平時在技藝上需要更多的是，做為個案客體的治療師，摸索著如何在兩人如孤島般的大海中，建構起能夠來往溝通的橋樑。這可以說是在海中孤島間，造橋技術的「心理學化」。

(8)

事實上，「自由」被了解的方式，並非表示它缺乏決定的因子，根據Laplanche and J.-B. Pontalis的說法，它涉及了兩個監督系統，首先是在「意識」和「前意識」之間的「第二監督機制」，因此「自由聯想」的第一個任務，是減少意識的挑選想法。然後還有在「前意識」和「潛意識」之間的「第一監督機制」裡，尋找那些潛意識的防衛。也就是，往自由的路上，至少有兩道關卡決定著自由的程度，如果防衛機制已經打造了城堡來防衛早年的故事，那麼，分析治療的技術，是要拆掉城堡，或者是摸清楚城堡的路徑，了解路上防守的機制呢？或者技術是兩者的不同比例混合，雖然我們還是會遭遇到一個難以完全解決的課題，最後被說出來的故事，是深藏在城堡裡的原始版本，或者是早就被沿路各種守衛修改的版本呢？

背景二：關於日常的「自由」

(1)

這是很重要的命題，對於外來語，我們是使用多少自己的語詞，來系列地消化它呢？或者，我們就相信是直接以「自由」這詞來了解和體會它，並在我們的處境裡運作這個概念呢？

　　畢竟，這是實質影響著我們如何實踐「自由」，並要在何處停下來，因爲再超過就是越界，不是自由了。由「界限在何處」的爭議，就可以讓我們推論，實質上大家在理解「自由」這詞時，通常是有些落差的，不是誰對誰錯的課題，而就是反映著「不同」，而且是以「界限」在哪裡，是否覺得觸犯了界限的方式，來呈現「自由」的內心定義的落差。

　　除了定義的公共知識外，這也有個人主觀的意義在裡面，也許這不只是出現在「自由」這詞，而是大部份的語詞都有這個課題，值得深入觀察和思索。

（2）

　　「意識型態」建構過程的幾件大事，其中在1789年法國大革命綱領性文件《人權宣言》第4條，對「自由」的定義爲：「自由」即有權做一切無害於他人的任何事情。但是什麼是無害呢？是由誰來決定，對什麼無害、對誰無害？這至今仍是一直演變中的概念。

　　後來英國的約翰彌爾（1806-1873）的說法，一個人的自由，以不侵犯他人的自由爲範圍，才是眞自由。如果侵犯他人的範圍，便是不自由。可以想見一個具有理想性的語詞，在實踐上，勢必遭遇到遠比想像還要複雜的情境，因此出現了這些規範。

（3）

　　還有後續，例如第二次世界大戰中（1941年1月6日），美國總統富蘭克林・羅斯福在國情咨文中，提出了著名的「四大自由」，簡略來說，四大自由是言論自由、宗教自由、免於匱乏的自由和免於恐懼的自由。

　　1948年12月10日聯合國在巴黎夏樂宮，通過了「世界人權宣言」，重申了這四大自由的精神：「人人享有言論和信仰自由並免予恐懼和匱乏」。目前大家耳熟能詳的「自由」的概念，算是完備了主要的焦點，但是爭論不曾少過，因為都會出現「界限在哪裡」的爭議，在意識層次上，這是一項仍會持續的爭議和人性工程。

（4）

　　「自由」，是日本製的漢語，在英語則是Freedom或Liberty。它可以是一種名詞描述某種狀態，也可以是動詞，意味著有自由可以做或不做什麼，不過它的內容，則是隨著時間而有不同的細節。雖然有一些大項目的宣示，例如不同國家有憲法或基本法保障的權利或自由權，也就是它做為一個重要的概念，但是在實踐的過程裡，發現無法只靠這個概念，就可以達到它的目的，或者，也可能是走向相反的結果。因此需要其它的概念做為配套，例如需要自律（autonomous）的概念意義下的「自由」。

（5）

　　前述的「自由」概念是意識層次的，所謂進步的意識型態，被引進來精神分析領域裡，要變成潛意識的課題時，這個「自由」的意識型態，是逐漸變成了重要的工作基礎。佛洛伊德表示，執行一些重要功能的自我（ego），只是原我、超我和外在現實的僕人，那麼以僕人之身或心理狀態，要執行以「自由」爲目標的精神分析或分析治療，會遭遇什麼難題呢？

　　或者我們可以問，從精神分析發展至今一百多年以來，不論是治療師或個案，有誰曾經獲得精神分析所追尋並列爲基本技藝的「自由」呢？他們抵達那種境界時，如何描繪這種「自由」的經驗呢？也就是，現今的精神分析文獻，是在分析師或治療師抵達「自由」之境後，發表的感想嗎？或者只是在半途中的有感而發呢？

（6）

　　前述「關於free association」，列舉了佛洛伊德運用「自由聯想」的起源，不過這概念以「說出浮現腦海裡的任何話，不要判斷它們是否重要」，是這麼清楚的交待，但在執行上會遭遇什麼難題呢？這裡的聯想要有多自由，才是「自由聯想」呢？這裡的聯想和自律之間，會發生什麼影響呢？或者有多少會受制於自律的需求？「自律」是爲了什麼？或者直接的命題，「自由」是爲

了什麼呢？個案說了些支離破碎的事情，是一段和下一段的破碎，或者是一句和下一句的破碎呢？或者更進一步的是一個字和下一個字之間的破碎嗎？那麼這些表象上的零散破碎，就是「自由聯想」嗎？難道「自由聯想」，不能有一個完整的故事嗎？

（7）

如果「自由聯想」的目的，是讓個案以最少阻抗，暢談心中的任何想法，並尋找這些想法除了目前想到的意義外，是否還另有其它不自覺，還沒想到的意義，那麼，這裡的「自由聯想」裡的自由，要多自由呢？是否就不需要自律了？在診療室裡，沒有自律的自由會是什麼樣子呢？或者尋求意義的過程，自律會妨礙自由的追尋嗎？是要追尋自由，或是要追尋人生的意義，尤其是意在言外的其它意義呢？我相信這仍是爭議的課題，甚至我列舉的這些想法，不必然是精神分析取向者都會認同，那麼在這些不同的背景和目標下，我們對於什麼是「自由」，什麼是「自由聯想」，會有多少想法的落差？

（8）

我相信上述會是一個有趣的命題，若不持續追問，大家都會以為，不是就是那樣嗎？「自由」做為意識型態的概念，內容是一直變化中，因此我們在診療室裡，要以「自由」為標的，如何讓我們能夠理解，這兩個字

在心理深處的多元想像，了解自己會用多少其它概念堆疊起來，做為自己體現「自由」的方式，這才是真正的焦點。包括，我們納悶地問著自己，何以有人就是不想要自由，所謂「不要自由」是什麼意思呢？何以當事者不這麼認為，如果只以「阻抗」來說明是不夠的，有比「阻抗」這兩個字更細緻的概念，需要我們來發現並標示出它的名稱。

背景三：關於free floating attention或evenly-suspended floating attention

（1）

其實我書寫這些零散的想法，主要的目的就是想要表達，不同人之間對於什麼是「自由」，什麼是「自由聯想」，就算有了表面的定義，但依據平時在督導心理治療的過程，所觀察到的是，每個人對於哪裡是自由的界限，有很不同的判斷。甚至大部份的判定是不自覺的，或受超我的影響，也就是，就算有不錯訓練過程的治療師，在實作的變化萬端裡，仍可能依著不自覺的某些判準，來決定某些情況和反應——這是自由或者是多少程度的自由？不過，我可以確定的是，如果只以自由或不自由，做為二分的判準，這一定是問題的所在，畢竟大部份是在自由和不自由之間的游移和變動。

（2）

　　討論技術時，一般是使用evenly-suspended floating attention，做爲治療師的狀態，通常是譯爲「平均懸浮的注意力」，用來對照個案使用的「自由聯想」。何以需要平均分配注意力呢？這是假設潛意識的材料，不是以「現實原則」的重不重要的角度，來呈現它們自己的模樣，如果只專注在某個特定主題上，可能反而失去了解眞正重點的機會。這是一種假設，因爲除非我們眞的可以完全做到「沒有記憶」，不然不可能遺忘精神分析的後設理論「暗示」所帶來的影響，或者有人更覺得那些理論，例如伊底帕斯情結，不只是有影響，甚至是目前問題的「成因」，在這些假設下，自然會想要帶領個案往這個方向走，那麼就很難平均懸浮的注意了。

（3）

　　理論的焦點，如「伊底帕斯情結」的存在，這對所謂「平均懸浮的注意力」，構成了挑戰。被暗示的內容將會發生在未來，這是催眠的一環，但我覺得這也是診療室的部份實情。雖然佛洛伊德提示，要節制想要個案痊癒的欲望，但是這種欲望不可能完全消失。只要有一絲絲的欲望，自然會對「平均懸浮的注意力」構成挑戰，或者可以大膽詢問的是，所謂「平均懸浮的注意力」，在實作時會是什麼樣貌呢？有多大的起伏，就不會平均

懸浮呢？這問題有些挑剔，但我倒認為是要吹皺春池，讓我們重新思考一些耳熟能詳，卻容易被忽略、有著高難度的情況。

（4）

　　我倒是比較喜歡使用free floating attention，這是指「自由漂浮的注意力」，但並不是比「平均懸浮的注意力」容易做到，而是為了和個案的「自由聯想」的技術相呼應。畢竟個案和治療師的互動是密切的，同樣以「自由」為標的，這是個有趣的方向，雖然以「自由」為名，仍有先前的一些問題和難題值得關注，並且在精神分析的目標裡，有「自由」做為標的，是比「平均懸浮」這語詞，更容易和其它學門的語言，做為互動的橋樑。

（5）

　　就實情來說，治療師幾乎不可能做到，忘記以精神分析的後設理論為目標，因此，如何讓整個流程不是「暗示」，而是接近「分析」，是否有其它想法可以參考？我是覺得，「暗示」和「分析式的詮釋」是互不相斥，但是精神分析既宣稱了自己的名字，自然得有不同的作法。我主張的是，如果拉長時間慢慢走，並在過程裡，同時允許其它新事件的介入，那就可能走向精神分析的

「分析」，並在實作裡達成某種自由，尤其是自由地讓過程裡某些岔出來的內容，有機會變成被注意的焦點。

(6)

如果在慢慢走的過程裡，治療師只是一心一意地要把注意力拉回，自己覺得是重要且符合理論和經驗的方向，而把浮現的其它故事和訊息，都當作是往這個方向走時的干擾，那麼，就算做著好像是標準模式的移情詮釋時，仍難免會發生硬塞詮釋的內容給個案的情況。這反而讓原本以「自由」為方向的分析，變成了更接近催眠式的暗示。很難有一個清晰的基準點，讓我們確定，做到什麼程度就是在做暗示，而不是做分析——這和我們對於「自由」的意識和潛意識想像有關聯。

(7)

當我們不再只是流連在伊底帕斯情結，而是往前推論到這情結之前的狀態，如被命名「自戀型」和「邊緣型」的狀態時，意味著這是比精神官能症還要更原始的心智。從現在的經驗來看，提出每個人都有這些特質，也不算是有太大差錯的說法。那麼另一個命題就浮現了——從「自戀」到「自由」的路有多長呢？「自戀」會造成「自由」什麼難題呢？這和目前流行「做自己」的說法有什麼關係呢？這裡的「做自己」是哪個自己呢？是

自戀裡的那個自己,或者有了自由的自己?即使問,什麼才是有自由的自己,都需要很多的事例和說明,才會出現內在的輪廓,尤其是我們主張「自由的自己」和「自戀的自己」兩者是不同的。

(8)

以「自由」的工作準則,要分析治療目前臨床常見的自戀者,會遭遇什麼樣的衝擊和火花呢?雖有自律的概念,但是自戀者的專注在自己,如何讓「自律」有能夠發揮作用的空間呢?也許現實上更貼近的是,就算人有自戀,也不是百分百如森林裡的老虎般;或者有自律,也不可能如被設定的機器人般,沒有異聲存在。因此,如果我們加進了自律和自戀,來觀察「自由聯想」裡的「自由」,甚至連什麼是自律,它的界限在哪裡,也都有不少彈性和個人間的差異存在著呢!

背景四:關於日常和佛教的「解脫」

(1)

一般用法裡,有時候「自由」和「解脫」被使用在類似場合,例如某人終於擺脫了糾紛和糾纏後,會說:「他自由了」,或者說:「他解脫了」,這是日常用語裡,使用自由和解脫的重疊處。不過就像一般說的,看見某張動物照片覺得很可愛,當代人常說:「好療癒

喔！」，但是這裡談的「好療癒」，和心理治療室裡嚴謹定義的治療效果，是有所不同的。雖然百年前，按摩和SPA都是處方級的治療，如果現在有人說這些是「有療癒」，從百年來的經驗引用是合理的，只是在當代，就需要有進一步的說法，區分療癒和嚴謹的治療效用之間的異同。

（2）

　　日常用語裡，接近佛教說法的「解脫」，是有不同的程度之分，一如一般人所說的好療癒，和治療師說的治療效果的療癒，是需要更多細緻的區分，尤其在「自由」和「解脫」說詞上的重疊，需要想像它們之間的差異。以下所引用的說法，並非意味著要直接搬進精神分析裡，而是做為精神分析取向在地者想像的參考點，或許對有些人來說，並不是熟悉的語彙。

　　「從基本的定義上說，所謂解脫，就是解放了束縛和脫離了束縛……。因此，解脫的定義，也可以說就是自由的定義。

　　但是，自由是有範圍的，人在不妨礙他人的自由之下，由於法律的保障，可以得到若干的自由。……人類的文化越高，對於自由的要求也越復雜。……但據佛教來說，凡有一個『我』的存在，不論小我、大我，不論上天、下地，他的自由範圍，總是有限制的，所以也不得

稱為究竟的解脫。佛教的解脫道，目的是在解脫這一個
『我』的觀念，而能得到絕對的自在。」（摘自《龍泉
佛學》，聖嚴法師：什麼叫做解脫）

（3）

　　有趣的是，「解脫」的英文譯法之一是free，這是文字的交疊後，帶來某些共通的聯想，這些聯想可能自覺也可能不自覺地，影響我們實踐這些字詞的方式和內容。試想，如果我們以「解脫」來替代「自由」這兩個字，雖有重疊處可以共同站立，但參照來自佛禪宗的論點，「何謂解脫？一般可分為身的解脫及心的解脫。例如我們因為犯了法而坐牢，身體便受拘束；如果從牢裡出來，便得解脫。但是心的解脫比身的解脫更重要。如果我們心裡面沒有煩惱、沒有執著，雖被關在牢裡，心仍是自由自在。」(聖嚴法師，《禪與悟》)

（4）

　　如果「解脫」這詞另有其它意涵，不只是僧尼的日常用語，也是一般大眾的日常用語，讓我們在消化外來語「自由聯想」時，可能帶來了概念的擴展，豐富了精神分析原有的視野。例如，精神分析立論裡的生死本能，「有一位禪師說：『見、聞、覺、知，俱為生死之因。』又說：『見、聞、覺、知，正是解脫之本。』所謂見，看

見；聞，耳朵聽到的；覺，五官所接觸的；知，明白。
這些都是我們於平常所見、所聞、所覺、所知。如果對
它們起分別心、執著心，認為是真的，而牢牢抓住不放，
那就變成了生死的原因。」(聖嚴法師，《禪與悟》)

(5)

　　除了自由和解脫，還有另一個詞「自在」，也常見
在我們的一般用語裡，甚至在我們的研討會討論個案的
過程裡，也常會是不少治療師的習慣用語。至於「自在」
有不同的程度，解脫也有不同的程度。我們無法要求什
麼事都得解脫，什麼地方都得自在，因為這要慢慢的
來。……解脫自在就是開悟，迷和悟是相對的，在迷之中
的人，不知道悟是什麼，而對悟了以後的人，他當然也
不覺得悟是一個真實的東西。在迷中不見悟，悟後的人
也不以為自己是悟。這便沒有執著，叫作真自在。」(聖
嚴法師，《禪與悟》)

(6)

　　「解脫自在」的語詞和當代很流行的「做自己」之
間，會如何連動影響呢？我們一起來想想，「迷的人是
有『我』的，那個『我』是什麼？是『我』和『我所
有』。其實分析一下，這個『我』本身是不存在的，只
有『我所有』才是存在。第一，我們的身體是『我的身

體』，不是『我』。至於我的錢、我的家......這些都是
『我的』。並沒有一個眞正是『我』，並沒有可以指得
出、可以感受得到的『我』存在。所以，把『我的』當
成『我』就叫迷。」(聖嚴法師，《禪與悟》)

(7)

　　我們在理解外來的產物「精神分析」時，需要同時
引進相關的訓練制度，在它的範圍裡，確保它要傳遞的
理念和作爲，這是精神分析專業職人繼續傳承下去的重
要過程。那麼這個訓練過程，呈現的精緻藝品般的師徒
制，以及所期待的「自由」，和佛教概念裡的修行有何
異同？

　　「有修行、有信仰就有解脫。看我們修行到什麼程
度，就能從煩惱中得到什麼程度的解脫自在。對凡夫而
言，因不能一次解脫便永遠解脫，所以稱爲相似解
脫。......另外對菩薩而言，稱爲分證解脫自在。所謂分
證，是說不是一次解脫之後，就永遠徹底解脫。解脫的
程度是不等的，地位低的菩薩，解脫的程度比較淺；地
位高的菩薩，解脫的程度比較深。所以，慢慢的修行，
到最後才能成佛，只有成佛的時候才是永遠的、圓滿的、
究竟的解脫和自在。」(聖嚴法師，《禪與悟》)

（8）

　　那麼，我們在精神分析裡所期待的，和禪宗者的想像，有何異同呢？值得再深化對比，然後看看是否對精神分析有所貢獻，一如佛洛伊德當年引進了眾多外緣的學門經驗。

　　「如果還有一個『我的』觀念，有一個『我的什麼東西』，那麼你還是迷人，並不是悟者。因此，凡夫是住在煩惱之中，所以不得解脫。

　　而小乘的聖人，他住於解脫之中，好像是解脫，但不是人解脫。真正人乘的佛、菩薩的人自在，是心中無我。例如《金剛經》說的『無我、無人、無眾生。』，並不是說就沒有行為、沒有行動，而是以他的慈悲、智慧幫助任何一眾生，這才是真正的叫作『自在』。」（聖嚴法師，《禪與悟》）

　　那麼，自求解脫和度化眾生，在人的「迷」上是有別的，如果自由和解脫，在我們的日常語言裡是如此高重疊度，那麼在追求個人的自由時，度化眾生的「利他」，是過高的期待嗎？我們能在佛洛伊德談論利他、文明、宗教、客體關係和群體概念裡，找到什麼刺激新想法的路嗎？

後記：

　　前述這些「不」的後頭有動詞，而動詞後的名詞，包括自體和客體，也就是目標上讓自己能夠達到某種境界，可以「不在意」，而且不是具有後續破壞力的「不在意」（這是忽略或盲目），是某種名之的創造，甚至使用「昇華」，都覺得是還不夠用的語詞；也是使用在對客體對象的期待，是在有期待裡能夠逐漸沒有期待，但的確是曾經一起走過，最後再走到沒有期不期待的「看山是山」......我必須說，以我們熟悉的語言來談論時，我總是會顧忌，是否反而會被一般化的想法給窄化了？

　　顯然的，如果細思實作過程裡的自己，其實有很多問題是不得不觸及的，尤其是我們的不評斷個案的狀態，應是某種不易達到的境界。但是在實作過程裡，是如何達成的呢？是在中間地帶，或者說是過渡客體的變型版，除非過渡客體的概念是一時性的，但如果它有永恆的註記，而且不斷的在negative裡變型，是否可以用這種概念來做為了解「境界」的一種方式？

　　並不是說「境界」的概念，就只是如此不被窄化就夠了，而是以精神分析術語探索「境界」這個日常用語，讓這些不同語境裡的重要術語，能夠意識化地交流，而

不是只在治療師的心理背景裡，暗暗影響著臨床實作，
和不知如何消化外來的精神分析。我是假設，在地的文
化概念和經驗，在扶持精神分析的過程裡，也豐富了精
神分析的在地化。

鏡子說和月亮說

兼談我們如何消化外來的精神分析語彙

漂泊的蝴蝶結

沒有根

站在難以開花的臉紅上

另一朵有根

緊靠著轉彎處的喉頭

和陌生人寒暄

準備糾纏

默默多雨的深情書

關於分析師的狀態，是有不少的比喻。不過依照佛洛伊德的說法：「分析師如同鏡子般，反映個案內在世界」，仍是最有意義且明確的比喻。精神分析取向者大都了解這比喻的困難度，畢竟任何再有經驗的分析治療師，要讓自己始終保持如同鏡子般，鏡映個案的內在世界，這是一種理想，是相當困難成為臨床事實的。我這種說法不但不會減損分析治療師的價值，也彰顯分析治療師在專業職人的位置上，所經歷的長處和侷限。但是如果前述的侷限，被好好看待和探索，反而是精神分析取向的重要路徑，也是進一步了解潛意識的管道。為什麼呢？

所謂「鏡子說」，是對於分析師的高度期待，畢竟精神分析宣稱，不是要指引個案的人生，也不是要以暗示或建議為核心技藝，並且要和催眠有所區隔，如此自然得替自己立一個理想的里程碑，讓學習者和個案了解分析師所採取的態度和方向是什麼？「鏡子說」的確是很清楚的比喻，當治療師向個案說，他們只是如鏡子般，反映個案的內心世界，而不是給予建議，這是很明晰的意象，也不會太難理解。但是這種「不會太難理解」，卻可能是種假象，因為它的確是很難實踐呢！

值得思考的是，當我們說如同鏡子般，反映個案的潛在動機時，和佛洛伊德強調的，分析師得節制自己想要治癒個案的欲望，這兩種說法是否相互矛盾呢？或者

分析師得採取節制自己的欲望，才不會讓自己的欲望不小心扭曲了鏡面？如此才能如鏡子般，反映個案的潛在動機？如果是這樣，似乎預示了後來精神分析家比昂的看法。

　　據我的了解，在目前的實作裡，分析治療師以前述方式向個案說明精神分析取向的，倒不是那麼常見。不過我傾向認為，鏡子的比喻仍是不需要放棄。精神分析取向專業職人想要從個案述說的故事裡，聽出潛意識的動機，藉用語言把那些動機翻譯出來，並把這種說出來的舉動，當作如同鏡子般，反映出個案的潛意識動機。由於語言本身的侷限，和人自身的欲望，這種翻譯出潛在動機的技藝，是否真的有可能如同是鏡子般，反映著個案的內心世界？這是精神分析取向專業職人難以欺瞞自己的現象，畢竟這種理想有它的高度困難。

　　然而，這仍是說明精神分析取向的理想時，很有用的具體比喻，就算有人批評，都不致於傷到這個鏡子論的筋骨。後來還有其它精神分析家的補充，例如，比昂以分析師的「沒有欲望、沒有記憶」做為「鏡子說」的進化版，簡化的說法是「無欲無憶」會更有力些。將鏡子的平滑明亮，不扭曲地，如實反映的態度，改寫成以「記憶」和「欲望」做為觀察的標的，這也是鏡子論的翻版，仍是有它的難度，如何做到「沒有欲望、沒有記憶」，是精神分析取向的訓練能夠達成的目標嗎？

以實情來說，佛洛伊德說的：「節制欲望」，反而是比較可行且實際的想法。佛洛伊德對於欲望，只強調要節制，但他也提出「鏡子說」，這是有些脫離現實的點子。另外，比昂也明說了一個貼近現實的說法：「當分析師要做出詮釋前，是經歷了潛意識地挑選了個案所陳述的某些故事和感受（selected facts），進而綜合成某種詮釋。」既然在工法裡，有經過「選擇」這道程序，是否意味著，不論是意識或潛意識的選擇，就是有了欲望或記憶摻在實作的過程裡了？

我引介佛教的說法做為比對，不過佛教修行和精神分析的技藝，並不盡相同，雖然在概念上是有些重疊。如果佛洛伊德的「鏡子說」，想要不被加工地反映個案的內在世界，在概念上，也許可以和佛教的「如是」或「如實」來做對比，不過，稍理解佛教者自然知道，真的要如是如實地反映，可不是件容易的事，因為人是有七情六欲的影響。這也可以用來比對比昂的「無憶無欲」，這四個字在被我們吸收消化的過程裡，七情六欲是如何地難以駕馭，常會讓自己不是自己的主人——被七情六欲牽著走的人生，叫做「流轉」。

我引用佛家的語言和經驗，不是要相互取代，而是相互對比，因為我的觀察是這樣子：佛教的日常化和政治化，在台灣的情境裡，帶來多重的影響，佛家的一些語彙早就深化和在地化，成為我們日常生活的一部份。

例如，我們是多麼容易聽到「要放下」，這句源自佛家的話語。討論這些內容就是假設，我們在吸收外來的精神分析語彙時，多多少少會不自覺地，以我們原有的語彙和經驗，來消化精神分析的語詞。本文以「鏡子說」為例，是為了要細緻化專業職人的體會，我們需要有些反思，如何以現有語彙及其聯想的基礎，來消化外來的精神分析語彙，並化成為診療室裡實作技藝的過程。

另外，前述的矛盾現象，一是理想，一是實際情況。前者是應然，後者是實然。我們發現這些理想的模式，並沒有因為現實的侷限，而避而不談。也就是理想和現實是共容的，或者說是相互映照的；有理想可以映照出現實的不易和侷限，有現實也可以映照出理想的嚴苛和需要。如何調適這種情況，是否也可以從佛家所論的「有不礙空、空不礙有」的「有空不相礙」的角度來解讀呢？

「鏡子說」想要傳遞的目的，是期待分析師可以做到如實如是的反映個案的內在世界，讓個案知道自己的狀況。如果以精神分析的焦點，從移情和反移情的觀察來說，要反映給個案知道的內在世界，除了一般人想像的之外，還要讓他知道生命發展過程，在說出來的故事或未說出的故事裡，自己內在的可能狀態。對於精神分析的實作而言，更重要的是移情的觀察和處理；移情是個案潛意識地，將早年經驗投射至治療師身上，讓治療

師好像變成了當年的某個人般。反移情則是治療師潛意識地，回應個案的移情的投射，不自覺地做出像個案心中當年某個人的模樣。

如果採取「鏡子說」來看，是指治療師沒有反移情了，因而能夠如實地呈現個案的移情？有實務經驗者，不論是否資深，我相信都很難說，自己沒有反移情的反應，這幾乎是不可能的任務，甚至晚近的理論，對於實作來說，是更強調這種工作現實，移情和反移情如何互動，構成分析治療的實情。甚至也有人說，要運用反移情做為了解個案的方式，這是什麼意思？何謂「運用反移情」呢？反移情是潛意識的反應，治療師如何運用不自覺的反移情呢？

有論者認為，這是事後的了解，也就是在事後發現自己的反移情，並且不再把這種發現，當作是治療師有了錯誤的反應，而需要改進，重點在於，經過訓練的治療師，在分析治療的過程裡，可以事後發現自己的反移情。如果加上仔細分析反移情，是可以由此來推論，可能有個案的移情反應在其中。也就是由治療師的反移情裡，發現摻有治療師不自覺地回應個案的移情，由此來回推論個案可能的移情。

這個過程也許有些遠離「鏡子說」了，需要確認的是，治療師有反移情的存在，而且這種反移情是消化了個案的移情在其中，因而有了這些反移情，做為回應個

案的說法。我相信這是不少精神分析取向者可以接受的描述，儘管細節可能仍有不少爭議。不過還好，若沒有爭論，就不會再有精神分析的新發展呢！

　　我想用另一個比喻，來說明這種移情和反移情的互動。如果移情像是陽光，它是源源不絕的能量投射，來自個案內在世界的動力。當個案來到診療室，陳述目前的問題，或者說他想說的故事，呈現他認為自己問題的前因後果，不過，精神分析取向者早就從實作經驗裡知道，會有另一股被叫做「移情」的動力，推動著個案以某些方式來表達自己，以便讓治療師認識他。或者他以這種方式，來介紹自己給自己認識。如果移情像是陽光照射出源源不絕的光源，那麼移情在臨床經驗上，也是源源不絕的能量的動力起源。

　　當我們說，反移情可以是了解個案的方式，此時反移情是像接收陽光的月亮，太陽是陽，而月亮是陰，月亮接收了陽光後，並非如鏡子般直接反映出來，而是如同移情和反移情相互作用後的展現。陽光經由月亮本身的某些特質，例如地形、地質、大氣成份、磁場等等綜合因子的處理後，再反射出來成為月光。也就是，月光是有陽光的要素做基底，但已不是陽光了，是被月亮本身的某些特質，處理消化過的光線。這是前述的，從個案的移情投射出來，到治療師的反移情回應，如月光的照射，反移情裡有移情，一如月光裡是有陽光的要素。

從這個陽光和月光模式（或簡稱『月光模式』），來想像移情和反移情之間的關係，是個值得再思索的。雖然我主張最好仍保留著鏡子般的想法，這是最古典的原型。

相較於佛洛伊德晚年於《有止盡與無止盡的分析》裡強調，分析就是儘管分析，不必在意於替個案整合或統整，這是有它的臨床基礎，從而推論出來的經驗談。但是如果要以這個說法，運用於目前的個案，例如精神分析取向診療室裡的個案來說，倒也不必然是如此簡化式的強調。我試著以克萊因（M. Klein）、比昂（W. R. Bion）和葛林（A. Green）的觀點來表達一些想法。

克萊因強調詮釋個案「負面移情」的技術，主張「負面移情」是「死亡本能」的展現，需要直接詮釋來阻斷它的持續發展，以免破壞了分析的進行。在這項技術裡，潛在的意思是如同佛洛伊德的鏡子般，接收陽光的投射，再直接反射出來。雖然以語言的詮釋，是否有可能如此直接如陽光的反射，完全沒有被語言本身的文明處理過，這是個疑問。不過，如果治療師依循「鏡子說」，意味著這種詮釋，是如同把個案的移情所投射出來的陽光，再直接折射回去？

葛林雖對克萊因的理論有著佩服，但是對於克萊因強調對「負面移情」直接深度詮釋，則是抱持強烈抨擊的態度。葛林在《死亡母親》裡舉了一個案例：「個案小時候曾有快樂時光，但母親突然憂鬱如同死亡般，使

得個案面對的是，如同死亡母親般的失落和恨意。」如果個案呈現出這種負面的移情，而分析治療師如同死亡母親般的回應，且在這時候詮釋個案的負面移情，葛林覺得這只會招來個案的攻擊。而且在個案的移情裡，治療師如死亡母親，個案是不可能從分析詮釋裡成長的，他提議這時個案需要的是「同理共感」（empathy）。

　　如果克萊因的詮釋技術，是搬來佛洛伊德的「鏡子說」，顯然在有些地方是需要依個案而有所調整。如何調整呢？「同理共感」是一種說法。不過，這是直接說出了問題所在，但是這種說法還不夠。我再以克萊因的學生之一比昂的「涵容」（containing）觀點來回應。

　　從陰陽、陽光和月光的比喻來說，比昂的涵容、連結（linking）及思考理論的說法是更完整些。比昂的這幾個論點，溫和地修改了克萊因的論點，某種程度配合「鏡子說」的技術，而加進了涵容和思考理論。就技術流程來說，是緩和了直接反射陽光般的技藝，採取消化（digesting）和思考過的方式，如同陽光被月亮本身的種種特性，轉折後成為月光才回映出來的技術。比昂強調母性特質或陰性特質的Reverie，有如採用詩人濟慈的書信裡所說「陰性能力」（Negative capability／負性能力）的整體技藝。比昂的說法，描繪了人如何在「無可確定」（uncertainty）的神秘和疑問裡，仍能保持著不急躁的態度，來慢慢接近事實和真理，這是比較接近目前臨

床實作時必要的技藝。治療師需要有想像個案內心多元的能力，除此之外，也需要有「無可確定」的態度。對於專業職人來說，也和在臨床過程裡，如何消化精神分析的一些外來術語有關，這個潛在過程勢必會受我們在地的語言影響。

在以我們的語言來進行消化的過程裡，要如何做到「陰性」的能力？這種能力可以說是「創造性的接納」（creative receptivity）裡的「陰性」（negative）概念。另外，康德在《純粹理性批判》的說法是，在一般可見可思的之外，另有一個陰性或負面的領域，對他來說，那是一種終極。比昂的論點也許是延續這個哲學概念，運用至臨床的事後經驗的描繪。

例如，比昂在「沒有名字的恐懼」（nameless terror）裡說：「小孩對於死亡，是一種難以消化且莫名的畏懼，當小孩如陽光般投射這種畏懼至母親時，母親若無法消化這種畏懼，而直接回映出來，這只會讓小孩更加的不安。」如果母親能夠忍受「無可確定感」的神秘和疑問時，消化了小孩的畏懼，再反映出來的是緩和如月光，這讓小孩會有創造力的安全感。這是比昂對於母嬰間心理互動的有趣想像，他是以母性和陰性的能力來描述這種能耐。

比昂和佛洛伊德的差別，也許在於精神官能症的處理，由於當時自戀和邊緣型的分裂機制（splitting）是被

暫放在一旁，不是以目前的經驗直接回應，例如，克萊因詮釋負面移情，就是有著如鏡子般的反映之意。但是比昂的潤飾倒是很有意的，從陽變成陰的強調，且有他所說的「蛻變」（transformation／轉型）之意。葛林也和比昂的負性能力的說法有些相近，強調negative以及語言裡的情感因子，這些強調也是值得細思的論點。如果語言本身被當作是陽性的象徵，若缺乏情感的陰性象徵的話，詮釋的語言可能只是如語言學般的死亡語言，而不是具有情感在其中的活的語言，我的解讀，這就是「陰性」的意思。

從比昂的「陰性能力」的角度來說，這是被歸給「母親」的能耐。從前述的描繪來看，月亮模式的想法是可以說明從佛洛伊德的「鏡子說」，到克萊因的詮釋技術的強調，然後比昂以及其它的發展狀況，如果是從「陽光說」到「月光說」的蛻變，這會是個有趣的象徵變化，以後我還會再進一步發揮這個月光模式的想法。至於和月光相關的條件，例如，暗黑裡溫和的光線等特質，會如何影響我們專業職人的技藝和態度，則是值得再細細觀察並以文字來推衍的議題。

我並不認為，我提出這個想法是一件新奇的事，畢竟，一般對於精神分析的想像，是認為精神分析採取陽剛強勢的語言詮釋，通常比較不把陰性或月光論的假設當作是主要技術，而只作為背景的態度，如月光陰性般

的態度。在這篇文章嘗試說一說，在形成詮釋之前，治療師的心中到底發生了什麼事呢？其中涉及「unknown and impossible to know」。我以「陽光說」和「月光說」來比喻，並且可以再後續思索，我們是如何吸納精神分析的術語，成為我們的一部份。我主張陽光與月光同時存在，就自然界來說，兩者的重要性和必要性，是一樣的。

地面的心理地圖VS.天上的星空圖

催眠術、精神分析取向治療、精神分析之間的差異

他或她

吞吐著

有力的空虛

只剩下

無力的心理學

硬撐著

秋天的心思

搭訕

嘴角的不如意

一團迷霧、天上的星空圖、一串粽子、地面的心理地圖，我運用這四個比喻，來表達對於精神分析取向心理治療的想像。這是一個概略的輪廓，因爲臨床過程千變萬化，一般形容，如流過的水就流過了，不過就算以流水來比喻，就現實上，我們仍要有一些想法，來支持我們走下去。

以「一串粽子」爲例，我需要先聲明，這是臨床常見的態度，也可能是簡化問題的方式，讓我們好像看見了問題，卻反而是走向死巷的過程。這反應著一般人對於抽象心理的不安，而希望在潛意識心理，能有具體且明確的連結，可以被清楚的辨識。這忽略了早年創傷個案，心理如破碎般的失憶和失聯，若期待過往的事件可以像粽子一樣，一整串拉起來，這和實情是有距離的。

至於「一團迷霧」，是想要説明治療雙方在診療室裡的工作，有如在迷霧裡慢慢前行；這是我們跟潛意識工作的實情。

精神分析的理論，是地表的心理地圖，或是天上的星空圖？本篇談論催眠術、精神分析取向治療和精神分析之間的差異，它們是如何被描繪的？

　　某個案走進診療室，開始談論她是如何的不被喜歡，在工作上常被同事排斥，她覺得自己只能更努力地做事，但是最後卻總落得兩面不是人，反而被上司責怪她擅作主張。她問治療師，該怎麼辦？她要做或不做這工作呢？她以前是常更換工作，她說都是同事排斥她，在上司面前說她壞話，說她不合群。她以堅定的口吻說，她不能退讓，因為同事們都只在鬼混，根本不做事，而上司都只聽他們的意見。她甚至覺得，整個公司的人都在跟她作對，她說很難想像這家公司可以長久存在，因此她很想再轉換工作。她問治療師的意見，治療師好像被逼到某種困局裡，只能回答好或不好，不過個案似乎也不是真的要治療師的建議。她轉而談論從小在家裡，父母如何忽略她，這讓治療師突然覺得開心起來，至少是有了方向感，而且不必再被她逼問，她是否要辭職的事。她談著母親是如何排擠她，根本不把她放在眼裡，但父親待她算不錯，她很感謝父親，雖然聽起來她對父親的感謝裡，仍充滿了某種難以說明的遺憾。她只是輕輕帶過，父親未能幫她找到好工作，她覺得父親只是要她有份好工作，可以發揮她的能力，但不是真的關切她是怎麼想。她說這一輩子都是在努力，讓母親不再看不起她，但是母親卻對不工作的弟弟讚譽有加，好像弟弟說什麼做什麼都是有道理。

　　治療師可能沈浸在個案的故事裡，覺得終於有了方

向了。治療師相信她的問題就是來自於這些生活經驗，是母親的看不起而導致目前的一切問題。這個想法讓治療師有了方向感，以為只要再讓個案多描述她和母親的衝突，並和目前的問題相連起來，就可以讓她了解眼前的這些狀況，是衍生自她和母親的關係。

這種將眼前的複雜問題，歸因於某些簡化式的因子和方向，大都是依循著個案所說的故事。我們其實沒有能力判斷，她所說的故事有多少的遺漏，有多少的增添，是否還有其它更創傷的故事被她遺忘，或者由於太受苦而難以變成想法，也難以用話語把它說出來；因為太創傷的故事，想它和說它，都是一次次的煎熬和痛苦。如前述的治療室的現象是常出現的，認為個案眼前的問題有一個情結，而那就是最主要的作用因子，如同一串粽子的繩頭。

一般來說，伊底帕斯情結或其它情結的概念，可能助長了這種一串粽子般的假設，好像只要一步一步發現有了什麼情結，如這位個案和母親的關係，就覺得是目前所有問題的來源，另外，談論「母嬰關係」的重要，也會強化一串粽子的主張，因為這種主張背後的假設是，情結或這位個案受母親的傷害，是所有問題的源頭，如同一串粽子綁在一起的那個「結」。在這種假設下，讓治療師不由自主就往個案提供的，她和母親的故事深處走，而這種故事的方向，讓造成問題的材料愈來愈多，

於是原先預設的因和果更加成形，使這個結愈來愈堅固，愈顯明了原先的主張，緊緊扣住個案目前的問題和以前的問題。整個治療的過程，就如同一串粽子般的比喻，以為只要從那個結的所在出力拉起來，那麼，所有潛藏的問題，就會像一串粽子般被拉出來了。

治療師常推論，只要把粽子拉出來，就表示把潛意識變成意識的記憶，並且進一步假設，個案知道問題的來源後，就可以解決問題，或者見到了光，黑暗就不見了。不過，這只是我們過於簡化臨床實情的方式，通常這樣期待時，也會讓治療師和個案覺得比較有努力的方向，好像只要一路直行就可以了。如此，卻忽略了個案告訴我們的「故事」，她只是很認真的直行，而和她意見不同的同事，就常被當作是妨害她努力的人。

如果我們和個案走著相同的方式和方向，在臨床上就會走進死巷，如同個案目前的情況，並不會因為拉起粽子，知道問題的歸因，然後問題就解決了。常見的是，個案後來會說，她都知道自己的問題了，怎麼困境還是沒有改變？是的，這是臨床常見的反應。其實，在一百年前，精神分析的祖師爺佛洛伊德就碰到這樣的問題，也就是期待把潛意識變成意識後，問題會有改變，實情卻不是如此。他發明了「阻抗」的概念來說明這種情況，但是「阻抗」這兩個字，仍是像粽子的結，就算個案知道這是「阻抗」，阻抗就會減少嗎？

　　佛洛伊德為了更了解「阻抗」是怎麼回事，就再發明了「自我」、「原我」和「超我」的術語，讓它們扮演內在心理或人格結構的代理人或代言人，它們都有自己的話想要伸張，想要被聽到，想要被滿足。佛洛伊德意圖透過這些代理人之間的互動方式，來探索何以會出現阻抗？這個探索的故事，至今仍在延續中，有了這三位代理人，讓我們多了解一些生命的難題，以及何以改變是如此複雜和不易。

　　一串粽子的故事，並非全無用處，如果無用處，就不會如此輕易地讓一般人以為，這樣子就可以解決問題了。但是，我試圖從案例和歷史來說明，一串粽子的侷限和難題，因為這個比喻，潛在的是假設四散的各式問題，如工作上的、和朋友及家人相處上的這些問題之間，有著一條線串連著。殊不知很多久遠的問題，早就如失憶般的失聯了，並不是像一般期待的串在一起。它們在心理世界已是散置的，也許這個想法可以部份說明，何以臨床的改變不是如此容易，或者會有阻抗的產生，最主要的原因之一是，原本預期相關的各個問題，由於是發生在生命的早年，因此對個案來說是失憶失聯的，並不是如粽子般串起來。

　　一般來說，治療師仍常以成串粽子的比喻，來想像個案的不同問題之間的關聯，這是反映著治療師過於相信，對於個案問題的詮釋，是讓那些失語失憶的內容可

以連線起來，雖然這是精神分析取向的重要假設，不過從臨床實作經驗來說，事情不是如此單純，其中涉及了「阻抗」的課題。如果這種簡化式的，將潛意識變成意識，然後就可以改變，果真如此單純有用，佛洛伊德就不需要發展第二拓樸學的「自我」、「原我」和「超我」，用這三位代理人來進一步探索心智活動。

這三位代理人是發揮阻抗，來保護創傷經驗，避免過於干擾，因此這些失語、失憶和失聯的孤島現象，並不是經由詮釋就可以獲得洞見，且如此反而忽略了個案和治療師之間，長期的「搏揉」所帶來的連結效應。而且，孤島之間連結後帶來的交流，不必然只有精神分析目前強調的同溫層術語，同時也會有其它材料的浮現，這才構成了不同孤島之間，互動交流的豐富性。但是，這種情況常被忽略，以為只有在治療師說了什麼後，才有作用發生，漠視了治療師說些什麼，是因為先前的複雜交流，所累積的種種經驗而做出的溝通，依我們的理解，這是接近比昂所說的「直覺」。這樣的想像和態度，才能讓我們在充滿「不確定性」的心智和人性裡，有機會隨時有新的發現，而不是只在已有的結論裡，重複下著相同的定型化判斷。

一般在診療室也常聽到「一團情緒」、「莫名的不安」；個案在說了一些好像有方向的歸因後，又接著說，不知道怎麼回事？這是常見的臨床景象。個案或許

是焦慮不安或有其它精神官能症狀，但不少和創傷有關的個案，也都是呈現這種對於人生的困惑，他們疑惑著為什麼會生在這種家庭？為什麼父母是這個樣子？為什麼會遭受這些不平等的待遇？他們好像藉著眾多問題，來呈現自己是多麼努力，在尋求人生的意義或答案。

也可見的是，這些疑問同時變成某種防衛，防衛什麼呢？我主張是防衛「莫名的不安」，因為「莫名」是找不到名稱來描述的處境，常帶來更大的不安。因此臨床常見，個案在說自己的問題時，會先說一些他認為造成問題的原因，但可能不久就流露出，他也不知道怎麼回事？這樣的話把他的困境，推向「莫名」或者難以言說的情況。

這種處境如同在一團迷霧裡，瀰漫著眾多的疑問，常見的臨床過程是，就算個案起初帶著明確問題來診療室，但是每次會談後，卻變得人生茫茫或充滿空洞感，覺得不知道活著的意義是什麼？

我再提出「山中歲月裡連結的孤立群山」、「海海人生裡連結的孤島」兩種比喻，來談談這種一團迷霧的情景。

我先用「海中孤島」的比喻，來描繪精神分析取向治療師的技藝和態度。某位早年創傷的個案，談論她和不同人之間的衝突和恩怨時，她和不同人就像是處在各自的孤島上，發展著他們的關係，而各自的孤島，有它

們自然發展的生態。創傷個案常有的特色是，他們和不同人之間，有著類似的互動，例如，陷於被不當對待的感覺，或者他們的努力不被看見等，這些情況，常讓治療師忽略了個案和治療師都是處於一團迷霧裡。身處在迷霧裡是很大的挑戰，如果我們想像成是在一團迷霧的大海裡，摸索著要航向某個地方，這種情況更是壓力的來源。

畢竟，光想到在這種景象中要往前走，就是一個大謎題。往前，是指往哪裡才是前呢？所謂往前，在時間軸來說，只是往後來的時間走，而個案來到診療室時，總是帶著明顯的問題和不安，他們會主張這些問題要先解決，不然他們的人生就走不下去了。面對這種處境，逼得治療師走向簡化式的方向，以為眼前就是一串粽子般，可以直接拉起來，忽略了彼此其實是處在人生茫茫大海裡。治療師依稀知道大海中有一些島嶼，每個島嶼上有著自己的故事，一如個案的人生裡，在不同群體的不同故事。但是，在一串粽子的心情催促下，治療師急切地想要跟個案一起找到那個可以拉起粽子的結，就像某種情結被假設也具有這種功能一樣。

就心理現象來說，當個案在早年創傷的處境裡，為了讓自己可以活下去，勢必需要切割分裂，把有壓力的部份排除在心理感受之外，讓自己不致完全被那些感受淹沒。在這種情況下，心理上是被切割成破碎的孤島，

依精神分析的術語來說，孤島是被「分裂機制」切割，久而久之，這些因分裂而四散的孤島，就難以記憶它們之間是有關聯的。一如佛洛伊德所描述的screen memory般孤立的記憶，好像前不著村後不著店，但這個比喻是如同在平地般或者在山中。對於那些早年創傷的個案來說，由於以行動呈現出來的移情，常是爭戰不休的，更像是在海中掙扎著，渴望尋找一個可以停下來休息的島嶼。然而，找到了某座孤島，又缺乏能力久居在島上，他會在某些人生的挫折下，再度出發去尋找另一個想像中，可以讓他做自己的島嶼。那麼他登上的這些孤島之間，到底有沒有歷史的關係呢？或者只是隨機的遭遇？就像我們問著個案，在工作上、家庭裡、學校裡，他和不同人之間的問題總是很類似，但個案卻很難看清楚這麼明顯的事。

對個案來說，孤島之間看起來，也很像他故事裡的某些重疊的情節，如果這些迷霧中的孤島是有相互關聯，雖然這只是精神分析式工作的假設，但個案並不會因我們這麼主張，他們就馬上相信，原來這些孤島間是有歷史關係。也許如同一般說的，很久很久以前，這些島嶼是相連在一起，只是地層移位讓它們分離了。其實「分裂機制」的出現，就是如地震般，讓複雜矛盾情感得以被隔離。

例如，母親為什麼這樣子？父親為什麼那樣子？這

些可能一輩子都難有答案的疑問，藉由疑問的方式，來讓自己處於懸浮般，如同在海中孤島的狀態，這樣才不會被這些難以共容的複雜情感所吞沒，這是避開早年創傷痛苦經驗，最直接有效的方式，即使後來會出現其它問題，那也是後來的事了。甚至後來出現某些問題，也不必然會被聯想到跟創傷經驗有關，因為當年的經驗已經被「分裂機制」，切割成四散的孤島記憶，它們早就不再相識了，也不再被記得是當年創傷歷史後才四散的記憶。

雖然治療師比較晚出現在個案的人生故事裡，但出於自己的經驗或學習的理論，很容易會覺得自己足可以了解個案，反而忽略了那些失語、失憶和失聯的故事。治療師只能從個案行動所投射出來的移情裡，慢慢的猜測和推想，而不是很快地塞進理論，以為如此就能達到所謂的「了解」。

治療師通常期待著，有個案的故事來符合我們的想像，只想聽到那些跟我們原本預設有關的素材。因此，當我們想要從各孤島之間，找出共通點來連結時，這是屬於歸納法的運作，想要達到我們主張的「了解」。我們聽著個案的複雜故事，和觀察個案的行動時，是如處在一團迷霧，或者如一團雜草叢生的情境，治療師將歸納法視為去蕪存菁般的方式，只是，什麼是蕪，什麼是菁呢？或許治療師和個案的認知會有落差，有可能治療

師的說法比較接近個案的「心理實情」，但是對於治療師所說的，如果個案仍難以想像和接受，就表示治療師對個案的了解是有限的，或者是還不夠了解，然而，治療師可能很難面對眼前發生中的「不了解」，而堅持自己是了解個案的過去史。這種矛盾是不易被治療師察覺的，因為治療師還有一項語言的武器，會主張那是個案的「阻抗」。當治療師浮現個案有「阻抗」這字眼時，並不是讓我們再睜大眼，看看有什麼移情正在發生著，而是讓「阻抗」這字眼把我們的眼睛閉起來。

孤島之間要有橋樑可以相互溝通，雖然有船也可以往來，但是跟有了橋樑之後，在孤島之間所造成的衝擊，是更明顯也更有其它的可能性。如果個案和治療師也如同兩座孤島的情況，雙方所建構起來的治療，也可以說是在兩島之間，建構了一道橋樑做為溝通的基礎。但是要溝通什麼？就內容來說，稍有經驗者早就知道，是不可能單方面給予想法和知識，而是橋樑搭好了，兩方相互交流，通常在交流過程，兩方也會相互影響。精神分析取向者會相信或接受自己受到個案影響嗎？是不可能不受影響，而所謂「了解」，通常也是在受影響之後，再回頭觀察發生了什麼變化，事後再探索，何以會出現這些變化。

不過值得說的是，其中的「旅遊本質」。兩座孤島的人到另一方去旅遊，有時或常常只是走馬看花，但總

會帶來一些感受，除了一般所說的「旅遊的療癒感」外，也在過程裡開拓了一些視野，當然這種經驗的後續效應，不會是馬上出現。一場人生旅遊，在不同島之間，在陌生國度中，找到感動的故事，如同在自己古老的故事裡，有了新的觸動，讓旅程有愉快的記憶。不然何以從古至今，旅遊一直存在於人類生活裡，雖然它不再如百年前，被賦予如同醫療級cure的期待，但是會有療癒感，這是處理人類心理壓力時，無庸置疑的某種方式。

　　不過，「詮釋」畢竟仍是精神分析的重要技術，但如果只靠概念上的歸納法來形成詮釋，就意味著只是在意識層次上提出假設，這樣的過程，乍看是符合科學原則，但值得再提出疑問的是，治療師在形成詮釋的思考過程，果真只有依靠現有證據做出歸納嗎？那麼何以比昂需要再提出「直覺」呢？或者回到實作過程來看，形成詮釋的過程，果真只有歸納法在運作嗎？我是覺得不太符合實情，這是一板一眼式的形成假設。很多創意的想法和說法，是憑空而來的直覺，實情上，是歸納法和直覺交互影響下的結果。

　　以歸納法和直覺做為了解他人的工具，在精神分析史上的發展，值得一提的是比昂的「表格」（Grid）製作，這反映著他在踏進精神分析領域的早年，是覺得需要建構精準的心理座標，來定位分析師和個案在某個工

作時的心理狀態。他想以嚴謹的科學推論，達成對於移情狀態的定位，不過，這不算是成功的嘗試。分析過程的千變萬化，要如他預期的精準定位，是有它的難度，也就是，分析的本質是一團迷霧。

比昂晚年強調「無可確定」和「無可了解」，如同在大海裡的處境，然而航行有羅盤做為指標，但是心理場域卻比這還複雜多變，不只是具有物理的侷限，在心理的想像上，更是處在不受物理侷限的茫茫大海中。這讓一團迷霧，更加幻化萬千，這也是精神分析取向工作的處境。比昂起初如一般的期待，希望藉由很精準的判斷，像一串粽子般抓出位置，但累積更多經驗後，才從經驗中發現，眞正的實情是「無可確定」和「無可了解」。在這種情況下，「直覺」就更需要被強調了。

比昂從生命的孤獨開始談起，也就是有客體的存在下的孤獨能力，這是延伸溫尼科特的重要論點。他談論的客體，主要是指母親的存在是生命早年的客體經驗，後來這種內在客體，就會延伸到相關的其它經驗。理論上，尤其對精神分析來說，要讓它有別於其它的模式，他以龐雜的後設心理學，說明在潛意識裡，不可見和不可觸及的世界裡，可能存在著什麼？

後設心理學有標示這些內容存在的意思，因此在診療室的實作裡，是需要後設心理學的理論，做為觀察的依靠。一如古人替天上的星星取名，並延伸一些故事的

想像，累積成我們目前說的神話，它也是人的故事。至於精神分析的論點，除了在實作過程累積的科學經驗外，也許很多很多年後，有部分的精神分析理論，會變成像希臘神話般的史詩地位。我主張精神分析的後設心理學，是如同天上的星空圖，不全然是地面上的心理地圖。

　　這種星空圖和小說《小王子》，都有著天空中孤獨星球的味道，但有所不同的是，小王子是帶著孤單式的快樂，或者快樂式的孤單，而精神分析的星空圖，卻是創傷落寞的孤單。不過，人生不可能只有成功的激昂，而沒有失敗的美學，精神分析的後設心理學，可以說是在人的失敗裡，盡力尋找語彙的失敗美學，是從人生下來經歷種種創傷後的失敗感，所建構起來的心理學；因此才有佛洛伊德所說的，「從潛意識的悲慘，走到意識的不快樂。」也許就停在這裡，畢竟能夠走到這裡，就是很大的人性工程改造了。

　　還有另一個說法值得再觀察。我引進目前網路上的常用語言：「同溫層」的概念來說；當我們面對人性既幽微又複雜的情境時，如同觀察著精神分析的星空圖，意味著我們是在網路流行語「同溫層」裡頭，如果我們也以相同的一批術語，來和個案的某些部份溝通，這也會像是網路的同溫層效用，會因此忽略了其它人生的有趣面，而這就端看我們對於「自由飄浮的注意力」（或「懸浮飄浮的注意力」）的實踐有多徹底了。如果愈徹

底，意味著愈自由、愈寬廣，就愈不會完全被同溫層的概念和技藝所侷限。

就精神分析的星空圖進一步想像——希臘人看過星空，將原本孤獨的星球，想像成不同的星座，不同的名稱，不再只是單一星星的命名，而是星星群體的分類。一如我們常見，談及天空星座圖時，例如半人馬星座，我們會自然的接受，這幾顆星星之間有一條線，把它們連起來，而構成半人馬的模樣。重要的是，何以這些連線可以輕易的被接受，構成了半人馬故事的起點？

我們可以用溫尼科特描述的，嬰兒和母親關係的連結，來體會內心世界裡，某些如孤獨星球的不同記憶之間，是如何地被某個故事所串連起來。也許我們好奇，到底是有了故事才串連起來，或者是有了難以言喻的連結，然後才浮現出它的樣貌，進而產生了故事？這也可以用來思考和體會，比昂所描繪的連結（linking）的概念；也許星座的概念會成形，是有著人性的必然性，而要有連結，如同客體關係理論宣稱的，除了佛洛伊德認定的「性」和「死亡」做為本能外，尋求客體關係也是本能之一。

客體相互連結的必要性，帶來生命的飽足，但是如果忽略了這些連結本身的虛幻（illusion）本質，就難以體會原本從虛幻裡建起來的情境，如同溫尼科特描述的嬰兒和母親關係裡的母親，也是這種既虛幻又真實的角

色。我們在希臘神話之後，對於星座的命名，也有著虛幻和真實交雜的體會，雖然我們可能會覺得，母嬰之間或者我們在群體裡和他人的連結，是有某些具體的情感或理念的基礎。

對於這種「一團迷霧」的比喻，我再以夢來對比聯想。如果比喻「人生是一場夢」的話，除了意味著人生的虛幻本質之外，也是一團迷霧的寫照。夜夢的特色就是，無法只由記得的顯夢內容，直接了解夢的本意，也可以說，探索夢就如同在一團迷霧裡，摸索佛洛伊德說的「分析夢是走向潛意識的皇家大道」。夢是需要分析來解讀它的多元樣貌，它的存在讓人接續白天和晚上，也是人類防衛的古老建構之一。夢的存在讓我們知道，那裡有著古蹟，或者夢就像是花朵，被嬰孩的欲望驅動著，抓取材料來表現自己，而夢是開出來的花。不過，不論是何種想像，都是從一團迷霧出發。

至於如何在這個比喻下，來區分精神分析取向的作法和催眠術呢？首先，是否有不同層次的精神分析？如果把有精神分析術語的心理地圖，當作是在地表的地圖般，可以親身走到那裡，這又可以分兩種層次，一是要直接闖過去，抵達那個地方，這是接近催眠式的暗示。另一種是放慢步調，並且在過程裡，治療師如「自由飄浮的注意力」般，讓不同的故事闖進來，好像走到岔路上漫遊，這是接近精神分析取向。第三種層次是，把術

語的心理地圖當成天空的星星，以星星做為引路，這是最接近分析態度的精神分析取向的作法。

有人主張，以「是否有治療的目標」來區分精神分析和精神分析取向心理治療，這意味著精神分析是強調儘管分析，而不管某些特定目標。不過，這種說法仍有潛在的難題，如果儘管分析是限定在精神分析現有術語所決定的領域，這領域被想像是在地表上，是人可以抵達的地帶，那麼仍是接近催眠術，而不必然是接近精神分析。我以天上星空圖和地表地圖的比喻做為區分，是更好的分野，而且在實作時，是可以更具體去辨別技術和態度上的差異。我認為精神分析在實作上，雖然宣稱只是分析，但這是很不易做到的境界，大致還是會有某些暗示的態度在實作的過程裡。

如果一端是催眠術，另一端是純粹的精神分析，我是覺得大部份的實作，是處於兩端點之間的某個位置，會依個案的狀態，做必要的調整。如果靠近催眠這端，是較接近佛洛伊德所說的「分析的金和暗示的銅」的分析式治療，而愈靠近精神分析這端，則是接近想像中純粹的精神分析。雖然在實作上，是否有純粹的精神分析，是值得疑問的命題。

結語:

　　在診療室裡,治療師和個案之間的工作,是走在地面,自然得注意是否有高低落差,是否有石頭或尖銳物阻擋在路上?因此大部份時間,可說是低頭看著路,也可以說就是在此時此地的工作模式,一路上有個案口說的故事,也有潛在傳達的移情,這些移情可能很平順或者也可能很銳利,或像一場生命的戰爭,讓治療師一直在警戒狀態。

　　天上的星空圖,仍是精神分析重要的參考對象,當我們在地面慢慢前進時,可以偶爾停下來,抬頭看著星星,這是最接近精神分析取向臨床實作經驗的比喻。

記憶和夢境，
是失落的起死回生嗎？

石黑一雄的小說《無可撫慰》側記

風雨之後

故事厚成夏天的標本

配著殘缺的落羽松

虛擬流浪的幸福

沿著嘴角

薄弱臉紅的心聲

笑說

受苦是疲累的一陣風

有秋天

高雄2019年精神分析讀書會

日期：2019.09.28

講師：蔡榮裕

主題：記憶和夢境，是失落的起死回生嗎？

文本：1.小說《無可撫慰》，石黑一雄，新雨出版社

2.〈Anxiety, pain and mourning〉出於Freud S.

(1926) Inhibitions, Symptoms and Anxiety.附錄三

　　我先談一些關於精神分析在思索「運用」的課題時的背景和想法。

　　做為精神分析取向的專業職人，每次談文學藝術創作時，總想著要如何思考、如何書寫，才會符合精神分析取向這行業的職人角色，雖然也會浮現：「是否這樣反而是種拘泥？」「是否有更自由的方式來談這些值得談論的創作？」的想法。我甚至不太說這是精神分析式的評論了，畢竟精神分析的存在是明顯的事實，並不需要再藉由評論來彰顯自己的存在，而是就以日常的精神分析和日常的其它創作，做著日常的對話，但這是什麼呢？我一直問著這個命題，有時，甚至覺得自己也不是真要有最後的答案。

　　精神分析的很多術語，早就是我們日常語言的一部份，如潛意識、夢的解析、伊底帕斯情結、超我等。精神分析也不需如同百年前，佛洛伊德的年代，需要和催

眠以及其它治療模式，如度假、水療、按摩和電療等競
爭。目前精神分析的主體性，已經無庸置疑了！精神分
析在台灣的發展已經落地生根，就等待時間讓它更開枝
散葉。

接下來值得思索的是，精神分析如何和其它學門，
如藝術、文學、電影、戲劇、音樂等保有互動，並讓彼
此有相互豐富的機會和成果。雖然佛洛伊德宣稱，由於
精神分析探索的真相是傷及人的自戀本性，使得精神分
析和社會之間，存有宿命般的衝突而無法被全心接納。
也許這需要自問一些本質性的東西，精神分析是因人而
存在，人是主人，而精神分析是什麼呢？

當精神分析宣稱自體性時，意味著它要當主人，自
己就是主人了。那麼，人呢？接下來我們專業職人是為
了精神分析而精神分析，或者為了人而精神分析呢？我
還沒有最後的答案。我只想把這個提問當作是值得探索
的題材，尤其精神分析在台灣已站穩腳步，這個命題會
影響我們的診療室內和外——我們的發言是為了精神分
析，或者是為了人呢？

例如診療室外的人，有多少自由和民主是必要的？
或者只是一種陪襯呢？對於診療室外的事件，精神分析
要給予多少注意力和說出多少話？我還沒有找到具體的
答案。

接下來我回到主題，或者說不是回到，而是我剛剛

在迷霧裡……現在走進另一團迷霧，它以文學小說的型式，展現人做為人，在面臨失落後，「失落」如何成為主體，變成了主人和原本的主人開始競爭？人做為人，可能有哪些樣貌？原本的主人能夠撫慰那個從影子變成主人的「失落」嗎？如果無所撫慰，那麼人會給自己什麼出路呢？或者只能在故事裡，重新經歷曾有的失落，然後給自己時間，等待，但是等待什麼呢？創意，在這裡有多少空間呢？我們來看石黑一雄，他如何貢獻這些人生必要的疑問。

我嘗試做的是，事後探索其中是否有什麼可以幫助我們，看見人類心理的豐富性，而不是以精神分析術語來鎖住他。也可以反向來說，如果出生在日本的石黑一雄，對日本的認同和失落的經驗不是如此干擾，何以他需要以目前的這種方式來反應呢？雖然這是事後的解讀，並無法完全說明他就一定是這樣子。

假設在深度心理學裡，石黑一雄仍持續處理著當年失落的課題，他的方式是目前的這些做法，那麼我的思考是，我們如何從他的方式和成就裡，找出可以幫助我們說明精神分析術語的內容？甚至有什麼可以補充我們的論點，充當我們的眼光，照亮曾經盲目之處。雖然暗黑的地方，可能因有光而更暗。

《無可撫慰》裡，歐洲某小城因逐漸沒落，居民失去了自己的地方，世界不再認識他們了。在注定失落的

抑鬱情境下，居民想要恢復舊有的榮光，他們主張只要有出色的藝術家來教化氣質，這個小城就能和其它歐洲大城相拼比。但是，人們為了活著並繼續活下去，會出現什麼瘋狂的舉止呢？擔心自己會不見了的焦慮，以及因失落而無法如預期的滿足，帶來的不滿，會讓人多麼不可思議呢？這些深沈的失落，這些擔心自己會不見了的感受，能夠被撫慰嗎？從精神分析的角度來看，我們能說什麼嗎？我們能夠提供什麼心情和想法嗎？

　　文學家郭強生這麼說：「如此看來，石黑一雄之前的作品如《群山淡景》、《浮世畫家》與《長日將盡》都已觸及的記憶與身份這個議題，在這部《無可撫慰》中不但更無畏直視，甚至也嘗試用一種超越地域文化的觀點，探問記憶所帶來的遺憾、愧疚、失落這些不可說之重，是否有化解的可能？」

　　「在出版二十多年後重讀《無可撫慰》，讓我更能了解諾貝爾評審團給予石黑一雄的得獎讚詞：『在這些充滿巨大情感力度的小說中，他揭露了隱藏在我們自以為是的安身立命之道背後，那個無底深淵。』」

　　我的論點是，何以石黑一雄繞了一圈後，寫出《無可撫慰》呢？

　　我想要讓這篇小說的想像，放在他對於褪去日本人認同過程的心理。他成功地做為小說家，但是有些失落是無可撫慰的。先前的其它小說，不論是以日本為基礎，

或者刻意遠離日本的題材，這種親近和刻意遠離，都是圍著「日本」這個奇怪的心理世界。

以他先前努力書寫的小說來類比《無可撫慰》裡，那些慌亂的村民們，要建構自己的新認同過程所採用的手段，會是有趣的發現：都是透過藝術創造的方式。這是面對失落空洞後，產生焦慮所採取的手段；他以文明的昇華處理內心的波濤，但是文明也有侷限，也會帶來其它的不滿。而《無可撫慰》的故事是述說著，那些昇華失敗的不滿。也許這多少反映著，石黑一雄在小說創作和閱讀市場成功的文明後，仍餘存童年至今的不滿，那些不滿一直是他創作的泉源。

我好奇著，何以一個名叫Kazuo，明顯是日本人名字的人，一心一意想要忘記自己是日本人呢？根據作者簡介：「石黑一雄(Kazuo Ishiguro)，日裔英籍小說家。一九五四年十一月八日生於日本長崎市，一九六○年，父親赴英國國家海洋學院從事研究，舉家遷居英國。」雖然移民英國就是當英國人，是不會太難了解的事，但不是說他要成為真正的英國人是不應該的，也不是背棄自己的血緣，而是五歲前記憶模糊的自己，和想做英國人的自己，如何看待先前的五年呢？

依我的主張，面對失落而來的抑鬱，是如同無底深淵，而焦慮和不安卻是某種臨時需要的防衛方式，也是一種方便的方法，暫時可以安身立命。如同《無可撫慰》

裡，村民們不安地尋找方法，在對未來的焦慮和對過去迷離的回憶裡，想要彰顯自己，以免自己不見了。但這些方便法門，是要有代價的，那麼，有誰能看見未來的代價呢？

小說家是以預見未來的方式，彷彿預示著不讓自己走相同的路，談論著過去，但是小說主角卻總在某個預料之外的場合，好像見到了以前的自己。小說裡的過去和創作者的過去，有什麼關係嗎？我是指「相關」的關係，而不是前因後果的關係。

石黑　雄有著顯明的日本名字，卻想要抹掉某些記憶，讓自己做個英國人，光是這點就是一個重大的潛在心埋工程。它可能靜靜地起著人生的波瀾，或者以驚滔駭浪的方式引起人生的曲折。這讓我聯想到自己在《我，離自己有多遠呢？》（無境文化，2018）描繪的，有人多了一根陽具而想要變性的心裡受苦；石黑一雄在有了多餘的名字後，會失去什麼？

尤其是在那麼小的年紀，有著日本人的名字，跟他的父親在年紀大了，有成就了之後才移民英國，會有不同的心理反應吧？因此移民後，最初是如何想像自己？獲得什麼，同時失去了什麼？這不是長大後說，既然到了英國就要融進英國，強調自己的身份認同，這種意識層次符合政治正確的說法可以解釋的。

我更好奇的是，潛意識會如何想像這種經驗？畢竟

潛意識的想像，對精神分析來說更是重點。雖然可以從意識上，由當事者宣稱的，要成為英國人，但是「成為」（becoming）的過程，對我們來說是不可能不涉及潛意識的幻想。這是精神分析會主動加進來，啓動潛意識幻想的必然存在。

如何做，會是背叛五歲前的自己呢？後來的小說論及的記憶，乍看是要離開「日本」的主題，讓自己成為英國人，是否這些他想要背叛的記憶，卻是他最重要的動力呢？或者是五歲後的頭幾年，極力在遺忘自己的過程裡所交纏殘留下來的動力？他描繪，那幾年裡內心深處無言的掙扎，在往後卻需要千言萬語，來對自己有所交待。畢竟，那五年不曾消失過，只是以扭曲複雜的方式存在，就隱藏在幾部小說曲折的記憶故事裡。也就是，一位小男孩如何克服他的失落經驗，以及克服的過程遺留下來的痕跡。他在創作過程裡，七本小說仍不足以有詳細的脈絡來說明。不過，我是發現有個隱隱浮現的跡象，可以嘗試說明他在小說書寫的傾向裡，所隱含的那些記憶不甘消失的痕跡。

「我的記憶可能隨時間而模糊了，也許事實並非完全如我現在記得的樣子。可是我非常清楚的記得我們站在漸深的黑暗中，望著河邊那一團東西時，那種像被奇異的魔咒鎮住的感覺。」　　——《群山淡景》，頁43

「記憶往往是不甚可靠的。回想往往把過去染上不同的色彩。我現在敘述的事自然也不例外。」

——《群山淡景》，頁170

　　他看向記憶裡漸深的黑暗後，後續的小說也常是以「記憶」做為焦點，彷彿是不同的變型版本。這種說法不是意圖貶抑他以「日本情」做為吸引讀者的手段，我只是試著指出，潛意識裡可能會有的想法，一如精神分析的自由聯想，包括後來個案能自由地替自己的過去、目前和未來，有不同版本的述說——雖然是相同基底的人生事件。

　　以「我不要那樣」或「我不是那樣」的方式來記憶過去，有諸多用這樣的態度成功創作的事例，石黑一雄的小說也是成功的一例。這可能源自於更早年的某些幸福，雖然五歲時的移民帶來失落，而失落和幸福兩者的組成，是構成能夠順利昇華的重要基礎。不過，這是從他的成功來回頭描述，不必然能夠說明診療室裡失敗的案例。

　　畢竟，以「我不要重複以前」做為基礎的創作和「尋找自己」的方式，是一種「錯覺」（illusion）。因為以「不要那樣」的方式記憶的過去，不會放棄它伸張自己的動機，就像有人以離開故鄉做為出頭天的唯一方式後，「故鄉」是什麼？是一個以不要留下的記憶，做為故鄉

的記憶，那麼，人們會如何再創造心裡歸屬的所在呢？或者如《無可撫慰》裡呈現的，是在無法拒絕甚至不拒絕的記憶扭曲和置換裡，讓自己再次經歷了自己「不要的故鄉」的鄉愁。

「鄉愁」在離開故鄉做為唯一出頭天的方向，那麼，回到何處才是故鄉呢？那個「不要留下來的故鄉」會是什麼模樣呢？或者就是如石黑一雄小說的題材變化，那個故鄉很模糊，不是日本，是沒有名字的中歐小鎮。由於沒有名字，且不是日本的中歐，讓那個不要留下來的故鄉，可以放進這個故事的脈絡裡。

或許石黑一雄覺得大家看到他的日本名字，會期待他可以多寫一些和日本相關的故事，如同《無可撫慰》裡被莫名期待的音樂家。石黑一雄後來返回日本時的心情，就是故鄉嗎？如果沒有故鄉，是可能的嗎？「日本」以當年他父母的日常和態度來展現，這是他記憶中的日本文化，也是來自父母「超我」的傳承。

台灣中譯本的介紹，強調：「他以『國際主義作家』自居，由於移民作家的特殊身分，並與另兩位印度裔小說家維迪亞德哈爾‧奈波爾（V. S. Naipaul）、薩魯曼‧魯西迪（Salman Rushdie）稱『英國文壇移民三雄』。」後來石黑一雄的小說題材和美學技藝，乍看是要刻意的和日本脫離，他不要以日本的異國情懷做為背景，這是意識上的叛逆。但是我們做為精神分析取向者的任務，

就是在意識的素材和故事裡，尋找出潛意識的脈絡。意識層次是依「現實原則」，衡量出利弊得失做出決定，但是日常可見的是，算出了利弊得失後，可以著手的方式仍是多元的，甚至是走向和意識相反的方向。例如，有人選擇易行多人走的路，有人選擇難行孤獨的路，這也顯現在科學的研究過程裡，因此，仍是有一股不完全用「現實原則」來計算後的決定。佛洛伊德在《關於心智功能的兩種原則》（Formulations on the Two Principles of Mental Functioning, 1911）揭示另一種常見卻難以被自覺的「享樂原則」，但這並不是字面上的意思，不是做了某行動會是享樂，而是指做了某種決定來趨吉避凶，或者是在原本的受苦裡，找一條最經濟比較不受苦的路。

　　從外顯現象來說，石黑一雄在意識上，選擇了不在成功模式裡，依循模式來重複成功，而是以新的主題和技法，挑戰先前的成就。在這個過程裡，意識上建構了自己是和日本漸遠的認同，這是他對自己的期待和想像。如果我們很輕易就相信這種外顯的說法和現象，就表示精神分析要探索未知的領域是有問題的。也就是，我們在意識上要如同石黑一雄那般，勇敢的假設，一定還有其它未知的領域，在影響著人的日常生活和創作。我們要毫不客氣的假設，當年移民的適應過程裡，在他心裡留下的痕跡是值得探索的。我的提議，不是從他個人的生活史著手，而是從他創造的產物，來探索當年的失落。

如同考古學的發現，我們需要以保持古蹟和古蹟再造的態度，來思索如何平衡兩者對於古蹟的發掘，這種態度接近我說的：分析的態度和等待的態度。

我好奇的是，從五歲小孩當年移民的經驗來思考的話，是否會以「我是日本人移民到英國後的適應」這種概念，來經驗當時的處境？以這個年紀來推想，所謂「日本文化」的概念，大致是依循著父母的態度，以及生活細節裡體現了什麼樣的文化來記憶吧？因此移民英國後最大的改變是，現實環境的改變以及朋友圈的剝奪，不太會是意識上「文化」概念的失落。但是這個過程的失落，的確可能引發認同「自己是誰」的課題。日本文化和英國文化，在概念上的差異所帶來的認同，可能是長大後較會反思的課題。

《無可撫慰》裡的音樂家所遭遇的記憶和被期待的事件，可以對比於石黑一雄在專注寫小說前，一度著迷搖滾樂的過程。那個年代的搖滾樂，就是有著「要做自己」、「要唱自己的歌」的時代想法，和在小說裡，音樂家跟他自己年輕時代的認同掙扎，有著某種共鳴之感。我想要再說明的是，我們需要區分，在內心深處覺得自己是怎樣的人，和長大後，尤其是青少年後，在意識上認同掙扎的現象，這兩者有什麼不同？

一個人內心深處從小存在的認同課題，常是深藏的潛意識型式，如同佛洛伊德在《記憶、重複與修通》

（Remembering, Repeating and Working-Through, 1914）談論分析的技術時提到的，真正的記憶不是在個案說出來的故事裡，而是在他們做出來的事情裡。也就是說，潛意識的真正記憶，是潛伏在整體做出來的事裡，並非是單一事件，而是整體的系列作為。因此，對於精神分析的實作來說，並非只是依著說出來的故事來做結論，而是需要觀察系列作為，尤其是在診療室裡，如何和治療師互動過程的細節（也可以說是「移情」），是做為推論早年記憶的基礎。回到石黑一雄的小說，雖然我把題目定為：「無可撫慰」，但我是要突顯這個主題的背景裡，處理人在失落後的空洞，會採取什麼行動，讓自己維持著基本的自尊，並可以持續走下去。

這本小說剛好是石黑一雄在認同課題上的體現，有著展現他內心深處裡，仍持續想要替自己說話的失落的苦。透過這本小說的型式，和內容裡記憶、欲望的交纏建構出來的故事，是貼近前述「行動」的說法。小說《無可撫慰》做為行動的一環，具體呈現了幼年時代的內心掙扎。不過不要誤以為，我只是要說出一般的答案，說人從小長大，「目前的行為勢必受到小時候影響」的這種簡單的說法。

我是要說明，我們透過小說的閱讀，在這些記憶和欲望裡穿梭來回，這樣的經驗才更是重點。如果在二十世紀六零年代的用語會是，石黑一雄想傳遞存在的「荒

謬性」。就小說的美學技藝來說，我傾向認為，除了意識上的規劃外，也傳達了潛意識世界裡，藉由音樂家的角色，抒發了他曾有的失落的複雜反應。的確可以用「失落」這個字眼涵蓋很多的評論，畢竟人生怎可能沒有失落的經驗呢？只是哪些失落會讓人重複地表達它的存在呢？我想到《Negation》（1925）裡，個案對著佛洛伊德說，夢中的女人不是我媽媽。以這個事例來對比石黑一雄在小說題材的選擇上，刻意和日本無關，好像說著小說情景「不是日本」，但如此卻更可能顯現他內心世界裡，仍不斷地糾纏著認同課題。不過這種推論可能毫無意義，因為重點不在於人是否會有這種認同課題，畢竟這是做為人必然會出現的課題。

　　但是，石黑一雄意識和潛意識地展現了人在面對失落和認同課題時，能夠藉由小說技藝抵達的某種境界，雖然在《無可撫慰》中譯本的說明裡，強調「論者以為石黑一雄是亞裔作家中，少數不以移民背景或文化差異做為主要創作題材的作者，『移民身分』正是石黑一雄作品最隱晦且不被置諸題旨的『反高潮』，其作品不刻意操作亞裔的族群認同，往往關懷普遍的人情、感性經驗與個體的孤獨景況，深沉的特質使他被英國《衛報》評論為『最近乎卡夫卡小說世界』的當代作家。」

　　文學史裡有段很重要的時期，是受佛洛伊德精神分析的創見所激發的「意識流」的創作技巧，例如小說家

史蒂芬‧茨威格在《一個女人的二十四小時》和小說家吳爾夫在《燈塔行》，展現的美學方式。這種美學手法是起源於，類比佛洛伊德對於潛意識沒有時間和沒有現實邏輯的描繪，加上精神分析診療室裡的技藝，強調「自由聯想」而衍生出來的小說創作技藝，其具有平行移置的蛻變或轉形（比昂所說的transformation）的意味。

目前這些「意識流」的手法不再是主流，但已是小說書寫的日常，仔細探索書寫小說時，就算是宣稱「寫實主義」，也很難說沒有這種「意識流」的摻入，包括馬奎斯在《迷宮中的將軍》和《百年孤寂》的魔幻寫實。以《無可撫慰》來說，處理記憶的曲曲折折的方式，是帶有潛意識裡的缺乏時間感。但就診療室的經驗來說，個案說故事的方式仍是有所不同。

我假設，說故事只是像個代理者出場，表達內心深處某些無法藉由五官而感知的世界，如同比昂說的，人在白天的dreaming，述說自己的故事時，意味著這些故事也都是如夜夢般，具有不自覺的「濃縮」和「取代」的夢工作所綜合而形成。每個故事都需要後續的分析，才能逐漸了解真正想要表達的內容。

不過，如果要完全用這種方式來書寫小說，會更困難閱讀和消化，不然就不需要有精神分析取向這項專業存在了。在《無可撫慰》裡，石黑一雄對於記憶的美學處理手法，自然是有所謂小說的技藝，但什麼是小說的

技藝仍有很大的表述空間。一如談論精神分析取向的技術課題般，就算採取意識流加上魔幻寫實，仍不等同於診療室裡，精神分析取向專業職人的工作方式：「自由聯想」和「自由飄浮的注意力」。在診療室的工作，是以個案對治療師的移情為焦點，這跟只是閱讀的經驗仍是有落差的。

再從另一個角度看石黑一雄的作品。我們已知精神分析取向是以「潛意識」為焦點，換另一種說法可以是「在生命早年的想像是什麼」，這是重要的內在動機的發動者。但人會長大，後來的想法和記憶，也會如佛洛伊德在《A Note upon the "Mystic Writing-Pad"》（1925）裡指出來的，記憶的殘跡如何層層堆疊。因此從臨床經驗來看，相對於早年的「意識流」小說，如《燈塔行》，是較接近一般想像中的「自由聯想」的作法。

小說裡的「意識流」是具有作者期待的，不是意識邏輯和現實原則的故事情節，而石黑一雄的《無可撫慰》裡，時間和記憶及想像的交纏，似乎更接近臨床經驗裡，個案對記憶和故事的建構。雖然就小說的技藝來說，仍是需要剪裁和意識上需要有可讀性的預想，而讓小說的書寫無法如同個案在診療室裡，對於現在、未來和過去的述說方式。加上治療師介入移情的詮釋後，帶來的後續影響，交織進個案對自己的描述裡，如同佛洛伊德多年後的疑問——探究夢在臨床運用上，分析師是否會影響

個案的夢的形成？佛洛伊德謹慎的說法大致是，無法證明分析師不會影響個案後來的夢。這種情形是臨床實境，和小說在作者一人的想像裡推衍，是有所不同。

當年，石黑一雄以日本爲背景，寫下了第一本出版的小說《群山淡景》後，曾在訪問中表達，他成長過程中的焦慮：「我一直擔心，不知道什麼時候我又得回去日本生活，所以我總是在兩個文化之間惶惶不安。」回到以前，不是大家常會想像的嗎？何以他在這個年紀，會回想自己五歲剛到英國後的不安呢？這是什麼樣的不安呢？

處在不同的文化之間，他是如何感受到這些文化的差異呢？是因爲周遭變得陌生，他在處理「陌生」的困難或是處理眼前如何適應嗎？也許這是兩者同時並進的問題，而「陌生」意味著原本熟悉的消失了，但是父母仍在身旁，也讓這重大失落感，不致於大到完全淹沒他。不過，我在這篇文章討論的重點，是在「失落」這因子相關影響的思索，而不是推想他的創作何以能夠具有說服人的效果。雖然這兩個命題很難完全分開來想。

回到他後來說的話裡，「在兩個文化之間」是什麼呢？表面上是日本文化和英國文化，我相信這會是一直存在的課題。後來的經驗會一直堆疊在五歲移民英國時的經驗上，如果從他的口述去推想，這是了解這命題的一種管道，而回到他的作品來看，是否他的作品的累積

就是一道軌跡，可以部份地告訴我們，他是如何以後來的創作，堆疊在先前的作品上？就像是精神分析的重要術語，deferred reaction或après-coup要表達的，事後的種種經驗，也一直影響著我們對於先前經驗的重新解讀。假設這是終生都是「現在進行式」的心理過程，不是簡化地說：「以前的經驗會影響後來的經驗」，而是後來的經驗會不斷地修改先前經驗的解讀方式。臨床上看見的是，固著地以從前經驗套在後來的經驗上，以及後來重新解讀先前經驗，這兩者是同時存在的，而且不斷地處於競爭的狀態。

我假設，石黑一雄的失落創傷，在表象上是一直要擺脫「只依靠日本的記憶」做為賣點，避免一般人對於移民作家的想像投射，讓他覺得好像自己是被逼迫去寫，去演別人編派給他的角色。在《無可撫慰》裡，他就呈現了音樂家，對於被陷進種種回憶和被編派角色，卻完全無法作主回應那些來自他人需求的無奈。也許這才是人性的實情，而他以小說的美學型式，將其中的情感和情緒的品質以故事映照出來。

佛洛伊德在《論驚悚》（The Uncanny, 1919）的開頭表示，美學被精神分析家們忽略。他認為情感的品質就是美學的重要課題，但是面對那些驚悚，彷彿熟悉的感受，這是蘊涵著相當豐富的素材，以片斷扭曲的記憶型式，讓人如同處在夢中，也讓比昂推衍出：「人隨時

在做夢當中」（dreaming），需靠著各種有意無意的連結（linking）過著日常生活。

這些經驗的描繪，是我在閱讀《無可撫慰》的過程裡，深深感受到石黑一雄早年的失落經驗，暫名為「日本經驗」，重複消化和連結的成果；從因失落創傷而離散想法，到有所連結後，再被消化（digesting）成可以被認識的內容。這個過程是某種消化過程，如同一般我們遭遇某些事，有些複雜，我們可能會說，「讓我消化一下這些想法」的意思。不過，這裡所說的dreaming、linking、digesting，都是依著比昂的論點，它們都是潛意識裡運作的心理機制。

小說的成果是被說出來的故事，就小說而言，自然也加進了小說的技藝。依我的想法，石黑一雄就算後來在意識上，刻意採取不同於日本國度和民情的內容，來當作小說的題材，但是就心理過程來說，仍是不自覺地重複在dreaming、linking、digesting，這些五歲前的「日本經驗」——這些以文化和日常生活的方式存在，呈現在當年父母傳遞出來的一舉一動裡。佛洛伊德會說，這是以父母做為「超我」的文化傳承者。

這些說法並不會減低《無可撫慰》做為小說的文化價值，但是也無法阻擋我們推想和猜測其中的深度心理學。佛洛伊德當年就操練過這種技藝，他以達文西為例，藉由「記憶屏幕」（memory screen）的零散記憶，加上

其它資料，建構了達文西和母親的早年關係，以及這種關係，如何影響達文西和他的學徒之間的客體選擇和關係模式。

不過本文所探討的並不一樣，我是藉由晚近的精神分析者的論點，加上自己的診療室經驗，想從石黑一雄的個人部份經驗的說法，和他已出版的小說，來建構某種可能性——人的「失落」是如何存在，並藉由各種不同的形象，如不同的小說題材來展現自己？我要說的是，「失落」做爲主角來展現自己的方式，如佛洛伊德的原本論點是「夢做了我」，而這些是「小說做了石黑一雄」，一如我也主張《夢的解析》是佛洛伊德的最佳自傳，遠比後來瓊斯幫佛洛伊德所寫的「佛洛伊德傳記」還精彩。

我們可以推論，任何一位小說家的系列小說，都可以說是他的自傳，後來是「小說做了他們」。以《無可撫慰》爲例，這個腳本有明顯的Negation的現象，如前面說過的，石黑一雄有個日本名字，不曾改過名字，其他人一聽就知道他是日本人的後代。另外如石黑一雄說的，在學生時代的書寫，只要他寫和日本有關的題材，就會引起同學的欣賞，就算後來意識上刻意要成爲國際作家，他也不要以日本移民的認同，做爲被他人看見的身份。

如果只停留在他的心理背景，「仍是日本人」這句

話的意義並不大，而是以「不是日本人」或「不要是日本人」展現的失落背景，成為他創作的基礎和刺激。他是如何藉由小說技藝，來豐富那種失落經驗？我要強調，雖然他後來刻意不寫日本的題材，仍是豐富了一路可能存在，且會繼續存在的「日本人」的意象，只是以「no日本人」（不是日本人）的方式存在著。畢竟，他仍一直是以「石黑一雄」，這個明顯可知是屬於日本人的名字存在於英國。

　　當「日本人」是以比昂所說的no的方式存在時，這種no並不表示它就不存在，或者說這種no如果被經驗為攻擊或排斥時，人們是如何地在創意裡，讓自己有空間來迎接這種攻擊，並讓攻擊轉化成某種美學經驗？這種經驗和早年經驗相連結，也豐富了後來的人生；做為精神分析取向者，沒必要強逼當事者接受其它想像。但這無損於我們嘗試猜想和建構前述內在心理的可能性，並藉此豐富我們對於潛意識世界的猜測和建構。

悲劇誕生的變奏曲

下雨天
沒什麼事
看著窗外暗藏春色
一定是冬天的錯
野鴿子說的

如果「荒涼」是人的一種影子，當影子開始當家作主後，「荒涼」成爲某種主體，開始它自己的人生；人走在「荒涼」裡，也讓「荒涼」冷冷地看著人生。

如果心智的苦痛（psychic pain），果眞如精神分析家比昂（Bion）標示的，它是無可了解（unknown）和無可確定（uncertainty），也如小說家石黑一雄開展的無可撫慰（unconsoled），那麼，內心戲的舞台上，這三個「un-」會如何展現態度呢？

1. 症狀

孤單的大門，早就打開了。

只等他穿好鞋子，再穿好體面的外套，就可以帶著荒涼出門了。也許去超級市場，也許去公園，也許去熱鬧的夜市。

佛洛伊德喜歡到公園散步，愛因斯坦的嗜好是逛超級市場，找好吃的東西。他們都很孤單，但很少有機會碰面。

有一天，佛洛伊德西裝筆挺，他帶著出門常用的柺杖，超我沙牧與原我卡伊阿日，則各自走在兩邊，抱著好奇散步到夜市，想要嘗試小吃的魅力。原我卡伊阿日對每個攤位都很有興趣，卻又容易弄壞攤販的東西，這讓超我沙牧很受不了，在旁邊一直批評原我卡伊阿日的

魯莽。

　　愛因斯坦正巧單獨在鵝肉攤，喝著紅露酒，他偶然看見了佛洛伊德，覺得跟相片中的人很像，因而就開口叫了：「佛洛伊德」。兩人相見恨晚，愛因斯坦並未起身相迎，只是指了指旁邊的空椅，要佛洛伊德也坐下。

　　佛洛伊德還未坐下，即聽到攤位有張桌椅被撞翻的聲響。佛洛伊德轉身，看見原我卡伊阿口也跌坐在一旁。超我沙牧就站在旁邊，怒氣沖沖，責怪原我卡伊阿日的莽撞，不聽他的勸解。

　　「唉，這件事是難以避免啊！」

　　老板還跟原我卡伊阿日說對不起，然後趕緊整理好桌椅。他們都坐定後，愛因斯坦叫老板另拿三個酒杯。四人一起喝紅露酒，配上鵝肉。

　　「為什麼人類會發生戰爭呢？」愛因斯坦問佛洛伊德。

　　剛好有一對年輕姐妹，沿路唱著〈愛拼才會贏〉，佛洛伊德聽得入神，覺得很好聽，就問老板，歌詞是什麼。老板解釋後，佛洛伊德卻眉頭深鎖，他開始思考愛因斯坦的問題。

　　超我沙牧先開口，要幫佛洛伊德回答，卻被鵝肉噎到了，原我卡伊阿日很快替超我沙牧罵出三字經。超我沙牧顯得更不好意思，趕緊喝下一口紅露酒，也將鵝肉吞下肚。超我沙牧漲紅臉，先責怪原我卡伊阿日怎麼又

口出三字經，原我卡伊阿日喝一口酒，不想理會超我沙牧。

佛洛伊德一手拿著酒杯，還在思索，為什麼會有戰爭的課題。

「就因為人總是為所欲為，缺乏監督的機制，才會惹事生非。」超我沙牧代替佛洛伊德回答。

「真正的問題在於，為什麼不能有戰爭？你可以說個理由嗎？為什麼不可有戰爭，那是家常便飯，有什麼好大驚小怪。」原我卡伊阿日馬上搭腔說。

「什麼大驚小怪，就是有你這種人，才會無事生風，有事無事都亂搞一通。」超我沙牧爭辯說。

姐妹花改唱〈黃昏的故鄉〉，才唱了第一句：「叫著我，叫著我，黃昏的故鄉不時地叫我」。

原我卡伊阿日怒目相向：「不要吵了啊，黃昏怎麼會叫你，故鄉怎麼會叫你呢！」

姐妹花不理會原我卡伊阿日，仍持續唱著：「叫我這個苦命的身軀，流浪的人無厝的渡鳥，孤單若來到異鄉，不時也會念家鄉。」

「什麼無事生風，明明就是有這麼多問題，你才亂搞一通。如果你再這麼說，就要掀桌子了。」原我卡伊阿日以快速重疊的聲音，說著。

佛洛伊德和愛因斯坦各自喝著酒，不理會這些紛爭，他們也沒有互相敬酒之意，來自兩個星球的人，為了一

個問題，「為什麼會有戰爭」，湊巧在這裡碰面。佛洛伊德仍然眉目深鎖，只顧吃著鵝肉，愛因斯坦穿著短褲汗衫拖鞋，一副不在乎什麼事在周遭發生著的樣子。

「這世界就是有這種人，才會這麼不平靜，還一直狡辯。」超我沙牧依然嚴厲指責。

原我卡伊阿日突然掀桌子，老板趕緊過去安撫，原我卡伊阿日依然很生氣，衝著超我沙牧說：「你不要老氣橫秋，一副你什麼都知道，我不吃這套。」說完，原我卡伊阿日隨即揚長而去。

佛洛伊德和愛因斯坦互相對視了一眼，他們已經了解：「這是沒有辦法的事」。這種了解，讓他們兩人變成更孤單的人。超我沙牧和原我卡伊阿日一點也不孤單，他們可以吵個不停。

「怎麼可以就這樣走掉呢，卡伊阿日！」超我沙牧起身，追向前去。

佛洛伊德和愛因斯坦坐在老板另安排的桌椅，老板一直跟他們說對不起。佛洛伊德和愛因斯坦又多吃了一盤鵝肉，和一瓶半紅露酒。

他們知道，以後，可能再也無法碰面了。

他們甚至沒有再多說一句話，好像已經知道這是怎麼回事。

甚至，離開的時候，好客的老板堅持，要請這兩位世界偉人照相留念。佛洛伊德和愛因斯坦只是各自點點

頭，隨即各自散去。

2. 臉上的災情

　　他把七十年來的災情，全部都堆積在臉上。

　　清道夫早就無法負荷清掃的工作，只能路過此地，用老舊的掃把簽名，留下註記：「這是古老戲碼的最原始表演場所，任何人到此一遊，必然深深感嘆。然後，快步離去。」臉上散發出來的寒冬，還來不及正眼看他時，皮膚就可以敏感到那種荒涼。

　　足以扼殺所有的想像，讓想像只能在地上攀緣，只能藏匿在來不及裝配回憶的壕溝裡，使用最原始的方式，等待他自己的死亡。他一點也不想死，還在掙扎，臉部的肌肉與紋理，夾滿了腐朽氣味，宣稱是過時的天使，持續叫賣著青春，叮嚀青春遠走他方時，一定要常常回頭看著他。

　　他的嘴唇沒有動的跡象。他沒有說話，他坐在窗旁的樣子，足以傳達所有他想說的話。曾被陌生人看過的臉，也被熟悉的人看過的臉，已經不再區分親疏遠近了，所有紋路走出了既陌生又熟悉的意義。

　　「如果不是你們拖累了，這輩子至少可以享受更多。」

　　是否有意義，也不是最重要的事了，以前，他其實什麼也不想說，卻總又說了滿滿山谷茶花子的澀味。後

來，他少說了，連茶樹也爲了遮遮掩掩，竟忘記開花的
季節。而且，已經好幾年了。讓他也弄亂了，隨著他的
臉譜，愈來愈說清楚他想說的話後，眞的就愈來愈少看
見他動嘴唇說話了。

遠遠就能看見，他的臉譜對於上天的抱怨。

新生品種的紫色蘭花，看了臉譜的皮膚界限上，蒙
著令人站不住腳的陰霾，紫色趕緊收拾一下，家中備用
化妝包裡剩餘的唇膏。準備就要上場，在被陰霾流露的
寒露冰封之前，補上更厚一層紫色。要在明天暗淡之前，
在憤憤不平的石頭上，逐漸壓過紫色之前，從臉譜裡擠
出一些些，盡力催生花開的最後姿態。

那個依然漂亮的英式茶壺，已經美麗超過二十年
了，平滑有完美幅度的磁嘴，已經很久不再倒出茶湯了。
茶壺縮身在臉部紋路深部櫃檯裡，在很裡面的角落，有
其它瓶瓶罐罐擋在前面。茶壺顯得很安靜，如同戰場退
下來的人，早已不再理會世間事。

他說話的時候，別人看不到那把茶壺，他不說話的
時候，茶壺更穩當地窩藏在陰霾裡。

「死都可以了，何必要那些吃吃喝喝！」他的抱怨
讓聽到的人，更想避開，這不是只有一次的聲音。

「漂亮的茶壺放在哪裡？」有人想替他泡杯茶，問
他。

「不想泡茶了！」他說到。他再度回應自己的抱怨。

然後，寂靜無聲，再度在他的臉部，挖掘更深的壕溝工程。所有的怨懟不再出聲，緊緊抓住壕溝壁，並非畏首畏尾，不敢上戰場撕殺，而是，不想回到遠離戰場的故鄉，仍埋伏在壕溝裡，等待下一場出征。

「誰還在那裡，對於童年的匱乏，發出猛烈的嘶吼呢？」

當聲音逐漸消失在曲折的臉譜裡，所有的臉孔都避難去了，只剩他自己擺著僵局，對手也只有他自己了。嘶吼後，他回復著平靜，破敗的村落，人跡都逃得無影無蹤。逃不掉的，就是他自己長年構築的堡壘，彎彎曲曲的臉部紋路，深陷著所有能夠滑動的車輪。

曾經有掙扎的呼喊，在臉譜裡對罵，或者相互冷淡對待。曾經有無助的手勢，意圖舉出壕溝外，因為那不是豎起白旗，無法傳遞尋常的和解訊息，最後都陣亡在無止盡的爭辯裡。

他累了，仍無意做任何形式的和解。他不知道要跟誰和解。十年後，他的臉譜更加堅硬與深刻，持續積累朽腐氣味。他的子女與牆壁角落的壁虎，都已經無聲無息整裝逃難遠去了。

他知道，離開的，都是他自己。

繼續雕鏤自己的臉譜，歲月的風霜，終究抵擋不住，人性的煎熬。他的憤憤不平，拒人於千里之外，也在自己的臉上，吻上孤單的風情，將風風雨雨集中在深

度的壕溝。紫色的蘭花終於烙痕，在英式茶壺的壺嘴上，倒不出紫色，也沖泡不出茶湯。就算灰頭土臉，仍可看出光亮在底層閃爍，他把茶壺又收回深櫃裡。

他一度感動，臉譜卻要他堅硬如石。

他繼續坐在沙發上，避免空曠的客廳，出現令他驚嚇的回音。他動也不動，讓過去提早來到現在，讓未來凝滯在過去，就在前天，月亮還未出現之前。

3. 政治

「浪了的心聲，親像天頂閃爍的流星。」

街頭轉角的公佈欄裡，紅紙條書寫的「吉屋招租」，也有白紙黑字的分類廣告。他在分類廣告裡，尋找他自己。

「這是一場人生把戲，還沒到盡頭，沒有任何廣告可以說明一切。」

「就算是吉屋招租，也是住滿了他自己的過去與未來。也有一些藝術家，在衣服裡尋找流動的空間與哲學。」

「好久沒有看見你了，哪裡去了，老地方見，不見不散。」

「限單身女性，雅房招租。歷史的深處在哪裡呢？是誰挖空心思在搜羅歷史呢？」

他剛剛參加了一場聚會，喝了很多紅酒。其實，他

是混進陌生人的婚禮，很低調地向所有賓客，保持禮貌與笑容。他相當熟悉這些儀式過程，以前就是他生活的一部份，只是那時候，他是主人。

他可以同時周旋在陌生人和熟悉的朋友之間。

「是啊，畢竟這需要知識，還有優雅的身段。反白的影子，光度的落差造成了抽象張力。」

「這是一場偉大的勝利，人民是最後的勝利者。」

「政治是生活必需品，不是只有輸贏的問題。還需要讓知道的與不知道的之間，能夠唱出馬戲的哀歌。」

「是啊，是啊，依照這個方向去做，一定可以得到支持。」

他早已知道，他是一場鬧劇的犧牲品，應該說，從一開始就是如此，只是他自己甘願這樣子。但是，他極盡所能，展現自己的威力，都是令人滿意的。如果說，結局早就寫好了，他自己也不會反對這種說法。他甚至不曾想要修改結局，那是命運，他一直這麼認為。

「不要再用街頭紅綠燈的比喻了，就再創造一些新術語，來形容人的徬徨吧！」

「就是他，沒錯，走過老虎與獅子的巢穴，還能安然走出來。」

「也不要再用螞蟻來暗喻人們的勤勞了，企鵝已經站在那裡很久，大家都忽略他們了。」

「存在與荒謬，還能解釋多少事情呢？」

　　他是那張被貼在佈告欄上的分類廣告，扁扁地瑟縮在吉屋招租旁邊，雖然他已經問自己很久了，他自己是誰呢？他甚至學會了偽裝荒涼的技倆，以便一直呈現尋找自己的樣子。雖然，他根本不必找自己，他只等著被張貼上佈告欄，他就可以是自己了。他還特別喜歡站在佈告欄前，看著自己的樣子。

　　「有人求生，姿態卻更像找死。」

　　「創造力可以在哪裡找到發揮的陣地呢？」

　　「如果站上高台，就可以看到很多被分門別類的自己，又相互認識的自己。」

　　「談不上荒謬，有的只是事實和飢腸轆轆。」

　　後來，他一直覺得自己努力尋求生存之道，卻不知道，早在出生後不久，他就覺得自己已經死了。他是過了半百後，又再一陣子，有一天，突然這麼覺得，他甚至想說，他是突然「記得」這件事，而不是「覺得」這件事。那天，下班後，興沖沖，正要趕赴一場宴會，途中看到這個佈告欄，他被它的特異性所吸引，還特別拿出智慧手機拍下它。

　　鬧區裡這個佈告欄，真的很不搭調，凌亂得像是外來的地方，卻又像是天堂，另類人的特有屬地。

　　「詩人拄著柺杖，等待綠燈。」

　　「鈴木忠志在吶喊，找回肉體的呼喊與存在。」

　　「如果還有什麼需要面對的，就去問問媽祖廟前那

隻石獅子吧，進門右邊的那隻。」

「誰是未來的總統呢？或者，誰是未來的諾貝爾文學獎得主呢？」

「轉角那家新開的歐式餐廳，不到兩個禮拜，就關門了。舞蹈工廠開門了，正在尋找新一代的教主。」

那天，他爽約了。什麼地方也沒去，他坐在附近路旁長椅，看著路人，來來往往。他沒有看見什麼景色，就只是坐在那裡。他也不知道自己在做什麼，這是從來不曾有的感覺。但又覺得，其實是很熟悉的感覺。

只是困惑一會兒，他很快確定那是熟悉的經驗。

「電子錶的數字跳個不停，但是，時間是死的，還是活的？」

「雲門的春鬥，很熱鬧，『出遊』裡的黑傘與黑皮箱，在肢體的擺動之間，變成空間裡最具有動力的裝置。」

「其實，飢寒交迫不是冷問題，是熱命題。」

「小廟宇的廟會電子花車，經過巷口時，不曾引起太多人的注意，只有一些人側頭看著，沒有眼神。」

4. 一張臉，鋌而走險

「反正，人生就是這麼一回事。」一張臉，鋌而走險，搖身一變，轉貼在毫無章法的廢墟上。

亂成一團的頭髮，毫不掩飾常年疏於看顧，佔領了

大半人生版面。當年，他以為，無法想像自己的未來，過了大半輩後，別人卻說，六十年前，就已經是他那張臉了。

已經許久未照鏡子的臉，在午夜後巷裡，採取拖延戰術，步態酩酊，和擺在影子上的臉，展開對決。臉和影子都是輸家，只有巷口那根屹立不搖的木質電線桿才是最後贏家，它始終不變地照亮著過往的來者和去人。

已經麻痺的左側鼻翼，依靠在毫無變通的臉孔上，很難依照暗巷裡的常識，劃分誰是誰的勢力範圍。左鼻翼豎起帶笑卻不笑的鼻孔，宣稱：「我是最古老的喘息者。」要在這塊長期營養不良的臉孔，招募不曾和人結怨的最新鮮空氣，要讓分子牽著分子，列隊在脊瘠的臉孔上，決意和右鼻翼佔領區裡的投機分子，進行長期的對抗荒涼。他的一張臉，寫滿了一甲子的故事，恩恩怨怨，始終脫離不了關係。

有刀痕的右臉頰是最後失敗者，傷痕不是來自械鬥，而是左臉的陰狠，藉由醉意擺不平，讓右臉跌在路口那根電線桿上的鋁製牌。他甚至不知道是如何受到傷害的，好像右臉是最好客，也是最有良心的失敗者。

左臉其實是政客，他老早就知道這件事了，只是不想攤開局面，讓暗夜起了太多火花。畢竟，他不是暗巷的主宰，只是經常的失意者，站在陰影裡，再透過地面的陰影，比較右臉和左臉的愛情發展史。那是和地域有

關的拓荒者，只是路過，他的右鼻翼喜歡鄉間氣息，左鼻翼卻是花草過敏者。

兩邊臉孔都是怨天尤人的傢伙，當臉孔無法同情鼻孔的爭執，他也只能無能為力，站在暗夜巷弄，眼睜睜看著臉孔和鼻孔，倒著七橫八豎，好像正在寫著痛苦的毛筆書法。

「反正，都是亂成一團的記憶，誰稀罕呢！」這是最常出現的爭議。反正，受傷後，總是可以痊癒，雖然傷痕留下記憶。但是，這些記憶連臉孔和鼻孔也常搞混，後來，放棄了這些記憶，無論如何，疤痕沒有嘴巴，卻不會忘記說自己的故事。至於說故事的方式很多樣，只是他的嘴巴總是，說著相同的恨意。和天有關的事，他詛咒；和地相鄰的任務，他唾口沫。

拖著疲憊不堪的胸膛，挺著無神蹣跚的臉孔，他是以臉孔替代腳步，任由威士忌嘲笑不夜不晝的地下水道。臉孔為了張羅路面的標誌，讓冷眼旁觀自己的右眼，趕在文明最後的黑暗前，憑據掌心的觸覺，走回凌亂的窩巢。

「反正，從小就這樣子，睜開兩個眼洞，反而容易跌倒。」在臉孔外出時，他的左眼都是半閉著，他也說不出什麼理由，。

只要他說出「反正」，做為話語的啟首，臉孔就知道，只能嚴肅面對，那是難以反駁的話語。還說不上是

最後結論，右臉疤痕知道是什麼意思，避免過早結論，為了保護永遠趕不上右腳的左腳。那是一場多年前的意外，雖然也是預料的事，因為臉孔不忍心看見意外後的血跡，他因此一直覺得那是意料之外。

「反正，那時候，也不知道怎麼回事。」

肌肉們早已無法承擔無辜表情了，這讓臉孔很為難，尤其對右鼻翼佔領區裡的投機分子很難交待，何以在傷痕上疊羅漢，再度一次又一次，讓傷痕擁擠不堪。並且在侷促不安下，說不出口：「反正，也沒有人關心。」沒有人知道，到底，是誰沒有關心誰？所有人都閃避這個疑問。

要從他的臉孔，解讀出什麼答案，已愈來愈困難了。出門的時候，他總是先調整嘴角的位置，不必透過鏡子，也不必很清醒，他的臉孔知道：「反正，也沒必要知道那麼多了，還不都一樣。」其實，也不知道，是什麼東西都一樣？只是沒有人膽敢持續對這個問題，保持疑惑的臉孔，那將只是招來厄運，投機份子也會藉機跟著大聲嘶吼，雖然連自己的眉毛，也無法被動員前來助陣。

他的臉繼續在暗巷，張羅迎風而來的困惑。

5. 臉的焦慮

另一張臉不時東盼西望，他不知道自己在找什麼。

終究，是一場回不了頭的人生，對他而言，最大的難題是，臉始終長在頭部的前面。畢竟，還是年輕的臉龐，下顎光滑的皮膚上，依然可見稚氣的微血管，略微張著血紅素的旗幟，隨著心情風向，揮著流落在偏遠地區的謹慎。

「心慌張起來，好像老鷹在天空搜捕逃亡的心情。」瞳孔在隨時警戒的黑色裡，就算閉起眼睛，他的臉知道荒涼，不論怎麼躲藏，臉和胸襟無法躲進瞳孔裡。

他喜歡在陽光底下。

「多麼美好啊！希望人生就是這麼美好。無限的美好啊！」臉迎向陽光時，他總是這麼說。一定要有三個美好的讚頌，他才會閉上嘴巴。但是，現在，他已經開始不喜歡這個比喻了，只是迫於無奈，還無法找出另一個說詞，讓臉在陽光下，可以說出話來。微血管的謹慎退縮，讓臉依然蒼白，汗水流浪眉來眼去，好像最後一場愛的遊戲。

「不知道明天到底會是什麼樣子。」明天搭乘著回頭班機，提早來到他的心頭，敲鑼打鼓，擠兌多年來的心情投資。」

「根本早就沒有辦法處理了。」額頭上的皮膚仍必

須執行，明天所交付的秘密任務，卻不能讓嘴角知道這些任務，嘴唇會壓不住嘴角的堅持，而洩露了他內心的秘密。

這讓臉頰的膚色夾雜著，承擔隱瞞秘密的緊迫感，他雖不是全然了解，卻也熟悉了，昨天以前的歷史，以故事的型態，出現在表情時，臉毫不在乎，好像那是別人的事情。明天才是時時刻刻，他喜歡說以前的故事，只因為那是可以隨心情改編的戲目，「至於明天以後，總是以更真實的方式，打動額頭上的毛細孔，張開大門，準備用毫髮未傷的態度，迎接明天。」

任務相當複雜，他幾乎無法掌握額頭過於緊湊的困難，無法以跑百米的速度，調度前奏曲的音階，卻仍念念不忘，明天之後的層層困惑。他的困惑是個精心設計的騙局，臉龐上所有的機構，都得買單，不得有任何質疑。其實，就算很大力氣的質疑，也只是微弱波動，對於明天，他早就知道，騙局不再只是騙局，而是鼻孔和嘴巴之間氣息相關的城堡。明天，總以暴風的風速，欲強行登陸臉頰的毛細孔，讓城堡變得愈來愈重要，臉龐的所有設施，才不致於四處零落飄散。

每次的眉頭緊皺，都是生和死的交手，極力將五官和肌膚，集結在城堡內。不是為了外出征戰而集結，而是先求自保，他動員了所有能源，讓五官和肌膚充滿不安的能量。眉毛總是跑最快，在其它五官緊急宵禁前，

　　緊緊鎖門，避免眼前景象任意侵襲自己的心情。尤其要將明天擋在城堡大門外，嘴唇的閉幕典禮讓牙關裡的警衛，也緊緊倚靠在一起，相互扶持。那顆無法動員的假牙，還好有兩旁牙齒的協助，讓它可以安立在自己的位置。

　　不可能緊閉雙眼，這樣將會付出過度的代價，必須徹夜死盯著城堡外的動靜。只是多年來，雙眼一直無法協調出輪值時間表，只好各自單打獨鬥，反而讓雙方都疲於奔命而疲憊不堪。眉頭多年來，一直設法充當中介者，要讓雙眼能夠面對面對話，卻不曾成功過，這念頭雖被拋棄，也不曾死心。眉毛也處在隨時待命的狀態，如果宵禁再度發佈，它即要再上場。然而眉毛，依然如嘴巴常常責備它的模樣，年輕毛躁，無法如老者般，沈靜等待。

　　有必要多多關切嘴唇的右側，由於右臉頰的扯拉，它幾乎無法自主做它自己，卻又不能抱怨，以免讓自己變成內鬥的焦點。它幾乎是這場抵抗明天的自衛戰裡，犧牲代價最大的受害者，只能處於這種位置，無法得到它穩穩站住的期待。

　　「只要有片刻的休息，片刻就好，就可以唱歌，唱首搖籃曲，那是當年，自己在搖籃裡創作出來的曲目。」嘴唇曾祈禱。

　　他還站在大廳長廊的另一端，搓揉著雙手，準備唱

搖籃曲，他想要記起當年母親的唱腔，顯然不可能，只是他一直不死心。

「不能讓它死心，不然，明天就不知道怎麼過了。」後來，右嘴角在空檔時，曾想唱出自創的搖籃曲，卻又被雙手搓揉掉了。「遺憾」剛好留在擦口水上的面紙上，被順手丟在大廳角落的垃圾桶裡。

6. 孤單和菊花酒

還有誰，在這場城堡保衛戰裡被忽視呢？

「只有孤單，把自己緊緊鎖在房門裡，任誰叫喚，它都不理會。」

孤單曾試圖動員臉部的表情，傳達它的心情，由於人複雜肌肉群的操作，只好放棄所有努力。用最後剩餘的力氣，將房門緊鎖，把其它的都拋棄在皮膚外的世界。

春風也接到愛的美敦書，一陣抗拒後，趕在最後通牒的時限裡，返回了城堡。一時之間，還不知道能夠安置在何處，春風只得把自己貼在城堡大門左側的旗桿上。旗幟已經被拉下了，春風因此無所事事，只能攀緣在桿頭，看著城堡外遠方的綠意。

「怎麼回來了呢？城外的綠意怎麼辦呢？」冬風訝異地問候春風。冬風在城堡地下室裡喝醉了，那是前年陪伴愉快心情，所釀製的菊花酒。

「被催促回來的。還不到時候，不想回來，卻怕到

時候回不來，那些菊花釀的酒都被喝光。」春風無奈地玩笑。

「足夠三年，喝不完的。」冬風的腳步有些凌亂，竟然有些涼意不顧禁令，飄出城堡。

「怕的是，孤單的城主會禁令超過十年或更長。到時候，菊花酒被喝光了，將如何讓綠意芬芳呢？」春風的回應，冬風其實是深刻了解。

冬風不想再多談這些往事，當初釀製出菊花酒，就是在禁足外出時，秋風不顧禁令，依然不儘速提早返回城堡，因此無法返回城堡，在城堡外逗留有三年多吧？冬風和春風趁著秋風不在城堡內，利用過剩的菊花，釀造了甜言蜜語，奉獻給城主的孤單。無奈孤單不領情，雖然城主想要勉強擠出笑意，最後還是失敗了，所有的笑意都悶死在門口，冬風和春風只得自己享受這些美酒了。

孤單曾一度放開心胸，打開城門，四處雲遊，並敦請春風代理城主。春風不敢怠忽職守，邀請四季花主和綠色，進入城堡商談四季花酒的釀製技術。孤單卻突然返回城堡，要求關閉所有城門，也不准所有釀酒技術會議和討論。只有菊花酒的釀造技術，獲得了共識。

菊花酒卻變成了象徵，也是唯一抵抗禁令的反叛者，孤單只是鎮日坐在堡主房裡，無時無刻，緊緊皺眉頭。他不喝菊花酒，整天只是看著天花板，好像有什麼事讓

他望塵莫及。任何愉悅的聲響，都被斥喝，孤單想在死寂裡，製造更多孤單。只是孤單無法製造出，可以被自己接受的孤單。

「欠缺的材料，也許就是菊花吧！」他想著。他還未放棄製造孤單的努力，雖然缺乏足夠的材料，孤單仍執意製造更多孤單，不是為了需要玩伴，而是莫名的力量和幽靈，是城堡主房裡，唯一祭拜的神祇。

所有菊花早就被荒涼偷偷釀成芬芳了。孤單驅逐那些被製造出來的孤單，這些孤單們也和其它留守城堡者，開始喝著菊花酒。喝菊花酒時，它們總是喧嘩，確定有一些寂寞還在城堡外，來不及回來城堡。孤單曾下令，要緊急召回留連城堡外的寂寞，但是除了孤單外，大家都希望寂寞不要回來城堡。

「如何將寂寞擋在城堡外？」這是喝著菊花酒時，大家的共通話題之一。已經有人偷偷在寂寞的右耳上，戴上粉紅玫瑰了。因此，只要看到粉紅玫瑰，就會有人捎來風信。對於這個疑問，還沒有最美好的答案，來完成這項使命，尤其是冒著和孤單不同調的危險。

春風曾在酒後，跳著寂寞之舞。由於寂寞之舞仍站在歡愉的氣味上，孤單並不領情。為了避免帶著粉紅玫瑰的寂寞，真的被找回城堡，有人提議扮演寂寞，讓孤單誤以為寂寞就在眼前了，不必再花力氣通令四處八方，硬要將寂寞拉回城堡內。

「如何扮演寂寞呢？」由於寂寞不在場，秋風困惑如何扮演寂寞。

「該出城去跟蹤寂寞，好好研究它。」

「誰要出城呢？」

「我可以出城啊，但要研究寂寞，這太無聊了。」

「是啊，倒不如留在城堡內，享受菊花酒的美味。」

「但是，若寂寞真的被找回來後，連菊花酒也會走味了。」

「是啊，這該怎麼辦呢？」

「怎麼辦呢？總要想出方法。」

「乾脆，出城把寂寞給扼殺了。」這個想法很聳動，大家都沈默了下來。

「寂寞是不可能被扼殺的，這是不可能的任務。」

「是啊，寂寞愈殺愈多。」仍是沈默，是同意的氣氛。

「是啊，就因為寂寞多，孤單才會被推舉為城主啊！」

7. 恐懼

「明天」被定義做「未來」。「未來」被定義做「明天會更好」。

明天其實是三太子化身，最後需要將骨肉割還給父母。明天可能中樂透大獎，也可能跌倒在平地。

　　不論天晴或雨天，不論天明或暗夜，明天站在倉庫頂頭，看著忙中有錯的工作人員，汗流浹背堆疊著總統的格言，和打理夜市的珍珠粉圓。他們準備著後天的展覽，主題是：「政府昨天替你們做了什麼！」。

　　「你怎麼老是捉摸不定，還在流浪，一點也不長進，怎麼不趕快定下來呢？」昨天老是抱怨明天。明天跟昨天是隔壁鄰居，從很久很久以前，就相互熟識了。

　　當昨天愈來愈多，明天就愈來愈少，因為明天是看不到盡頭的無限日子，昨天就始終比明天少。但是對於一般人來說，昨天愈多，明天就愈來愈短少，因為人的明天是有盡頭的。

　　「在什麼時候，站出來對人世間宣佈呢？」他還在思索。明天決定站出來，替自己決定書寫的定義。

　　「沒有時間的問題，有的只是如何面對不可知的問題。」

　　「如何說明，才是準確傳遞自己的心聲呢？」明天當然知道回應者的意思，但是他仍努力想著。他不想要驚嚇任何人。昨天自覺自己是無情者，總是期待人可以讓昨天的心事，就讓它過去吧。明天卻是矛盾難以做出決定，這讓明天變得愈來愈不可測。

　　「如果有誰說，他可以控制明天，那麼，這個人一定是狂人或生病了。」這是明天對於人世間的觀察。就如同今天，不是時間的問題，卻是走在斷崖邊小路上的

感覺。今天就是這樣子把自己躺成一條山路，任由過路人踩踏經過，有人想離開小路，往上斜坡尋找昨天，也有人迫不及待想逕行離開小路，往下問候明天，想知道明天會是什麼樣子？

其實，明天的樣貌多變，山邊小路只是他的小小陰謀之一。有時候，他是善良，如同傍晚遠從天邊飛過的雁群，以美麗略帶哀愁的風雲，讓人們帶著美感向今天說再見。

「為何要用美貌，誤導人們走向不可知的明天呢？」昨天總是會跑出來，向明天發言抗議。這種時候，人們會看到，雁群還沒有飛進明天，天邊就突然暗了下來。雖然，明天不是每次都會屈從昨天的抗議。

有些人對昨天充滿愛恨交織，他們對朋友和家人都是這樣子，今天從來不曾出現在這些人心中。明天就曾以另一種面貌，在這些人睡醒後的床邊等著，以性感的身段，加上沙啞的甜言蜜語，迷惑這些人的愛和恨。然後，醒來，拋售這些人的愛和恨，這些人後來會覺得，他們被明天拋棄了，而不是以為的昨天放棄他們。因而更加痛恨明天，不時咒罵明天的善變和薄情。這是明天的另一種面貌，他無法有效地拒絕這種荒涼。

「站在最右邊的愛和最左邊的恨之間，或者最右邊的恨和最左邊的愛，始終找不到迷宮的出路。有些事無關愛和恨，但在愛和恨的迷宮裡，也走失了。走出迷宮

的路，不在左邊，不在右邊，也不在中間，而在於愛裡。」照理，恨不在右或左，兩邊都沒有他的位置，但恨卻無所不在。甚至「恨比愛還要聰明，知道如何在空氣裡無所不在，不論是否關閉門窗；也知道在時間裡無所不在，不論是否緊閉眼簾。」

甚至，迷宮的比喻，也無法貼切地讓明天使用，來表達自己的複雜。明天不想在愛和恨的選擇裡盲目打轉，他只想要讓走進明天的人，可以睜開眼睛，「能看清楚什麼，比看到什麼還更重要。」如果這被人理解成教條，硬梆梆放在肩胛骨上，支撐著腳步，卻是錯誤的延伸，這種延伸是眾人的喜愛。

不論天晴或雨天，明天一定會來，太陽如果想躲藏在雲端，明天也一定再來，那是他的義務與權利。他把人的所有可能性，都隨身攜帶，任由路過的人伸手進取這些可能性。有人相信，取到什麼是可以意志控制，有人則相信，一切都在人的算計之外。至於，如何準備自己，面對明天的人，是否能夠被自己的相信所說服，在於內心深處的恐懼，如何抗拒命運，或者服從命運。

這種恐懼深不可見底，就像明天，無限長的明天，什麼都有可能的明天。

8. 憂鬱

重重地，跌落在寬闊的人間，英文花邊的藍寶石，不論怎麼裝飾與修邊幅，依然撐不開，這場早來卻晚歸的生活儀式。

他坐在窗旁已經很久了。

牆上的掛鐘，早已停在未來的下午兩點三十二分。時間不是那麼重要了。

「遇見了一位貴人，只是去買了一杯咖啡，那人給了他溫暖，覺得自己運氣很好。」他曾經大聲地宣揚自己的運氣。

那是從天降臨的彩雲，他親手形塑這片雲彩，將它命名為「自己的人生」。無疑地，這個作品已經被拋棄在心中的某個角落。

希臘天使也塞翁失馬，再怎麼回頭當年，依然得重重摔落人間，故事再怎麼飽滿，依然得穿針引線在空洞裡，找尋不曾看過的那個自己。

「似乎有些事，不想說出來，只想放著自己想。」哪個自己在自己想？是非自有公論，他卻兩眼望向遠方，把是非與公論，結成稻草人的左右手，推向空中，只為了阻擋鳥雀駐足。

失去昨天的落寞，抓不住前天的失落。失去前天的溫暖，是難以承受大前天的心傷。失去大前天的擁有，是難以捕捉更早一天的留戀。如果可以這般推論，今天

的空洞，將是當年匱乏的哀號，在大提琴的最後尾音，再度稍爲揚起後，順勢墜入無聲無息。

他以無聲無息的腳步，踩踏自己的失落。

鳥雀飛來前，一切只能噤若寒蟬。就算是太陽推開了陰霾，埋頭沈思，卻只能動動稻草人的左邊眉毛，右邊仍然下垂，無神地看著落地的天使，掙扎著在灰色的塵埃落定後，畫出翅膀上的羽毛。

「明天，再去同一家店，買一杯咖啡吧。」他再怎麼捕風捉影，終究是空空洞洞的自己，踏著沈重腳步，扛著垂死的天使，漫步在玻璃高樓之間的光映倒影。

人生不在廟裡，也不在廟外，卻在晨鐘暮鼓裡逐漸消散。這不是道理，也不是哀痛，卻是道道地地的生活品牌，荒涼在搖籃的一擺一動裡，一步一步地長成，手腳的掙扎牽著嘴角的落寞。只是前奏曲最前頭的幾個音符，在低音大提琴的吟唱裡，哀痛再怎麼呼嘯而過，也是提心吊膽踩在音階之間，深怕掉以輕心，墜入黑色琴鍵之外的深淵。

「出去找找東西吧。」已經缺乏如果了，有的就是破敗的時間，在早晨鐘擺裡悶著不出聲，無法再哭哭啼啼了。

「很荒謬啊，怎麼可能，每一步都打電話去問啊！」陰影隨著屋頂的雕龍畫鳳，傾斜到廣場的那一柱香上。然後，暮鼓在敲了第一下後，他就再也舉不起雙手，對

著廟宇的神明祈福，「怎麼會走到這裡呢？怎麼會這樣子？」疑問淹沒了他的未來，他卻只能抱怨，這一分和那一秒的分分秒秒之前。

有時候，會覺得在找些什麼東西。在廟宇牆壁上的信眾名單裡，找尋自己和熟識者的名字，他認得這些人，又如此陌生感。對自己的名字，盯著看了無數次，他知道那就是他，過去的他。甚至，對於坐在正中間的神明，他也覺得很陌生，好像他應該被這種陌生感所震撼。

還有誰站在門外呢？他在門內或門外？不是要尋找答案的問號，卻是擴張空洞的有效方式，問愈多問題，愈顯得自己的空洞。曾有美麗裝扮洞壁，花花綠綠，已經在無神的午後，一步一步衰頹成，難以追趕上的，魚尾紋微笑的遺跡。他的人生，原本塞滿了成就的高高低低。如今，蛻變成難以爬上爬下的龍子鳳女，堆疊在午後的亭台樓閣，卻始終說不出任何聲音。他再也爬不上自己的名字，曾有它的高度，只能低頭無神地飄忽，像風，更像被揚起的塵囂，聽不出那是什麼？

對於曾經是什麼？如果問的是人生，他只能淡淡一笑。那是擠兌所有力氣後釋放出的一笑，不是為了等待更多微笑，做為回報。卻是以龍門陣喧賓奪主，讓自己安靜，如多年來始終不曾發聲的香爐。煙灰掉下去後，煙兀自往屋頂的木樑走，其實，一切都是沈默的，喧鬧只是為了證明，沈寂有多麼沈重。一如黑沈香的煙往上

飄，只為了證明，香爐的沈重。

這一切都不能說，既說不口，也難以述說。他的腳步沈重，踏起了香灰的揚塵，在灰燼裡，他兩眼無神望著白煙，飛啊飛。

9.臉的憂鬱

臉的軌跡，在千年前就已凍結了，沒有什麼話好說，就讓他維持那種表情。

初夏時，去年冬天的霜寒，還在軌跡的角落，已不見猶豫不決了，他就是硬在那裡。柔軟已深埋，出路在紋路的迷宮裡，都靜止了，風只是路過，找不到漣漪可以吹皺。眉頭緊蹙，倒是跟風沒有相對應，他以這種方式過活或找死，已經比很久還要更久一些了。

「什麼都沒有了！什麼都沒有了！」

只是嘴巴的呢喃，臉部沒有隨之起舞。每條紋風不動的軌跡，都有一個或幾個哀戚的故事，每個故事都有複雜原因和簡單結果。說故事的聲音卻早已遠傳他方，豎起雙耳，偶有回音，零零星星，喚不起心的悸動。

考古學家在鼻樑右側的凹槽裡，挖掘出二十年前的聲音，某聲叫苦連天，考古學家趕緊彎身側錄這聲哀號。埋藏多年，聲音仍健跑如飛，瞬間消失了蹤跡。只有空洞的牆垣傾斜在鼻側，考古學者正忙裡偷閒，突然耳聞，自古以來曾有的喘息，只得趕緊追逐當年，卻只

發現失落多年的兩罐心事。心事以童心未泯的方式，製造了那聲最後的喘息，隨即凝結成古蹟，跳進即將被證明很古老的陶器裡。

「想起當年祖父的喪禮，那時候，自己已經一起死掉了。」

後來，他結了婚，生了子女，然後，正要盛開的梅花，遇到去年夏天滯留的暑氣，臉部的工程如半開花朵，開始過早地凋萎。曾經努力以彩筆和粉底，鋪設新生的氣息，終究不敵祖父過逝時的盛夏。

「天空很藍，沒有白雲」，他還記得。雖然，他始終懷疑白雲和天藍的記憶。

多年不再挪動那些工具了，荒涼散置兩側魚尾紋裡，加重了紋路下墜的速度。那些工具有勾勒眼角魅力的畫筆，以及一排排多色彩的底粉，是臉部圖書的儲藏室，已經找不到鄰人尋問了，因為臉的主人已經不想再多談。如果能夠找到幾幅當年作畫的殘留，可以追溯曾經豐富的人生，如何在歲月裡，沈澱人生的軌跡，雖然他還不到老年，因為失落而使臉部工程垮下來，事先走在十一年後的模樣。

必須談談，那張臉曾有偉大工程，當過母親的驕傲，也當過父親的滿足。某些難以言傳的故事，讓眉毛如山脈被震落的石頭，偶爾滑行而下，停在嘴唇上方的凹槽裡。鄰居雖然一再傳說那張臉曾有的光榮，讓他們

引以為傲，爭相一起照相。他們都不忍再拿出當年合照，深怕合照裡的臉會隨著心情，凍結成冬季風雪後的神情。

「唉！怎麼這樣子！如果不那樣，就不會了！」

不是所有人都聽得懂，一句話裡濃縮了多年的身影，說的時候，嘴角沒有起伏，只有喉嚨的乾涸深槽裡，傳來沙啞的遺憾。或者，無法確定，是否那是遺憾，還是當年以望塵莫及的速度，讓他追趕不及。只是，他連眼睛動也不動，毫無挽留的心意，讓聲音消失在空中。

「好像被榨乾的桔子……」這只是雜音，已經乾枯了的山水，依然是桔子或者男人和女人。

還不是死亡的臉譜，卻鋪設成陳年老梅的表情，在陽光底下的竹盤上，釀製不知是否可口的神情。他原本想舉手，與路過的鄰人打個招呼，想法來不及傳遞到臉頰骨，那個原本的想法，臨時又被自己取消了。被取消訊息也來不及傳遞，剛出門就撞到之前打招呼的訊息使者，呆若木雞靠在下顎左門牙齒上，喘息。

他也不相信，在祖父喪禮上，自己也跟著祖父過世了的想法。

臉頰與額頭交織又交織的紋路，他才知道自己曾經掙扎過，每個紋路裡充滿了哀戚的淚水。如同田埂裡流進稻田，準備滋潤新生禾苗，他卻一直以為，只是不小心的淚水，遇見鄰居時感動的激動。有時候，這些困惑

像割草的鎌刀，努力在愈來愈深邃的臉頰軌跡裡，割除雜草叢生，卻依然找不到出路。

如今，他還沒有死亡。不論困惑、驕傲和滿足，都已經集結，在臉龐僵硬的軌跡裡。他以當年留存，在橫紋肌裡的乾枯雜草，升起心中最後小火把，讓自己帶著憂鬱面具，可以走路和呼吸。

10. 視而不見

還沒有出生前，他就是英雄了。

他是路過者，走過擁擠，也走過稀薄。他可以閉著眼睛，走過所有高低起伏，人情冷暖。只要他走過的地方，就化爲平地，他以最簡單的邏輯，牽連最複雜的人生命題。

如果有人想問他：「什麼是人生？」他會簡單卻堅定的說：「閉上眼睛，跟著走。」平地是走向死亡最近的道路，丘陵地只是藉著時間的起伏，拖延人生的腳步。

他只相信自己的影子，認爲「夢就是夢，杯子就是杯子。」

他的堅定讓自己相信，唯有影子才是最眞實的自己。他踢過很多路上的小石，也踩過不少路邊小草，但是，他從不流連，「流連只讓自己想哭，卻找不到眼淚。」

後來，英雄已經回家了，追隨者還在街頭流連，他們呼喚著英雄的影子，「因爲影子才是眞正的英雄」。

很難說是求生，或找死，反正，英雄和他影子，早已難捨難分。

「英雄不會死吧，影子就難說了！」追隨者的感嘆，英雄只有一位，而且早就被佔走了。

寒風裡，需要的是溫暖，春風裡，需要的是愛情，英雄什麼都不要。只要一心一意，站在銅像的高高舞台上，穿梭在自己的空洞裡，依自己心愛的人模樣，塑造所有人。

每次開口說話，總是先說：「心愛的人啊，你找到自己了嗎？」但是，英雄不需要找別人，他只需要尋找自己。自己卻是最遙遠的，就算坐在旁邊，也不認識對方。

荒涼總是在銅像的內心空洞裡。

英雄擅於改造內心的空洞，有時，尋找激辯論戰後，遺留在街談巷議裡的溫暖。轉念之間，心愛的人，總是以恨鐵不成鋼的身軀，不假思索地往前挪動，只為了，找到地板上遺留的影子。

「影子不是自己，卻是自己的英雄。」這就讓他困惑了，他無法保持所有的困惑，這讓他很不安。

沒有困惑，就等於恨意缺少了眼光，只能以盲目的方式，在無際的天空裡，和英雄銅像的空洞裡，默默地，穿針引線，縫起無奈的天衣，並且，嘆息。然後，等待情愛逐漸凋萎。這是影子的末路，卻是英雄出發的

地方，「在凋零裡，發揮細緻修辭學，沿路爬梳字和字、詞和詞之間的窮途末路。」

不安的手腳總是特別長，以爲只需要「所有遠走高飛的雨勢，揮揮手，足以撐起，腳印裡最微細的禾苗。」卻需要在禾苗和禾苗之間，搜羅天明之後，藏匿在之間的口號，「荒涼總是在最得意的地方成長，蔓藤在心思最細膩的歇息處，如同墓碑上的誌銘。」

不安以手腳緊抱著荒涼，不小心摔碎了墓誌銘，再怎麼拼湊，已經難以抹去最後一聲響。那一聲響徹雲霄，驚醒了早已逝去的荒涼，然後，不安和荒涼坐在那裡，討論人生。

「已逝去的童年，天眞地閉著眼睛，玩著捉迷藏的遊戲。」

已經回家的英雄，坐姿裡依然暗潮洶湧，湧出童年的天眞無邪。總是擅長捉對撕殺，不論分分合合，騎著不可知的力量，以木劍伺機而動。需要切斷的是，所有幻想和悲哀。

幻想是體質衰敗的起點，悲哀是心靈脆弱的終點。

如同天眞無邪是最大罪行，英雄派出自己的影子，尾隨所有的罪行，一路撿拾，以營養品的口味，調解罪行的功和過。

在巷底留下的某張長椅，「覺得擔心的狀態，好像是示弱，覺得自己不夠強。」

　　因此，只要英雄出手，勢如破竹，絕對不會對任何障礙示弱。這是心靈脆弱者的零售品，也是英雄的戰利品，總是掛在戰矛頂端，向今天和明天示威。如果追隨者不小心問自己：「還有什麼空間，可以自由地說話？」就算只是問自己，問題仍會以夜雁歸隊的風勢，飛向英雄的心胸。

　　「英雄是沒有問題的人，只有追隨者才會被問題淹沒。」

　　英雄需要有個家可以回。那是孤單的地方，影子被擺放在玄關外。追隨者需要學習手藝，趕緊雕刻自己的墓誌銘，才能一路追趕，僕僕地穿風戴塵，走向那最不可知的遠方，時間轉彎處。

11. 淺碟心理學

　　都是真的，不論多麼虛假，也是真的。

　　不論風吹哪頁，故事都在書扉裡，任憑翻閱，或者闔上。人生如果不是這本書，就是那本網路上流傳的檔案。

　　可能都是虛假的，不論多麼真，也是真的。

　　古老的命題，難以苛責的人生，從命運可以睜眼面對，也可以閉眼跳開，唉，這是多麼陳腔濫調，有虛假，有真實。如果唱一首好聽的歌，可以解開人生的荒涼迷霧，他說：「會大聲地吟唱那首歌」。

但是，這是真，或者虛假呢？唉，甚至連迷霧，都是過時的比喻。

「是否需要再回頭，看看自己走過來的樣子？」

他剛從高速電梯裡走出來，那是上班的三十三層大樓。他剛剛仔細看了自己，在電梯三面壁的鏡子裡。還是熟悉的自己，「卻覺得像個陌生人」。多年前，他和朋友在路邊攤喝酒時，突然被問起這個習題時，他竟兀自哭泣了起來。啤酒混著淚水，在嘴角起著歷史和地理的化學泡沫作用，這是真的眼淚和啤酒，還有幾盤小菜。

卻比虛假還要虛假。隔天，他的朋友好像忘掉了這件事。後來，他也逐漸忘記了。迷霧早就不再濃郁，是腦海裡虛假的明喻，船期依然定期出航，只是古老的心情在作祟，攪亂了強說愁。每天上下班，可以掌舵的方向盤，是強有力的明喻。忘記，才是真的，記得，更像是虛假的鏡像，他左看右找，要在鏡像裡，尋找的卻是未來的慌張。以及多年不見後，依稀記得的陳年往事，勉強說起，嘆氣起頭，才能吹走蒙塵的想像。

塵土不再是暗喻了，是明喻，直接定下了人的生與死。

關於要怎麼過日子，有些算是政治智慧，有些是人性。他的交易是，想要擺脫陰影裡的想法，不計代價，要引進陽光的想像。迫使陽光和陰影這對孿生兄弟，只好互相搏鬥，滿足提議者的期待，站在高台上，觀看龍

虎鬥的撕裂場景。當陽光與陰影交戰得日月無光時，有
人說：「那是心理學」。講台背後，已經有戰爭後的荒
蕪，停在交戰的時刻，雜草叢聚卻宛如算計，人生規劃
的計算師，正向和負向的相加、相減、或者相除。

　　古今以來，很多詩人和藝術家描繪這些心境和樣貌，
他想以自己的話，再說說千古以來，人人都會遭遇到的
境況。也許這是兩件事，卻同時發生在走進與走出電梯
時。過去，不是流行的主題，未來，才是眞的焦點，雖
然這其實是個虛假的說法，眞正的說詞是：「沒有人知
道時間是什麼，唯有神明，知道過去、現在與未來。」

　　也許，詩人的行業沒落已久了，如何在荒蕪裡耕耘，
調解出久藏詩中的秘笈口味。等待人世間的不可知，藉
由日常細節和訊息，告知人世的複雜裡，簡單明白是心
埋的期待，卻是提取盲目和麻木，澆薄天和地的禮敬，
干擾明喻和暗喻的交配。

　　「什麼時候，能夠走出，只在正向思考和負向思考，
尋找出路的泥沼呢？」

　　很快地，走在語言森林的迷宮，不是猜測的遊戲，
卻始終無法找到自己的話，讓自己經驗那些難言之隱。
這是受苦的來源，神明逐漸式微的年代，人人都是哲學
家，也是心理學家。無意中被路人撞到了手肘，他手中
的熱咖啡，灑掃應對，卻說不出手燙。簡單的故事，總
有複雜的生辰八字，最後，連眞正的心理學家，也開始

建造虛假的人生，好像過去是一眼望穿，未來是在清澈
見底裡，撈起天上的明月。

　　早上醒來後，以及晚上就寢前，他在白天的不安裡，
建構虛假的人生命題，加上虛假善意，再加上虛假措
詞，如果再加上虛假權威，堆疊出虛假的人生導師。這
些虛假是悲劇的起源，當人離自己愈來愈遠，愈需要虛
假命題，造就不敗的城堡。

　　他甚至覺得，夢也是他製造出來的。他忘了，是夢
造成了他，但這是他睡不好的原因之一，深怕夜眠裡，
夢再來通知他這項權力。

　　他再走回電梯，擠在人群裡，他想要透過人頭之間
的空隙，看看自己目前的樣子。為了不讓同事們看見自
己的奇怪行為，他刻意一副不在乎的樣子。

　　他嚇了一跳，在鏡子裡，發現穿過幾個人脖子間的
縫細，有一個磁器碟子，一個男人躺在碟子裡。

　　沒有人知道那男人在想什麼？

12.恐怖

　　世紀競賽，有人高潮後，所有精子帶著偉大的使
命，拼命往目的地游去。有去無回的任務，不是革命的
殺頭事業，卻只有一個能夠永生。

　　「這是最激情的競賽，可以了解為什麼田徑比賽，
總是如此熱烈。」

「幾百世紀以來，持續長久的競賽。」

「是激烈競爭以死做爲賭注的瘋狂比賽。」

「是啊，誰知道，每次總是成千上萬族人蜂擁進來，無奈啊，只能有一位是勝利者。」

這是何等漫長的路程啊，只能一路向前，跌跌撞撞，沒有時間停留的想像。只要落後一個，就是等死。其它無法進入卵子內部的精子族們，以什麼樣的心情，在搶灘失敗後，等待死亡來臨呢？

他開車經過中央山脈，回到家鄉，山中的故鄉。不記得有多少次，想回家，卻是開往老家附近的旅館。漫長的路途，一路掙扎，是否回頭，開回台北的家。台北不是順遂心願的地方，是一路上，跌跌撞撞，好像要達到什麼的感覺。

開車時，他想著：握著方向盤，並不是走自己的方向，這是自己的未來，或別人的未來呢？

「寂靜無聲的灘頭陣地，只有困獸之鬥。」

「靜靜等待死亡吧，未來只在成功的精子那裡。」

「就這樣吧，也累了，僅存精力都耗光了。」

「短暫時光，不足以說明這種慘烈吧！」

一路上，山色依然，自己不曾真正再欣賞過，這些沿路的景緻！也許景色依然陌生，才是實情吧。他曾經誓言：絕不會再回到山區了，那裡只是出生的地方，令人傷心的地方。他年紀很小時就下山了，多年來，一直

無法想清楚，「令人傷心」是什麼意思？

在台北成功，卻更讓自己覺得失敗，一直拖延直到今天，突然想要回家看看。

受精卵出發前往子宮著陸，在黑暗狹窄的輸卵管裡，如何摸黑緩緩前進？是受精卵被吸引，一直往前衝，或被某種難以名之的力量，推動而蹣跚前進？

「兩個人興奮後，剩下自己摸黑前行。」

「晚來的族人，他們在灘頭上，如何撐過最後時光？」

「一路上，卵子都不說話，帶著他一直往前走，子宮還有多遠呢？」

「會再活下去，以後依自己的樣貌，再製造無數精子，族人只能重蹈相同命運，死亡，或者成功。」

他不相信命運。當年離開家鄉時的堅決，如果當年不是那麼堅決，根本無法離開那裡。但是，那時候何以需要那麼堅決呢？他覺得愈來愈找不到，當年說服力的緣由，就算要回家，同樣地，找不到理由。有股力量推動他，常常想開車回老家，發動引擎後，就開始猶豫，雖然仍開車往前走。

還在輸卵管內爬行，管內雖有足夠液體，降低前行的阻力，子宮仍在千里之外，管內荒涼的皺褶凹凸不平，也不能不再往前走。

「仍然不安吧，能否在限時內，抵達發育的所在，

不然，前功盡棄。」

「體內精子好像悶悶不樂，難道，他還在為失去的尾巴而傷感嗎？」

「或者，他仍深深地哀傷，哀悼在灘地死亡的族人弟兄。」

「希望他可以快樂起來，到達子宮後，還有很多事要忙呢！」

他為了這個找不到理由的力量，受苦與困惑，像一朵雲吧？他努力多年，朝著明確的方向，只是回頭一看，這些明確的目標，更像遮遮掩掩的雲吧！甚至不曾覺得不快樂，也不曾想過回家看看的念頭。

難道努力的成功，其實是努力地找死嗎？

多年來，他一直在尋找那股模糊，卻很具體影響他的感覺。說是感覺，只是臨時的說法，他還不知那是什麼，讓他悶悶不樂。他對自己說，「這次，一定要回老家看看了。」

他還是住進附近的小旅社，隔天，他沒回去就開車直接回到台北。

昨天，半夜醒來時，他就坐在屋外，看著山谷間的天空，星星滿天的恐怖。他已經很久很久沒有看見那麼多星星了。他相信，這些星星吵醒他，絕不是夢，是清清楚楚的星星在說話。他只能聽著星星說話，每顆星星像逝去族人的臉，他一個一個慢慢看著他們的臉，想要

記住他們的樣子。

已經很久沒有想念他們了。

他突然覺得，想念的感覺，竟是這般恐怖！掉了什麼東西的感覺，他只好回頭，他要回台北。

不走進村落裡的精子，開車回台北的精子，還能再走多久呢？

13. 海岸線的悲傷

如果頭重腳輕，就坐下來好了。

坐在地板上，或地上呢？老早就是不同的兩件事了。他記得母親曾說他小時候，還只會爬的年紀，哭在地上，也尿在地上。母親趕到時，他已經將尿水混著地上的泥巴，塗滿了整個臉。他聽母親說後，大笑，不記得自己還有這般能耐。算是原初的塗鴉，以便在原初場景裡，可以不被看見是誰在偷窺荒涼吧。

近來，他常坐火車，來回東部海岸線。他常感傷地對著海岸說：「久違了，沒想到這麼久了，很高興再見你。」

「上週，才見過面啊，怎麼忘得這麼快。」

「是啊，並沒有忘記上週見面的事，我還記得，那天，風浪特別大。」

海岸卻沈默了。關於風浪，是海岸日常例行的動態

事件，不同風浪，交待了不同心聲和不同人生。風浪被
當作人生起伏的明喻，被一再重覆解讀成，風浪拍打岸
邊呈現著對峙。有很多的故事，連附近魚群也把故事傳
述給子孫。對他心情的波動，也是如此吧。

海岸不想驚擾他的內心吧。

「還在哀傷嗎？風起浪沈的陪伴，是否還有誰在墮
落？」

「唉！」

「還在哀傷嗎？風浪在臉龐上的塗鴉，早就覆水難
收了。」

「唉！」

「還在哀傷嗎？風浪後的泡沫都知道，小時候只是
代名詞，沒有人和魚群知道那是什麼？」

「唉！」

「還在哀傷什麼，難道不能隨著黑潮，帶走童年記
憶嗎？」

後來，又沈默了。黑潮和童年記憶只是代名詞，哀
傷只是個比喻，他坐在火車的靠窗位置，手上的鉛筆和
畫紙，不時地塗鴉。

他重複問自己，什麼才是他的姓氏呢？以母之名，
或者以父之名？太複雜的故事了，尿水混著地上泥土，
在臉上塗鴉的記憶，不是他傷感的印象，反而是生動不
拘的力氣。

「久違了，好久沒見面了。」

「是啊，上週來過，看來卻像個陌生人。」

「久違了，風啊，怎麼這麼頹喪無力呢？」

「是啊，陌生人啊，不是三言兩語可以說清楚的事。」

「久違了，浪啊，怎麼變得默不作聲呢？」

「是啊，哀傷捲土重來，侵襲了安靜小村落，每個人和路上石頭，都板著臉，不再說話了。」

「久違了，哀傷啊，這個擅自作主的心情，是否讓位給陌生的蝦蟹。」

他知道，哀傷是變幻莫測的塗鴉者，作畫者的本尊，永遠保持著神秘感。他認真想著，他是屬於母親姓氏，還是歸於父親姓氏的人？他不確定要坐多少趟火車，或自己開著車，來回東部海岸線多少次，才會找到最後決定的心情。他無法估價，哪個姓氏，才是最有利於未來。那是所有故事的最後結局，他卻猶豫不決。

猶豫也是需要的吧，有時會成為一幅塗鴉，讓他來來回回坐火車，好像母親曾說的，他在地上來來回回爬時，將混搭的尿水和泥土，來來回回地塗在臉上。有些事情早就不見了，每個人都知道這樣，如何在這些尋常事件，再找出自己的姓氏呢？

「又見面了，哀傷不見了，卻是更迷惑的表情。」

「是啊，一直找不到決定的理由。」

「決定事情不需要太多理由啊，魚餓了，就張口過濾海水。」

「是啊，但這是重大決定，需要蝦兵蟹將般的生生死死。」

「看來很複雜，想來也複雜，怎麼不求老天幫忙呢？」

「是啊，這比較簡單，但只能自己決定，尋找已忘記的事件，需要那些幫自己做出最後決定。」

「是決定事件的不錯方式啊，怎麼不坐在海邊等就好了，卻要不停地來回坐火車呢？」

他喜歡來來回回的感覺，這是令人迷戀的心情，混凝土般堅硬的心情，撐起了人生的旗幟。他已經張掛它很久了，到如今，才慎重其事地掩人耳目，想要在莫名哀傷裡，重新探索失去的事件。

「過度使用哀傷了，這個比喻再也喚不起，那些即將失去的未來。」

「使用哀傷，做為旗幟，只為了趕走擾人的過去。」

「迷失的人啊，何必再度淪落於明喻裡起起伏伏，浪水終將洗去一切啊。」

「海浪啊，你怎麼那麼頹喪呢，難道說，已經無法承受，找不到答案的悲傷嗎？」

「是啊，過度悲傷了，曾容納百川的悲傷，如今淪陷了，跌在說不出口的話語和口水裡。」

14．空洞的故事

　　急急忙忙地，人力貨車被拉入廣場。

　　童年賣力地拉著貨車裡的自己。他知道，貨車裡是空空的櫃子，他忙碌一輩子的成果。他的成功，卻始終無法增添，童年貨櫃裡的豐富。他不會被輕易打敗，只是愈來愈找不到，是什麼東西要打敗他。

　　「他喜歡聽故事，又忘記了所有神仙，到底在雲霧裡，如何挑戰轉來人間的狐狸精。」

　　人力貨櫃裡，斑駁的內壁說了很多故事，夜深人靜時，他只想癱坐，靠在內壁上，靜靜的。他的身體無法再承受多餘的挑戰了。童年不曾服輸，依然向他施壓，意圖在斑駁裡塗抹更多的冷戰。

　　從來不曾有過的感受。這些一直被他忽略，他舉起右手，想要再度發言時，四面而來的衝突，馬上凍結了討論和探索的氣氛。

　　「難免受到小時候的影響啊，這是屢見不鮮的事。有誰會勇敢反對這種童年童語嗎？」

　　他一路搜索了所有看得到的人情和世故，不是罐頭食品，卻堆積如山讓他看不見自己。到頭來，他預測了，這些罐裝的時間和事物，將會被童年清除。只是陳年老垢，再怎麼洗滌，依然得在更深夜靜時，仔細聆聽這些罐裝的成功和失敗。

　　「還有誰能夠躲躲藏藏呢？試想，未來才是眼前可

見的時間。因為過去已經公開宣稱，不再是時間的一部份，是有心人蓄意破壞時間的團結。」

　疲於奔命的時候，他深信這句話，來自遙遠的古老傳說，有人路過某村落時，遺忘了自己的過去。後來，只覺得若有所失，卻沒有回頭。往另一個深山部落走。

　愈來愈難再回到荒涼，若有所失的地方。

　然後，有一天，一隻烏秋從牛背上飛起時，他才發現了那隻牛，始終跟著他。他回頭看看那隻牛，他是要找那隻烏秋，卻遍尋不著。

　「如果牛和烏秋能夠叫住他，也許，他就不會一直若有所失了。何況，康拉德《黑暗的心》，只不過浩瀚書海裡，薄霧般的航程。」

　筆記本裡寫著這個傳說，他曾重新抄寫一篇，想要張貼在貨櫃斑駁內壁。不曾成功過，他只好一直尋找新的傳說。他幾乎奉行另一個新傳說，是高樓大廈玻璃窗之間，相互輝映的傳說，以光速的方式傳說，在分子和分子之間，終於有人看見大象在跳舞。他是分子，不是大象，因此充分理解，分子和分子之間的距離，至少可以容納三隻大象跳舞，或者做愛。

　「如果烏秋飛出山谷，站在大象背上，就可以改寫人類的歷史。讓過去的遺憾在轉身之後，穿上華麗外衣，佯裝時間只是個玩笑，只要再找到帽子，就化為雲霄了。」

他沈浸在修改自己的歷史，有一度，他還以為白鴿站在牛背上，而不是烏秋。這當然無法欺騙自己太久，只是他愈來愈喜歡白鴿的鏡頭，不像烏秋那麼陰森。不需要經過特別討論，他即可輕易做出結論，「成功在於努力，失敗卻是由於回憶。」

他開始深信，如果不再回憶，失敗會慢慢長出翅膀，遠離成功的肩膀。

「誰會想在斑痕的牆壁，尋找失落的過去，失落不是夜歸的冷風，只要穿針引線，就會搭訕美麗的海倫嗎？」

他依然費力拉著童年的人力貨車。

這是象徵的說法，其實，他覺得人生順遂。他很難接受這種說法，目前的失落感，是那隻白鴿，始終找不到可踩踏的地方，烏秋卻早已被他遺棄了。他怎麼也無法相信，找不到烏秋，竟會讓他踩空，跌落在心情的峽谷。他覺得自己有理由，拒絕這種沈淪的比喻。

「遺棄過去的人，勢必難以在未來，找到現在。找不到現在的人，勢必難以找到可以踩踏的過去，未來是翅膀，卻找不到身體。」

他花了一輩子的時間，終於知道所有的成功，以各種方式堆疊起來，雖然無法讓斑駁牆上的模範生獎狀，恢復當年受獎儀式時，嘴角淺淺的驕傲。

15. 核子電廠

莎士比亞拿著鵝毛筆，展開馬克白的劇本，生與死。

所有情節與人物的情感，在一幕接著一幕的陰謀野心裡，翻轉著人性的脆弱與暗淡。人性如何爆炸的情節，與恨意提著半夜燈籠，尋找自己毀滅自己的謀殺策略，將自己淹沒在來不及掩飾的驚嚇裡。

莎士比亞坐在長條桌的一端，他偶爾抬頭，看看另一端，坐的另一人。長桌的另一端是歐本海默。他們已經坐在那裡，兩天兩夜了。他們始終沒有說話，各自埋頭寫著劇本與核子方程式。

有一隊白天鵝與黑天鵝，黑與白，穿插排隊，僵化地繞著長桌，像軍隊隊行軍，走了兩天兩夜。

歐本海默拿著鋼筆，在抽象的符號與數字裡，彎彎曲曲鑽研古典的方程式。讓方程式在分子、原子、更深細的核子路程裡，走走停停，一路探尋爆炸時不會悲傷的公式。核子殺害核子，然後，不可抑制的憤怒被啟動後，就完全脫離了控制。他正在思索新的方程式，如何控制核子的憤怒和孤單。

他們走錯了時代，互相交錯複製了光明與黑暗。

如果，歐本海默苦思古英文裡的典故與劇情起伏，也許，他終會在最後的核子成就前，在人性恨意前及時剎車，寫出面對荒涼時，人類如何謙虛的複雜方程式。

如果，莎士比亞在核子分裂裡，親眼看見相互撞擊所產生的毀滅，他會更大方讓哈姆雷特的矛盾更荒涼。他在探尋人性的分裂，所帶來的哀傷與斷裂，也許，馬克白的恨意與撕裂，讓觀眾感受到更深刻的不安。

那隊黑天鵝與白天鵝，仍然繞著長方桌行軍，要在來不及挽回前，趕路走到人性最深處，化解恨意的深溝與板塊位移。他們的右手都拿著厚重盾牌，盾牌上刻劃著法蘭西斯培根孤獨的掙扎。

任務太沈重，他們都默不作聲。

是否，那是雙方難以相互理解的世界？歐本海默突然流下眼淚，臨終前的淚水吧？他仍然沈默不語，苦思人性課題。他自己的死亡，帶不走他的成就，所衍生製造出來的紛爭，是可以讓世界荒蕪的成功。他的成就，成為書寫悲劇的材料，也許，他希望自己的淚水，能夠淹沒人們裸露的野心。他不想毀滅人類，並不是上帝，卻創造並啓動了自毀的方程式。

需要另一個方程式，來估算人類要花多少力氣，讓自己對於自毀能夠毫無所覺。是否，花在這方面的力氣，如果釋放出來，足以讓人類的文明進化了幾番？

突然有人闖進了長桌附近。這驚動了這群天鵝，他們趕緊將那人圍了起來。那人在被天鵝帶走前，往空中丟出兩個布包，一個是綠色，一個是紅色。布包在半空中即爆裂，灑出很多星星，以及在星星之間的字幕。

　　請問一下，莎士比亞，人需要多少的盲目，才能看清楚，他的未來不需要夢，是生生不息的複製爆裂。是否，從今而後，睜開眼睛的人，就算想閉眼，也無法看不見荒涼，慌張在臉孔皺紋裡努力工作，挖掘自己的墳場。

　　請問一下，歐本海默，人需要探索多深刻的心情，才能體會有些事，是知識的極限。是否核子與核子之間，還有對話的機制，並能相互約束。

　　莎士比亞與歐本海默，抬頭看了星星之間的話語後，仍然低頭各自繼續原來的書寫。莎士比亞看見了歐本海默的眼角，有著感傷的淚水。歐本海默去世前的眼淚。如果可以後悔，終將懊惱，無法即時派出馬克白夫婦，深入腦部組織，會見多皺褶的聰穎，想一下人心冷暖這件事。這是莎士比亞的最後眼淚，懊惱無法視透人心的核心，誤將馬克白派遣至皇宮。最後，卻欺凌了自己平順且靜靜的心。

　　一切都太晚了，眼淚無法澆息核子分裂的野心，況且，只要分裂的心，被啟動後，聰明就變成古怪的敵人，銳利的劍拔弩張。剛剛被天鵝帶走的那個人，從地下室裡傳來：「決定要不要核子的野心，不需要太多知識，只需要知道，人腦能夠抵達核心航線，離一般的善良，有多遙遠？」

　　天鵝列隊前行，腳步愈來愈焦躁凌亂。神仙打鼓，

有時錯。黑天鵝與白天鵝無法維持整齊的列隊，黑與白已經混在一起了。有隻黑天鵝突然出聲：「他的出生，就是悲劇的開始。」

隨即沈默了。

莎士比亞與歐本海默各自拿著筆，在自己身上指指點點，要在最後的爆炸前，把自己點畫成墨黑的鉛雕。

16. 沒有雨，零零落落

他確定是一場夢。

他只能事後，仔細思索找出文字，來拼湊那種感覺，他連夢的影像，都想不起來了。他也相信，這些文字的轉載，一定會讓夢變得過於明確。

不過，也只得如此了，因為他太想說說這個夢。

而且，睜開眼睛說，讓自己看著周遭一切，就算只是牆壁與檯燈。還有，五年前，去柏林開會時，在電影博物館的紀念品店，購買的鋁製電影小型德文海報，詹姆士狄恩的〈反抗不需要理由〉。

是這樣子的。是鄉下村落，一間土地公廟前吧？不確定是否為土地公廟，但他就這麼決定，才能再想下去。布袋戲棚裡只有一位師父，負責演說與製造聲響。台下的觀眾只有他，他只是路過，站著看戲。

師父說，里爾克剛走出捷運站。聽到熟悉的聲音，叫喚他的名字。他知道聲音裡所傳來的，是熟悉的人情。

出現的是，佛洛伊德走向里爾克，這是他們首次相遇，卻有古老以來的熟悉感。他們見面時，師父放送的背景音樂，是台語歌〈流浪到淡水〉，只有前頭兩句歌詞，隨即沈默了。

師父說，佛洛伊德正要走進捷運站。

看見了一個熟悉的身影，但他從來不曾見過對方。當他叫出對方：「里爾克」，他知道，這是偉大詩人的名字。雖然偉大的背後，背負著顛沛流離，一如美麗的背肩，埋伏著刺客，伺機扼殺美好心情。

師父以優美的台語吟唱里爾克的〈杜英諾悲歌〉：

「歌詠情人是一件事。可是，
歌詠那隱藏著罪惡的血腥的海神，是另一件事。」

他覺得，接下來，是一段真實的故事在夢中，醒後，找出的訊息是：「（朱淑娟／2011.2.24彰化大城濕地報導）自從22歲嫁到芳苑，謝素阿嬤就開始開著牛車採蚵，40多年如一日，海天共晨昏。快70歲了，每週還維持兩天駕著牛車到蚵田採收。她喜歡這片海，希望子孫都能看見她的來處、延續著她的未來。」

他不確定師父是否唸出這一段報導。回想起來，師父應該是繼續吟唱，另一段〈杜英諾悲歌〉：

「每一天使都是可怕的。可是，唉，
我向你歌唱，幾乎致命的靈魂之鳥啊，
知道有關你的事物。托拜阿斯的日子何處去了？」

他覺得難以針對夢再想下去，不了解布袋戲師父何
以要吟唱〈杜英諾悲歌〉，自己太哀傷了吧？只好再仔
細看後續報導：「許立儀從小在中元節隔天要拜濁水
溪，謝謝濁水溪的水養育大家，也希望她不要生氣，讓
這一年種田人好好過日子，『那是一種感恩』。村民挑
米去濁水溪祭拜，那是很多村民情感聯繫的方式，『簡
單的幸福就在臉上。』」

某種難以名之的哀傷，讓他請假，到台北近郊鄉下
走走。由於不是特定要到那村落，也就不必提那村落的
名字了。那村落代表了，他心中的大部分鄉下村落。

後來，他在自己房間裡，也吟唱起〈杜英諾悲歌〉：

「看啊，我活著哪。何以為據呢？童年和未來
都不會變小……，過剩的存在
在我的心中迸發。」

夢中，布袋戲師父還提及，里爾克感嘆：「夕陽無
限好，只是近黃昏。」里爾克被這景象困住了，心情沈
重得難以說話。生病後的佛洛伊德知道，那種荒涼沈重
難以形容，只能陪著一起沈默。佛洛伊德回去後，伏桌

專心尋找文字，寫了一篇異於嚴肅論文的文章，談論人世的短暫如浮雲，強調這種不完美，就是人所以有完美的原因。稍早以前，他很同意佛洛伊德的論調，此時，卻覺得不悅耳，好像師父唸著〈杜英諾悲歌〉時，麥克風常常迸出尖銳的雜音。

他不確定，是否人世荒涼如浮雲。

他確定，這一定是場夢，不是人生如夢，也不是人生如夢的通俗比喻，是道道地地的夢。他忽然記得，額頭的疲累酸痛的原因，在夢中，他一直出力，想睜開眼睛，要看清楚周遭事物，卻始終無法睜開。

他想著：有一天，一定要去西海岸，尋找顛沛流離的黃昏海平面，不論風有多大，他會安靜地等待。如果，里爾克的夕陽，還能彎腰，閃過各種環境評估數字後，依然定時跟老人、小孩與年輕人打招呼。中年人，都已經出家門，憑著專業本事，打撈人生大海裡各種數字與符號，做為文武決鬥的依據。

這場決鬥，替夕陽定生死。

17. 恨意竟然如此源遠流長

大熱天，太陽是無情的，比冷酷還要無情吧。

他覺得身體一直跟他作對，從腳底一直打著冷嗦，他納悶著：「怎麼回事呢？」這個問題已經困擾他，至少三十年了吧。

它老早就知道是怎麼回事。它知道他不可能聽它的意見，任何一點點的建議和想法，就像颱風一樣，足以把他掃蕩得如同土石流。這是它的無奈吧。

你一直很好奇他到底怎麼啦，所以你也是在風中，等待答案的人。為什麼你願意讓自己在這種位置呢？不如早點走掉就好了，你卻回答：「不知道為什麼，一定要知道嗎？」

這個答案讓他更不安，但他不知自己是不安的。

他是女人。他不曾談過他的父親，「好像他不曾有爸爸，但是這怎麼可能呢？」他一心一意把自己的心情，站在母親的肩膀上，然後一直用腳跟，出力地蹬著腳下的肩膀。他一直以為那是踩在它的肩膀，他好像攪亂了誰是他母親，誰是它？

他這麼想：「如果把恨意往母親肩上擺，那麼，他就可以絕對自由了。」

這個期望，從來不曾從他的心中消失過，他的確一直很努力的樣子，這讓它感到很心動。因此，他努力保持著恨意，對媽媽的恨意，覺得自己這輩子的困難，都是媽媽的過錯。

它卻想著：「如果他能夠一直這麼聰穎，那麼，事情就更簡單了。」

他可能難以了解，它何以這麼想，尤其是他一直受苦於自己的恨意。它知道這是一座山的哲學，當恨意站

在山頂時，太陽一定是普照大地，他以為這是讓世界變得透明的最佳方式。

後來，他竟突然開始大談自己的父親：「去一個充滿陽光的地方，遇見了一位神父，神父給了他不少有意義的建言。」這是久未出現在他的話語裡的「父親」，他一直不知道，為什麼「父親」竟然一直躲在深山水澗裡。聽了他讓父親出場的方式後，它卻提醒自己：「不能讓他太過熱衷於父親，尤其當他大談神父讓他心曠神怡的時候。」

他還是談著，不停地談著神父的真知灼見，它因此愈來愈擔心：「他今天到底怎麼了，久未談及的爸爸，竟然以神父模像，在風中飄揚著。」你也置之不理，雖然它知道，你只能如此，因為如果你太熱心，想要讓他早點知道：「神父和爸爸間的一水之隔，可能千年也渡不了這條渡河。」他會一副不想了解的樣子，它也會起身反擊。

內心戲在舞台的展演，卻是荒涼得從腳底開始冷。

他談及神父時，充滿了溫馨，讓原本打著冷嗦的身體，不再那麼多天，也讓它覺得舒坦了些，因為它擔心：「如果他再執迷不悟，硬要將他的爸爸，在這個時候拉出場來，它一定得出面阻擋，因為他的爸爸在這個時候出場，其實太早了。」

因為它不相信，在這個時候，他能夠忍受他爸爸在

多年缺席後，突然以神父的樣子出現。你知道，當他談及神父時，是指那個神父，但是你想像神父和他爸爸有所牽連，那是你的干涉，他不可能聽得進去。

何況，你又得面對它的突襲，它已經在谷底等待多年了，如果有誰，要將出門多年，未曾再回家的他的父親，硬拉出場，它一定出面大喊：「太早了！太早了！」它以為他知道這點，因此，它也訝異，怎麼他今天環繞在神父的話題。它相當擔心這個現象，因為它知道，這個神父很容易不小心就會連帶將他心中的爸爸帶出場。

還好，後來，他又將力氣花在對媽媽的恨意。

這讓它較舒坦些，畢竟恨意是他生存下去的重要能量，讓他能夠多采多姿的生活方式。它這麼想：「看來，它之前差點判斷錯誤，以為他仍會穩紮穩打地走下去。但看來真的是誤判了。」它不喜歡這麼熱的太陽天，他在大熱天裡依然感到心寒，但是，在這種時候，沒有任何人能夠享受這種溫暖，唯有，恨意還需要在荒涼裡尋找出路。

你覺得無奈，你知道，得克制自己的欲望，「畢竟，恨意仍足以將陽光變成冷冷的抱怨」，因為你知道，你還很難忍受，恨意竟然如此源遠流長。

18. 媽媽是誰？

「平靜的感受帶著某種永恆感。」他說。

他形容自己，站在高樓的落地窗前，遠遠的廣告招牌霓虹燈，不斷閃爍著，好像提醒他：「這是最後時刻了！」他被這個聲音嚇一跳，你急忙想要提醒他，還不是攤牌的時候，需要再忍耐一下。

畢竟，廣告招牌是提醒所有過路人，「只要你再等一下，一下下就好，接下來會出現更有趣的色彩，變身成另一種誘惑。」

它一直冷眼旁觀，它知道自己始終是色彩變身的主要操盤手，他只能一路跟著它轉來轉去。他卻深信，「自己才是一切的主宰者」，他的確需要這樣的聲音，來提醒自己存在的方式。

你是否會想要提醒他：「你還有一段戀情，在不遠的路口等待著，你不能讓戀情變成孤獨的伴侶，何況這戀情遠比霓虹燈多變化。」明顯看得出來，你的表情變得僵硬了，怎麼回事呢，難道你失去了信心？

它一直冷眼旁觀，甚至覺得「這些華麗的霓虹燈，不過是人生短暫的留影，萬萬不可被迷惑。」

「沒有人現身來邀請我，媽媽還在忙著她對生命的困獸之鬥，男友的邀請卻讓他只能狠狠拒人於千里之外。」他站在落地窗前，心想著。

「做為女人，做為媽媽唯一的女兒，難道只能重蹈

媽媽的腳步嗎？何況，他從來不曾跟得上媽媽的腳步。」他提醒自己。

「他今天怎麼這麼冷靜，冷靜得可怕。」它倒是訝異。

「反而沒有以前那麼悲傷了。」他說。這句話是街頭電線桿上的宣言，宣稱這是最美好的一天，明天是美好的代表人。

它卻被這句「反而沒有以前那麼悲傷了」，震撼得緊緊捉住宣言的尾巴，以免滑落到人間的煙火裡。它穩住自己，它相信，悲傷是情感的主要來源，「如果有愉悅出場，我寧願以悲傷來掉換全世界所有角落的愉悅。」這才是它的宣言，但它知道，不能過於宣傳這種感受，「否則，愉悅會反撲，一定會反撲。那是愉悅的本色，它不會容忍有讓它不爽的任何枝節。」

後來，看見你，卻變得冷漠了。尤其是當他一再宣稱：「自己的決心不會有任何動搖，也不會讓自己依賴任何人。」他再強調「任何人」。它可能是唯一了解這是怎麼回事，也是唯一堅定相信，悲傷必須在所有出路出現前，跑在最前面，好像他另外站在遠方，回頭看得到自己身上的霓虹招牌，照得到荒涼的嘆息。

「真的很安靜，來自深沈寂寞的聲音，那是兒時孤獨時的聲音。真的很安靜啊，好像小時候，曾經有過相同的聲音。」他甚至一度深信。

　　它也知道，他享受著這些寂寞，這讓它覺得，他是個不可救藥的依賴者，「依賴著所有的寂寞和安靜」。

　　你也深信，這是他根深蒂固的依賴，他一直以為自己是「冷漠的獨立者，過得還好，有時候，還是很快樂的人」。

　　它後來乾脆就放棄了，相信只要自己維持著冷漠的心情，才是最佳的方式。雖然，它有時想要激發他，但深怕他會隨著那種孤寂，展開人生的無情路。只是至今，它卻讓他無意中，愈來愈像他的媽媽，雖然「那是他最痛恨且恐懼的事，如果自己像自己的媽媽。」

　　他花了所有力氣，「一定要努力，讓自己不像自己的媽媽」。

　　這是他遠遠望著招牌時，他讓自己維持著誘惑者的方式，好像「如果自己是個誘惑者，那自己就不會是媽媽的樣子。」他不知何以自己這麼認定。

　　但是，他覺得這是自己走下去的人生。

　　你曾經想要確定，他是否真的想要了解自己，當他強調安靜和永恆時，反而將驚恐傳遞給你。但是「他對於這種驚恐，顯得很無辜。」這使它更加有恃無恐，只要冷漠地旁觀著他就好了。因為「他根本還沒準備好，想知道荒涼是怎麼回事？」

　　至今還沒有人知道，落地窗，是看穿人世間冷暖的入口。或是，被人世間的冷暖所看透的出口。

19. 前幾天又夢見了飛機

他早已有氣無力了。

在庭院裡，他來來回回，走了不下十趟。他猶豫是否要出門了，不能再回頭了。有誰能夠決定這種事呢？這是一個事件，需要在自己的表情裡，尋找最後的答案。

他一直無法看見自己，因此，他就一直在尋找自己。他問它，怎麼樣，可以出門，可以回到自己的家？它對於這個問題，早就厭煩了，因為它覺得問題不在於家，而在於，門在哪裡？「只有門，能夠決定門內和門外。」

他說：「前幾天，夢見了飛機」，然後，他就不再多說了。

你早就看得到，他一直待在家裡，其實，他因為找不到自己，卻以為自己找不到家。它是這場誤認戲碼的主導者，它必須在茫然若失裡，替他保住最後的氣息，讓走下去的路，仍然找得到隨後而來的步伐。

他再說：「前幾天又夢見了飛機……」，這一次，他強調之前沒說的「又」，讓這個夢變成了某種重覆，但還是無法聽得出，到底這個夢，要說些什麼？

「很多事都沒有去做！」他一直苛責著自己，這種聲音來自深深的失落，他無力抵抗，只能任由它鞭笞。

你一直覺得，他是沈浸在這種鞭長莫及裡，幻想著

未來的無限可能性。但他不曾聽進，你所說的細微奧義，這讓你想放棄他，終究，你從來不曾這麼做。你也不知道為什麼，自己竟這般沈著，像狡猾的鄉間香菇，在最微細的葉叢中間，以巧婦難為無米之炊的身段，孤挺地站在那裡。

他來回走過，卻不曾理會你，甚至，眼睛餘光的餘波盪漾著荒涼，也僅僅是微弱的問候。

但他依然堅持走過自己的路，只有它才是最深沈的指揮者，這讓他「覺得自己很煩又很亂」，好像他唯一能做的只是，「讓自己躺在無邊的草地上，好像這片草地，就是無垠的藍天。」

甚至，對於他自己這個想法，也覺得「不知道，是否太萎靡不振了！？」是否要以問號的型式，做為這句話的結尾，其實，仍是猶豫的。

它催促著他，讓他可以一直說話，維持著爐灶裡的餘溫。但是，「心中早已冷卻了，地底的溫泉早已過度地使用了。」他仍在掙扎，不想太任意地，只聽從它的催促，他只是重覆地問自己：「過去半年，自己過得好嗎？」。

有時，它對於這個問題，拿著鳴鼓的擊木，意圖掀起漫天作響的爭戰，但是只要它臨時出面，怒斥他：「這些是是非非如果可以走來走去，怎麼讓它們在出門前就被打敗了呢？」

他不是很了解這種宣示，但可以感受到，這種宣示是無邊無垠的作弄。

他仍頻頻說：「對不起自己，對不起任何人。」

這些聲音是空山裡無人在場的迴響，你想要介入，站在最遙遠的那一邊，大力呼喊：「你不是夢見飛機嗎？」。你卻突然停止了呼喊，只因他理直氣壯，對著他自己說：「你只是在河邊吶喊，你從來不曾看過，在倒影裡，自己是多麼憔悴。」

你是訝異的人，他竟說出這般詩意的話語，雖然你知道，那是它在說話，他只是個行動者。

也許，他必須是個行動者，在人世間闖蕩，他在意自己流浪的溫度，「是否只要走出這個大門，一切就自由了。」他更像是，從來不曾回過家的人，一直想著，要再出門離家。

他不知道當年曾發生的那場災難，從來不曾離開過他。那場災難的起源，即是他「突然覺得人生的茫茫大海，唯一能做的是反抗自己，反抗自己心中的它。」

顯然地，它早已將他趕離家門了，他早已回不了自己的家，他卻相信：「只要離開這個家門，就自由了，就可以遠走高飛了。」

一直在等待這個日子。

他只是安靜地等待，因為「全部的東西都卡住了，只能來回踱步，就算自己大力踱著土地，門還是不曾再

開過。」他知道它的不安，仍然隨時在找機會，來告訴
自己：「好奇怪，剛剛又夢見了飛機。」

他很謙恭地問你：「這是什麼意思呢？」

你卻突然發現，你的任何答案，都是太隨便的侵犯。

20. 雷聲裡最後吶喊者

「情人節是一種諷刺，像個亮眼的招攬，想要伸手
擁抱荒涼，卻只是一場難以言喻的難堪。」他這麼相信，
很堅決地相信。

他在說服全世界的人，身旁卻沒有任何人。他終究
沒把這句話，大聲說出口。他覺得，要給自己留一條後
路，「雖然不知道，這條後路要通往何處。」

它一直推動著他，往前走。這是他的生命宣言，「往
前走，不要瞻前顧後。」但是，他從來不曾真正地配合這
個無力的宣言。它在找出路，他卻早已疲憊不堪，只剩
下些微力量，用來調養生息。

他是爸媽唯一的女兒，但是哥哥的出生，早已搶劫
了，那些稀薄的奶水。兩位弟弟出生，更是預約走了，
母親濃郁的乳頭奶香。他覺得「生活註定是貧瘠的，在
搖籃裡，自己是自己長大的人。」

甚至，他常常不確定，自己是否是人，他常幻想自
己是「飛來飛去的幽靈，搭乘乾扁的乳房，四處旅行。」

每次當他聽到「漂泊」這兩個字，他總是豎起雙耳，想要捕捉字的尾音裡，是否有醞釀的失落。

它是那個音階的最後支撐者，它知道，要再走下去，依靠的不是意志，「而是某種茫然若失的音階」，只能靠著捕風捉影，來裝潢那間早已充滿霉味的家。他無法任意地安置自己，恨意變成拐彎抹角的生活方式，不知道還有誰，可以解讀自己無意中發現的，那根白髮。

他變得坐立不安，這是它對付自己的方式，讓不安在自己的無知裡，活得像是樹林裡，隨風呼嘯的野蠻。

它催促他，需要找個可以談心的人，一起尋找那些不曾出現過的幽暗。他痛恨有人一直規勸他：「需要樂觀和積極」，這是最令他感到沮喪的宣言，挑釁著它的眼界。

它當然不會善罷甘休，「如果狡猾是樂觀的兄弟，自己絕對只要狡猾。」他覺得自己需要一些狡猾，讓自己可以避開時間的臉色，能夠在徬徨時，仍能在別人的眼睛裡，找到自己。

他重覆問著：「自己所依賴朋友，在逝去父親後，反而變得無法再照顧任何人了？」他因此納悶：「為什麼死掉的人這麼重要？」他等不到這位朋友了，朋友沒有依約再出現，雖然，他早就覺得，自己從來不曾再活過來。

他在街頭走來走去，只為了尋找「童年失去的眼神，

能夠閃閃發亮的眼神，如天上的星星。」他暗暗相信：「唯有這種眼神，能夠再度喚醒自己。」

它在灰色的天空裡，等待自己，他一度以為自己已經路過了，這個童年曾經待過的地方。但是，它提醒他，他從不曾離開過那個地方，在他童年時，曾經待過的地方。他奮戰不懈，想要說服它，它對他有了錯誤印象，他覺得自己「早就遠離了童年」。

還好，它不會輕易被說服，畢竟，這條人來人往的熱鬧道路上，欲望仍然是最不願妥協的臉孔。

這是他「能夠讓恨意，無限張揚的最佳臉色。」試想，有誰願意，「在搖籃裡，自己搖著自己長大後，還願意走上大馬路，祈求路過者的眼神呢？」它始終惦記他，他是靠著自己在搖籃裡長大的。

你曾經想要花力氣，撐開場面，但是無功而返。很多年後，你才了解「原來，他一直在等待你，像個白花力氣的失望者。他要在你的失望裡，尋找最後的餘溫猶存。」

這是身體才能感覺到的體溫，如果能夠重新牙牙學語，他寧願學習這些難以言喻的餘溫，尋找話語來重燃溫度，「尤其是，來自母親的乳水溫度。那需要再三測試，才能調配出絕佳的風味。」

這是它一直支援他的最後力道，雖然近來，它已經愈來愈乏力，愈來愈需要路人憐香惜玉的眼神。

　　他堅持，如果還能夠在午夜鐘聲前，再度尋求你的憐憫，「你會如何對待這種渴望呢？」它緊盯著你的眼神，但是他在發問後，尾音卻變得彎彎曲曲，是天上來的閃電，凝神靜聽，是否有雷聲，將跟著他？

　　他一直不願接受：「自己是在雷聲裡，倉促來到人世間，最後吶喊者。」

　　繼續維持人生姿勢時，他顯得相當出力，需要有人在他心中消失後，他才能找到那種莫名的力量。

21. 身體是部歷史，大部頭的歷史

　　他一直期待一個人的旅行。

　　他也一直期待有人可以聽見他的聲音，雖然要說些什麼，仍是模糊，只覺得自己有很多話要說。

　　「你想要對誰說呢？」你曾問他。

　　「不是那麼清楚吧，只覺得有話想要對人說。」他回答。

　　但是，他也覺得更想要，從自己的身體著手，因為近來，「身體好像有什麼要表達。」它當然知道，身體是部歷史，大部頭的歷史，以編年史及斷代史錯落荒涼的情景，展現著它的疼痛和辛酸。他忙於收拾自己製作的後果，從來不曾好好休息的樣子。當他發覺自己的身體，最近急著要說話時，他顯得手足無措，只能採取忽

視的眼神。

　　「如果自己一直生病不起，那麼，周遭的人們勢必得採新的方式，來對待他。」常常想著。他始終痛恨自己身體的曼妙，覺得是自己辛酸的起源，「這個世界上，沒有人可以了解他。」他沒有把握這種結果，只因為他更相信，這句話是大魔咒，以沈默的方式，在舞台上施展拳路，並指揮著大部隊的肌肉成群，踏著激情的步伐，走向不知道的明天。

　　它知道路的方向。但是，它只能默默做出拒絕語言的指令，畢竟語言還過於生澀，始終無法在舞台上，發出有意義的口號。「期待　個人的旅行」，這句話是以半成品的樣貌，呈現在他的腦海裡，餘波仍然蕩漾。

　　他只感受到身體某種感覺，你意圖加入豐富的語言，卻始終是外來的干擾者，只能站在路口徘徊和等待。

　　「如果世界上，有個叫做爸爸媽媽的人，那是什麼樣子呢？」他肯定的回答。

　　「爸爸與媽媽，一定是兩個人，怎會是一個人呢？」譬如，你嘗試這麼問他。

　　那是爸爸媽媽的身體史，如果神話可以插得上話，也許那是一個或二個人，需要再撐開場面，才能細細品嘗這種韻味。

　　「不想再處於被看不見的地方，要讓路過的人看見自己。」如何跳開現實的摸索，他告訴自己。他知道，

這種想法已經一步一步駕馭著他，他只能任由這種想法，拖長它早已在無意中佈下的天羅地網。

他需要伸展自己身體，「為了路過的人可以看見」，他猶豫不決的是，如果有人高喊，他們需要的是病弱的身體，這使他痛恨自己健康的身體。「從來只因為健康的身體，讓自己一直被忽視。」他最近覺得自己的身體，想要表達什麼，卻苦於找不到門路。

「其實這只是讓自己，再度陷入泥淖的方式罷了。」它抱持著相反想法，它看得出他的迫切，急於替自己的身體，找到表達的方式。

他拒絕這麼想。

他仍一心一意，只想「一個人去旅行」。雖然心中的某洞穴，持續地發出渴望，「有誰？能夠看見黑暗裡的沈默呢？」他知道，沒有人了解這個問題，何況了解的人，也無法回答這個問題。

「但這是不得不持續問的問題，」不然，他無法處理自己身體的呼喚。這種呼喚是夕陽工業，能做的只是等待，等待有人路過，然後問他：「在等什麼？」

雖然對著他問，他不確定是否是在問自己，他仍想問答：「等待未來的身體，返身回來對自己說：『在荒涼的地方，沒有人能夠撐下去，如果找不到欣賞自己的人』。」

它始終扮演著擋路者，有時候，豎起「路過者，趕

緊通過，勿逗留。」的路標，有時候則是「路過者，保持緘默，速回頭。」它並非任意這麼做，它是充滿著強而有力的原則，但他卻只能，一而再，再而三，聽任它的指揮。

「如果把自己的憂愁，高高掛在，某個讓人看不到的地方，如果仍被發現的話，那表示自己就存在了。」這使他一直想背叛它，他早已保有一個神祕想法。

他為了實踐這個神祕想法，已經付出了很多代價，直到最近，他的身體裡某種不安，開始以他感受得到的方式，開始吶喊了，他追逐那吶喊，卻遍尋不著，直到筋疲力竭，跌坐在乾枯的草皮上，看見了泥土。

22. 他的淚水有幾滴早熟的童年

談到荒涼，他總是深深的吸一口氣。

他的姿勢像是吸飽了氣後，就要潛入深深大海中。在這個環海的島上，他卻是厭惡大海的人。這讓他只要聞到某種氣味，海岸線靠近了，他即止步。

在雨天，他很容易誤解自己，雨水從上流下時，他一直擦拭，那些雨水就是淚水。他又深深吸口氣，暫停在剛剛正談論的淡漠。他覺得淡漠，是他應對別人冷言冷語時，最有力的武器。

久而久之，有時候，他卻覺得自己對這個世界，「真

的已經很看開了」，只是每當他說出這句話時，不論之前或之後，所說的是什麼，這句話就讓前後的話語，轉身變成一把武器。

不知是誰受了傷害，只能在黃昏彩霞後的暗淡裡，沿著山路漫步。他倒是喜歡山路。它可能出手撼動他的淚水，只要它在他說話時，把某句話硬哽在他的喉頭，他就知道，它是發狠出手了。

「也許我這一輩子，早就不同了。」他只能以受傷的表情，走來走去，如果樹木也可以同情他。

「不想讓自己一輩子，都沈陷在這個擾人情境裡。」他當然不會容易讓它得逞，因他仍想有所改觀。

你看得見他的掙扎動作，總是出力過度，連他自己親手栽培的盆景，也被他順手揮落地上，散成了一地的喪氣。他是家中唯一女孩，卻是唯一沒有被好好看待的人，這讓他一輩子，都在努力深吸口氣，想要沈潛到深海中。

「這輩子，最討厭看見大海。」

他知道，這只是一種比喻，在這些比喻裡，他才有機會找到出路。

他一直偽裝，以為「那是他總是順其自然」，但是每當他看見，別人在他說話後，總是變得哀傷，他知道「那是別人替他哀傷」。他一直受困於「許許多多的冷言冷語」裡，後來，他深深吸口氣後，他發現原來「冷言

冷語」是無垠大海。這口氣讓他驚覺：「原來，自己從不曾離開過，冷言冷語的深海。」

「如果哀傷是風帆，那麼，寧願坐在哀傷裡。」這讓他再度陷入絕境。

它在深不可見的哀傷裡，翩翩然地加工，要讓哀傷變成可以搭載「冷言冷語」，可以讓熱情張口說話。它把哀傷建造成大帆船，熱情卻僅能夠建造成一隻小帆船，這讓熱情等待得難以承受，一望無際的冷言冷語。

後來，他又說：「他已經學習淡然處之了」，說完後，風停了，但來了大雨。雨水沖刷著他的淡然處之，每滴水裡充滿著新的哀傷。

他再度深深吸了口氣，準備要往深水潛伏的姿勢，你想要在他下水前，說上一句話：「如果眼淚裡充滿了歡樂，那麼……」他已經再度潛入深不可測裡。人心有多深，眼淚就有多深不可測。他的眼淚氾濫成災，遮掩了他的視界，讓自己沈浸在親身打造的人生大海。

「討厭大海，要永遠遠離大海。」他一直對著它說。但是它知道，除了他厭惡的大海和淚水外，他早已無所去路，也無所退路。

「這就是生活吧！」

風停雨停後，他重新練習走平路的方式，據說，哀傷已遠去，他只要嘗試踏著穩健的腳步，終將風平浪順。這是他的希望，多年的期待：「想要看著自己，以風平

浪靜的步伐，走在歡樂的心房」。

安靜下來後，他卻開始不安。歡樂的恐懼，讓他再度記起，深不可測的風向，只等待它指揮，再度走入他心中的波濤。

「什麼時候是盡頭呢？什麼時候，可以昂首闊步，對著自己宣誓：『今夜，歃血為盟，對著風向說著，自己的貧瘠。』」今夜，他自問。

他的失敗，不是他的貧瘠，而是他的淡然。他的失敗，不是他的淡然，而是他離自己愈來愈遠。他的失敗，不是他離自己愈來愈遠，而是他一直堅定地相信，他的淚水裡有幾滴早熟的童年。

23. 寂寞張牙舞爪，緊緊地抓住他的後腳跟

「他」強迫自己要迷路。在人生版圖上迷路。

他是一隻阿米巴，完完整整吞下了，他母親的落寞和悲傷。他是母親的女兒，後來，他的女兒，再完完整整地吞下了，他的落寞和悲傷。

寂寞張牙舞爪，荒涼緊緊抓住他的後腳跟，他原以為「只要脫掉高跟鞋，就可以擺脫母親的原始命運。」小時候，跟在母親後面，常常看見母親的高跟鞋，他拒絕高跟鞋。他拒絕相信，馬路是為了高跟鞋而鋪設。

「笑容和快樂是併肩走的母女」他也拒絕相信。

「希望快樂在某一天某一夜，能夠降臨他的臉頰。」
他只好也拒絕笑容，但一直渴望。

他改穿平底鞋，他不在意母親常穿的窄裙。他喜歡
穿著窄裙，它知道，窄裙裡負荷了，母親所有的恨意和
愛。他穿著平底鞋，可以走得很快，無論平路或上下樓
梯。他處心積慮，一定要和母親不同，脫胎換骨。

甚至，連走路的方式，他刻意走著大步伐，好像這
才是真正的自己。

他也是一隻阿米巴。他吞下了整個母親。它知道，
他自始都不知道，他是一隻阿米巴。如果靠著咳嗽，可
能咳出母親，他會這麼做。如果流淚，可以流出母親，
他也會這麼做。

「小時候，母親每天流淚和咳嗽，我只是默默看
著。」他這麼說時，眼角的淚水，一直閃爍著，那是房
間裡最亮的燈光。

他喜歡穿窄裙。它知道，但他不知道，「這是紀念
母親的方式，一種難以拒絕的，神奇的變裝術。」如果
他有某種難以說明的憤怒，他會穿上更窄的裙上街，
「這樣子，可以把那些迷路的憤慨，包圍在小小的空間
裡。」他難以忍受過大的空間，讓他有迷路的感覺。

他卻希望自己是迷路的阿米巴，只因為不希望，走
上和母親相同的路。迷路就不會走上母親的老路。

「後來，讓自己迷路，人生就該如此，才是不一樣

的結局。」他相信，「母親只有一條路，而自己迷路在
眾多方向裡，怎麼走都是不同的路。」

　　他看到女兒，竟和他有些相像時，他才驚覺自己的
迷路，卻走上和母親相同的路。他想起，有一天，他偷
穿母親的高跟鞋，被母親痛斥一頓。

　　那一天，陽光從窗外射向沙發，被眼淚擠滿的眼
睛，卻充滿了陽光。

　　「他要走不同的路」，他告訴自己。

　　他相信，那時候，他還不會這麼說，這一定是後來
想出來的話語，後來更像是說：「要走會讓自己迷路的
路」。

　　它緊緊抓著吞進來的養份，把每個細節都消化了，
被解體後，安裝到不同的部門，然後，以為「一切都不
同了，你看，一切多不同啊。」

　　「一定要誓死捍衛，自己走著全新的路。」他告訴
自己。

　　他喜歡頂著陽光散步，讓陽光浸潤眼皮四周的皮膚，
讓他感到，他擁有了整個世界。他喜歡這種擁有完完整
整的世界的感覺。

　　「迷路才能擁有整個世界」，他曾經說服自己。

　　它知道，他何以這麼希望，但是他自己還不知道。
為了擁有整個世界的感覺，他在迷路裡，忍受著落寞和
悲傷，那種一直找不到出路的吶喊。甚至，他不曾真正

的吶喊，他只是默默對自己說：「一定要跟母親完全不同」。

暗夜裡，母親常常獨自流淚，眼神裡充滿著他難以理解的神情，後來他覺得那是「冰冷的茫然若失」。他絕不讓自己掉淚，要掉淚的時候，他就尋找有陽光的地方，讓自己的眼睛，面向太陽，接受陽光的溫暖。他相信「這種淚水是有溫度的，能夠讓自己，脫離落寞和悲傷。淚水裡，反映著整個世界的陽光。」

他女兒小時候常常跟在他後頭。

後來，女兒拒絕穿著後開叉窄裙。他女兒也是一隻阿米巴，穿著平底鞋和長裙，希望自己擁有，寬廣伸展人生的空間。

在他女兒暗夜掉淚時，他仍然拒絕相信，他的女兒會和他雷同。因此，他還在生氣，何以女兒竟對他這般無來由的生氣。

24. 難道，現在一直在追憶，第一次心跳？

很久很久了。

他早已忘記，那是什麼時候的事了。

每次總是他的心臟告知他，事情已經瀕臨盡頭了，他的腳步，還在往前走，身體卻突然要求緊急剎車。剎那間，突來的風風雨雨，來不及打傘前，雨水已經濕漉

漉地淋在衣服上。

　　好像大地的災難，嫁禍到他身上，心臟跑著廟會儀式報馬子的姿勢，在鞭炮響起之前，即已起身前來，宣稱某種災厄即將到來。很久很久的事了，他跟很多人說了這怪異事件，所有人都勸他，沒事的，「不要想太多！」這句話早已捲起海浪淹沒了他。

　　他可以感覺到它，它在深處竊竊私語，舉起革命的旗幟，在灰頭土臉裡張揚它的宣言。無論如何，他的心臟總是充當最前鋒，準備讓自己衝向死亡的航線。驚恐很快地佔了上風，就算他不得已擠上市內公車，也足以讓他陷在所有注視裡，所有眼睛同時刻劃出世紀末的行情。

　　你是不解的，依然只能冷眼旁觀，數著他的心跳，踏著他的步伐，每一步，卻都會走到死亡的陷阱。「站在街頭上，成為街景的鏡頭之一，但是……」他還沒說完這句話，隨即立定不敢有任何動作，直到有人走過，他才又有了勇氣，走出下一步。

　　他發覺，人來人往，是個安全網絡，但每當有人擦身而過，卻又是死神的親近。

　　「是啊，好像死神的特使，但是……」他又被卡在某個難以說明的轉身處。他總想在可以轉身的地方，能夠轉彎，無奈到了關頭，卻是難以容身的死角。它不想忍受這種無奈，它展開了所有力道，意圖在僅可容身的地

方，拓展人生的康莊大道。他卻畏首畏尾，只能任由它施展手腳，這是他從來不曾來過的叢林，野獸哭號在不遠處，窺伺著他的一舉一動。

他選擇不動，他更覺得「根本沒有選擇的空間，唯一能做的是，等待急促的心跳，能夠跳出另一片天空，但是……」。

他記得了那片叢林，祖先們努力開發的河域和土地，他一直期待著，能夠回到那夢想的地方，但是「夢想卻是無情的上天，眼睜睜地看著自己跟夢想擦身而過。」所以，他不曾真的到過夢想的地方，他覺得這是上天的殘酷。

雖然，他的心跳總是迫不急待，跳上自己所佈置的祭台，親身做為奉獻的犧牲品，就擺在供桌的最中心位置，讓路過者也知道，他的心意和不安。「如果祭台上，還能夠擺上什麼供品，也許，自己不小心撿到的話語，足以安慰在天的所有神祇。」他思索這些話語，一度以為來自上天的叮嚀，卻覺得那是來自土地的情感，雖然，他一時之間，仍然還記不起什麼話語。

他只記得，某些話語，讓他在死角之地荒涼，發現了轉身的縫隙，那個縫隙「竟然能夠讓他大搖大擺地，說服自己：『這只是一場夢』。」後來，他發現，那個說詞不必然能夠說服自己，但至少他可以一時地，讓它誤認，誤以為他就是從天上來的人，卻一直在淺淺人情

裡，尋找潑墨山水的深奧技能。

「何時才讓心跳，自由地擺脫束縛呢？」他花了大半輩子，尋找這種自由，可以自由心跳的自由。然而，更深人靜時，他發現這種自由「總是不安地啃蝕著夜晚，尤其是夜晚的兄弟『安寧』。」他想要喚醒，人世間的一切，無奈聲音只能召喚已經沈睡的時間，讓他覺得，時間過去了，尾巴卻愈來愈長，長得讓他只能重覆問自己：「如果時間也睡覺了，還有誰醒著呢？」

它知道，他最害怕的答案是「自己的心臟，仍然不停地跳著，感覺得到它的存在。」他不必說服自己，就知道自己不想死，但證明他不死的心跳，卻是他這一輩以來，所蒙受的最大災難。

很久很久了。

他早已忘記，什麼時候的事了。

「除非，確定自己記得，哇哇落地後，第一聲心跳時，所呈現的驚恐。」那是大家都遺忘的事，還有人記得嗎？難道，現在一直在追憶，第一次心跳？

那是第一場宇宙革命，以心跳宣稱，這塊土地是他的。

25. 他卻一直在尋找寒冷

有陽光的好天氣，他卻一直在尋找寒冷。

他在尋找一個家，只有兩個人的家，爸爸與他的家。他常常幻想，如果有個哥哥，是否就會不一樣，但是「有可能那是太過炙熱的陽光」。做為爸爸唯一的女兒，他知道「這個家只能容納兩個人，多了一個人，就會相當可怕。」

有陽光的好天氣，他卻一直在尋找寒冷。

它是他的內心深處，它從不曾停止過，尋找一個明亮的車站，只是坐在那裡，看著人來人往。它不想認識他們，只是想聽聽吵雜的聲音。不管是什麼聲音。他已經努力很久了，一直想要將那些聲音，保持在心中，然後帶回家中，「常常走到半途，那些吵雜聲就不見了。」這是很可怕的靜寂，就算緊磨牙齒，他仍無法製造出那種雜音。後來，他想起了，會忘記那些車站的雜音，常常是他在離開車站後，不久，心中浮現「現在，在回家途中嗎？」他覺得這個疑惑，打走了讓他舒適的車站雜音。

有陽光的好天氣，他卻一直在尋找寒冷。

他曾幻想，在瀑布後頭，建造一個家。如果走在小路上，「只要注意不要掉落底下的水池裡，家就在不遠了。」他覺得，「那將是最安靜的地方」，如果把家建在瀑布後的石洞裡，他覺得自己，一定可以整天安靜得，就像車子剛進站時的瞬間，人們排隊準備回家的瞬間，那是車站最安靜的時候。他至今仍不時問著自己：「有

媽媽在的地方，還能叫做家嗎？」因為他始終覺得，只要有媽媽在家，他就處在某種不安裡。好像「沒有媽媽的地方，才叫做『家』。」

有陽光的好天氣，他卻一直在尋找寒冷。

它堅持要看到煙，風吹煙會散的那種煙。他記得自己，曾經一直緊緊拉著父親的衣服，父親說他不要再回家了。他看到煙在自己的手背上，他從來不曾覺得那是一種痛，為了留住父親，他看著父親口中的香煙，放在他緊握著父親的衣服的手上。他相信「有這種煙的地方，才叫做『家』。」他知道，那陣煙總是會被風吹散，他的嘶吼，也有安靜的時候。

有陽光的好天氣，他卻一直在尋找寒冷。

他想著：「從小就是自己一個人」，單獨回家，單獨吃飯，單獨出門。有時候，他會懷疑，「怎麼可能都是一個人呢？」這疑問並無法打消，他一直覺得「從小就是自己一個人」。他自己就是整個世界，其他人是另一個整個世界。爸爸媽媽是什麼呢？他還沒有找到滿意的答案，只是有時候覺得「爸爸是香煙上的煙，媽媽是那陣風，風吹過去，煙也不見了。」

有陽光的好天氣，他卻一直在尋找寒冷。

他甚至一度懷疑地問自己：「海浪打在岸邊，瀑布飛濺的水打在岩石，這會痛嗎？」他知道，這不是真正的問題，因為「自己根本不怕任何痛」。他也不知道，

這也不是假問題，因為他的確很在意這個問題，每次他總是很慎重地問自己。尤其是好天氣，他身體感到溫暖的時候。他常常覺得，溫暖遠比冰涼，還要令他不知所措。

有陽光的好天氣，他卻一直在尋找寒冷。

「溫暖的奶水是溫暖的陽光」，他卻不同意這種說法，這種說法讓他手足無措。他堅持「愛情是溫暖的，這是何以自己不尋找愛情的原因，奶水卻是冰涼的。」瀑布的水從高處沖擊下來，在水池裡，濺起白色泡沫，最像他童年的奶水。

有陽光的好天氣，他卻一直在尋找寒冷。

如果他可以選擇，他會改問：「如果，當年，他不緊緊抓住爸爸的衣服，是否，爸爸就會不見了？」這個問題是個會吃人的怪物，幾乎將他的心情都啃光了，他只好「收拾殘餘的心情，看著來來往往的車子。」

有陽光的好天氣，他卻一直在尋找寒冷。

他深信「一定是車子載走了爸爸，爸爸是煙。」他只能一直說：「不要不要不要！」

有陽光的好天氣，他卻一直在尋找寒冷。

他帶著狐疑「媽媽是陣風吧！」他緊閉著嘴巴，不讓多年前路旁，風捲起的沙子，跑進現在的嘴巴裡。

26. 敵人並非是要打敗敵人的人

他堅持：「這是黑暗與光明的戰爭」。秋天的時候吧，很難確定，是秋天或是初冬的涼意。

已經夜半了，他還在客廳的燈下，提醒著自已，「還是慢慢來好了。」一時之間，他還不了解，何以腦海裡重覆著這句話。應該也不是，今天晚上才出現這句話吧，他不確定，這是二天或三天前，他就「先不管，這是什麼時候出現的想法。」

「不要逼自己太急吧！」這是今天晚上新出現的提醒。電視裡已經重播了很多次，關於地球的另一方，埃及人上街頭，與多年的獨裁者奮戰的畫面。他卻對於激情，愈來愈戒心，他記得自己曾說過：「激情是陳年老醬油，由於主人一時忽略，卻硬要上場飄香。」這麼有詩意的話，應該不是出自自己的內心吧，但他突然記起了，那是他對於成功的兒子，所說的話吧？

它是心急，卻發現，他已經不是那麼容易推動了。「這是黑暗與光明的戰爭」，是它所極力說服他的說法，它是希望他，再度走上爭戰的老路，那才是他擅長的招式。「爭戰才是力量的起源」它深切知道，這是他在惡劣環境裡，謀生的指導原則。他是成功的，至少在以前是如此。

他覺得那些要他放鬆的人，是把他推向衰頹之路者。

何況，他自覺「自己是個有意志力的人」，只是他最近出門前，「有些膽怯的腳步」，讓他緩下了步伐。你是他最要好且最久遠的敵人，他卻對你始終保持著「這是黑暗與光明的戰爭」。

　「也許他開始寂寞了吧」，你卻不想在此刻出手重擊他，你依然維持自己的座右銘：「敵人並非是要打敗敵人的人」。燈下的他，依然相信自己，是個意志堅強的人，它卻知道他已經深陷在「成績單要給誰看？」的困境裡。這是個遲來的問題，他無意地看著，電視上重播的埃及人，上街頭，要推翻獨裁者下台的鏡頭，他已經將聲音關掉了，雖然他大都是開著電視，只為了有聲音在客廳裡。

　「難道，自己陷在黑暗與光明的潮間帶裡？」他再度被這個想法，嚇了一跳。他堅持「自己絕不是詩人，從來不想當個詩人。」他的三個兒子都事業成功了，他知道他們都有他的身影，每當看著他們時，卻總是覺得：「他們是誰啊？！怎麼這麼陌生。」你是一直站在旁邊的，卻迷失了方向，仍然不知如何找到話語，來點破這個迷津。

　它卻是無情的。它最像一陣風，至少，他是這麼稱呼它，從以前到現在。他想著兒子們對他說的：「你就放下了吧」。他不曾如此感受，卻覺得要他放鬆，就像要他走向死亡，「這是同一件事情」。它是他最有力的

推動者，總是提醒他：「奮戰不懈吧，試想當年，環境是多麼惡劣。」他最近卻常找不到它，尤其夜半的燈下。

在秋天與初冬，逐漸模糊的時刻，他又出現這個想法：「還是慢慢來好了」。他仍不想早睡，他曾想過：「晚睡是報復當年的最好方式」，不過，最先的想法是：「晚睡是報復夜神的最溫和方式」。無論如何，他要自己深信，「一定有夜神存在」，現在，他不必花力氣，就可以讓自己相信夜神了。

他再度仔細看著電視畫面，激情的埃及人宣稱，要推翻獨裁者後，才會回家。它知道，他還在深深的介意，兒子們對他說：「媽媽，你要下台了，那樣子，才有家。」當年，他遠離家鄉，只為了賭一口氣，「媽媽，如果你不改變，這就不是家。」那時候，他還不到二十年華。它依稀記得，但他可能已經忘記了，是在秋天與初冬之間，很難界定的季節。

夜神一定是存在的。更深夜靜，夜神將會走著緩緩的腳步，一戶一戶敲著窗戶，告訴晚睡的人：「我就要走了，日神的腳步聲，已從東方傳來了。」他聽到夜神說：「天是無情的」。他深深地吸了口氣，有些寒意。他起身拉開窗簾，好像要撐著眼睛，直到天明。

他在等待著什麼？

27. 咒罵那盞明燈，等待是很重要的

他看到明燈了。他變得更焦急，它卻決定，要用剩餘的力氣，咒罵那盞明燈，依然是如此遙遙在望。

風暴已經幾個月了吧。他在海上風暴裡，也是陸地的風暴。他去找了你，它卻脫離他的掌舵，兀自出航，駛向不可知的地方。他站在碼頭呼喊，風雨實在太大了，船仍然飄向茫茫大海。

他曾對著大海嘶吼，表達他對於老板的恨意。他覺得老板在他最失意的時候，又踩了他一腳。他已經失去了，這一輩子能出力的地方，「就自己失去自己了」，這是他第六次來到海邊，他選擇來這個以前是歡樂的海灘。

第一次來時，他只是啞口無言，獨自面對著，浪來浪去。他囑咐它：「一定要緊握掌舵的手，不要被浪花分心了。」

第二次來時，他依然不知要說什麼，對於那些浪花，他覺得心冷。他偶爾望著遠方的海平線與天空，對它說：「不要分心，大海是無情的。」他原本想說，風雨是無情的，卻說不出口，只能緊抓住衣領口，抗拒風鑽進胸膛的方式。

第三次來的時候，他走來走去。他一直走來走去，他叮囑自己：「一定要坐下來，面對大海的起伏。」他

變得有些急切，頻頻叮嚀它：「不行，不能再這樣子了。握住船舵，快駛回到岸上來。快點，不論如何，一定要這麼做。」他發現他的聲音，被風吹得作響後，就跟著風走了。一路上，他呢喃：「都走了，都走了。」

第四次來的時候，他什麼話也沒說。他只是站著，站在相同的岩石上，任由風沙吹過，有些風沙留在他的鞋子上，他曾經看著鞋帶，想對鞋帶說：「綁緊一點，不要被風沙侵佔了。」他沒有說出口。他發現自己，已經找不到它了，它不聽他的勸阻，獨自駕著船，往深海的地方去了。他很想再對著它大喊：「回來吧，不要讓海浪吞噬了。」他將力氣花在內心裡掙扎，還來不及說出口前，他就對自己說：「該回去了，天更冷了。」他多站了一會兒，風沙打在他身上，讓他有存在的感覺。他仍想大喊，終究沒有出口。

第五次來的時候，他對著大海大聲吼叫：「為什麼要對他這樣子！」他已經忘記了，他吼叫了多少次。只是他沒聽到回聲，連風都遠離這裡了，帶著他的呼喊。他來回地踱步，但是風沙卻莫名將他的腳印遮蓋，好像他不曾走過，不曾來過。他仍不見它的蹤影。

第六次來的時候，他在遠遠的地方，就看見它在遠處的風浪裡。今天，風浪特別巨大，每次浪起，就張口吞食了，呼嘯而過的風沙。

他知道，今天的風特別巨大，還是來了，你知道他

是想：「就算大風大浪，仍然吹不倒他。」他只是失去靈魂，無力地提著自己的身體，再度來到海邊。今天，鞋子是最有力者，其它的都沈睡了。他知道，今天鞋帶綁紮很緊密，他不必擔心鞋子會離腳而去。你知道，他無法再忍受，連鞋子也想離他而去。

　　他看見它出力掌著舵，努力要把小船弄回岸上。它大叫：「看見燈塔了！」他發現自己，來了這多次了，竟然不知道這裡有燈塔。他回頭，看看那座燈塔，持續地旋乾轉坤。他聽到它大聲地咒罵：「為什麼，不趕快伸手救援呢！」。它持續地使盡力氣，咒罵著。他試圖舉手，向它招呼，卻覺得它根本沒看見他。他仍站起身，站在岩礁上，揮手要吸引它的注意，它仍未注意到他的存在。

　　船仍在離海岸有些距離的風浪裡，載沈載浮。他看得心驚膽跳，自己難以抽上手，只能看著自己在海中船上掙扎。它精疲力竭了。它趴在舵上，他以為它是在咒罵他。後來，除了揮手，他也擠出僅剩的力氣，試圖大喊，希望它能看見他。

　　後來，他從它所指的方向，才知它使用僅有剩餘力氣，咒罵著那座燈塔。他只得坐在岩礁上，用盡力氣抓緊衣領，他還記得你一直叮囑他的：「等待是很重要的！」他決定坐在岩礁上，等待它看見他的揮手。

28. 如果還有如果，就喝茶吧，咖啡也可以

　　他是絕望了。他唱著老歌，很久很久了。是首大家都熟悉，卻不曾被唱出來的老歌。它是絕望的主人，雖然不久之前，它才是他家的僕人。後來，因為它變得更絕望，比他還要絕望，它變成主人了。他不是很在意，誰是主人，他也樂意由它當他的主人。

　　他堅持要站在門前的茄苳老樹下，唱著那首老歌。他還沒有在他的心中，找到這首歌的歌詞，雖然他並沒有真的在尋找這首歌的歌詞。唱了兩遍老歌後，他準備出門。他一定要先走到，小時候等候公車的站牌，他知道一切都改變了，仍然讓小時候的公車站牌，在他心中還有固定的位置。他可以記得所有新與舊的事，只是現在，它決議這些新與舊，並沒有什麼意義。它以特有的語言傳遞這個決議給他：「不要讓拐彎抹角，卡在茄苳老樹的果實上。」他一聽，就知道是它的決議，而且他很快就接受了。

　　雖然，曾有很快的一瞬間，有不同想法，荒涼在老歌旋律中間，跑出來打岔，那個想法是：「不要太心軟！」他很快且刻意地把這個想法，踢出老歌的旋律裡。當他把這句話踢出心頭時，他好像聽到，很符合主旋律的部份歌詞：「絕望永遠不會被心軟噎住，永遠是個雕像……」。他聽不清楚內容是什麼，不過也不必在意吧。

　　它卻是很在意，堅持「無論如何，不能讓遠方的出路，進來家裡，銷售茄苳的嫩芽。」這個堅持並沒有成爲歌詞的一部份，但它堅持，他一定要不計代價地配合。他在書本第五十三頁的空白處，寫著：「成長必須暫停在字裡行間」。他又順手在桌上的股票、瓦斯費帳單、過期多年的大樂透、與健康俱樂部的預約表上，慢慢地寫著一些字。

　　股票上寫著：「如果還有如果，就喝茶吧，咖啡也可以。」這支原子筆已寫不出字，他隨手拿起另一支筆，在瓦斯費帳單上寫著：「讓火舌吞下火舌自己，這個世界不必太有亮光。」那張過期多年的大樂透上的數字，已經模糊，只留下其中兩組數字「02」「37」，他就在消失的數字上寫著：「快走吧，快走，不要再多逗留。」

　　他看著那張健康俱樂部的預約單，至少有五分鐘吧，日期是2011.02.17，14:00-16:00。那是今天下午的事，但是他並沒有去。他曾想出去，才走到那棵茄苳老樹旁，他又回頭了。他還是在預約單上，寫了一些字：「他有一點點想去，但絕望叮嚀他，按兵不動。」他看著最後四字「按兵不動」，它注意到，他嘴角微微露出怪異的笑意，稀少的笑意。

　　它也不了解，何以他竟會寫下，這麼奇怪的四個字。它想問他，那是什麼意義，但話才到喉結，就消失不見了。他吞了吞口水，放下原子筆。站起來，他竟然

突然想要生氣，他對於自己的笑意感到很生氣，甚至對於自己的生氣感到生氣。它逼迫他，「這些生氣都是多餘的，生氣是希望的替身。」他無力地坐了下來。坐下來後，他覺得踏實多了，他相信，「絕望使盡所有力氣，要打擊絕望，但絕望雖不見身影、卻無所不在。」

他顯得有些謹慎，顧慮他的想法有違他的主人。他還在納悶，「到底是誰，去預約健康俱樂部呢？」他記得預約單上，還有手寫的註明：「針對腰身與胸圍」，他知道那不是他的字跡。也許是他在某天去健康俱樂部時，預約後，工作人員寫下來的吧。他疑惑了起來：「但是，自己不曾在意腰身與胸圍啊！」

他知道，在他的心中還有一首老歌，不時地鳴唱著，他仍無法完全了解，這首老歌的歌詞內容。最近，有一次，傍晚時分吧，呆坐窗旁，聽到有東西飛撞到窗玻璃。他看見一隻甲蟲，不確定是否是剛剛撞擊聲的受害者，甲蟲在窗外的陽台上翻身，卻始終不得要領。窗戶無法外推，他只能靜靜地看著甲蟲。他覺得有個想法的韻律，像是這首老歌的一部份：「絕望的掙扎啊，不要誤入歧途，當絕望追打絕望，絕望更望塵莫及。」

29. 出場吧，你已經孤立無援了

他覺得自己被困住了。圍困住他的是，自己的胃與

大腸。他最難忍受的是，這麼多醫師都對他說：「檢查一切正常，你一點也沒有病。」他總是沮喪地走出來，就算是陽光出場，照亮他的心境，他依然覺得，那些都是嘲諷。

這是一場圍城之戰。始終覺得鞭長莫及，雖然隨手摸到荒涼的胃，他卻一直受制於自己的胃。甚至常想：「這是自己的胃嗎？怎麼對自己，這麼不留情面？」他沒有說出來的是：「胃與大腸怎麼像是他的仇敵呢？始終毫不留情地攻擊自己，讓自己始終處在被攻擊的陰影裡。」

他想要走到陽光場域。他主動披掛上陣，想親自出場和胃與大腸，做一場殊死戰。「已經不想再忍受，真是夠了，胃與大腸的騷擾。」他向它宣示，自己效忠於它，請求它的允許，是否能夠上場，「不然，身體的其它部份，都會蒙受胃與大腸的侵襲。胃與大腸已經聯手，遮掩了太陽，上山與下山的路程，再不出手，只能讓自己處於哀嘆了。」

他給自己出征的緣由是：「為了黃昏，還有太陽下山時的五彩繽紛。」它毫不猶豫地允許他的出征。它的盤算是：「在日落西山前，他勢必狼狽而回。他絕不是，胃與大腸的對手。何況，他終年只是吃吃喝喝，卻不知山勢的高聳，河流的湍急。」它不是直接對他說，而是當著眾人表示：「如果他能勝利而出，將封他為幽

門關的鎮守大將軍。」

他不曾察覺它的惡意。他甚至忘記了，他是上天派來，獨一無二的自己。他已經好幾天，不曾好好吃東西，或者出門。他只覺得大門外頭已被胃與大腸所包圍，他只是坐困愁城。恨意隨著飢腸轆轆，節節上升，只能整天唉聲嘆氣：「怎麼會被這樣對待呢？自己以前待他們也不錯，享樂從不曾忘記他們。唉！怎麼，事過境遷，即反目相視呢？」

他的工作也受到了影響，每天最想做的事，是四處尋求檢查，尋問不同的意見，「到底為什麼，科學竟然也束手無策，都檢查不出來，自己的受苦呢？」他提醒自己，還不能與這些人為敵，不然他會陷入完全落單的情境。不過，他真的愈來愈難忍受，為什麼大家替他檢查之後，都是這麼說：「沒發現什麼問題，可以保證，真的沒有什麼重大問題。」

他總是想發火，只能提醒自己「要忍氣吞聲」。它隨著喉嚨流浪到胃，漫長且暗無天日的流浪，它是備受折騰，只因他的「要忍氣吞聲」，卻讓氣不暢，聲沙啞。最後，總是又有人提議，他最好「再另找高明」。他已經被這五個字，弄得緊張不已，是另一條漫長的路，高明總是在他方，他還說不出口的是：「痛恨自己的胃與大腸！」他擔心這句話被說出口後，招來的不是協助，反而是被離棄。

　　接到它的允許指令後，他走到客廳，試著打開窗簾。他卻猶豫，拉窗簾的手，停在半空中，像是世界末日的先兆。他頹喪地坐回沙發，胃與大腸仍不停叫陣：「一場難以收拾的戰役，出場吧，你已經孤立無援了。」沒多久，他又被叫陣：「不要再無謂掙扎了，你已經孤立無援了。」他整晚坐在沙發上，胃與大腸已經回頭，將他整個吃進去了，他反而沒有害怕的感覺。

　　奇怪的是，每當他想著，自己被胃與大腸反吞進去時，他卻莫名輕鬆了起來。這不是第一回合，最後，他以這個想像的創意，讓自己安睡。雖然，隔天下班後，只要他再度打開房門，面對空曠的大廳，漂亮時髦的小牛皮沙發，他又得開始備戰，胃與大腸聯手的戰爭。

　　他是商場的常勝軍，至今仍是如此。每天當他走進辦公大樓的門口，門侍隨即有力氣地對著他喊：「課長早！」他知道，那是叫他的聲音，他只是略略點頭，並回說：「早！」他知道，今天與對手的競標，「是一場硬仗」，但是他相信，勝利就在他的手上。

　　走進豪華電梯前，它看著他的背影，以及一群早到的上班者，它覺得自己「從來不曾了解他」。它看見他，透過電梯裡，周遭的人群的縫隙，看著自己微微的笑意。

30. 無力感是可以永遠等待的

　　他出門時，總是隨身帶著啞鈴。啞鈴不會說話，它也知道自己不該說話，畢竟，啞鈴就只是個啞鈴。其實，他已經三個月沒有出門了。想帶啞鈴出門，是他的夢想。他也很少說話，今天臨時決定要出門，要去尋找多年失散的弟弟。什麼樣的往事，已經不重要了，但他一直惦記著失散的弟弟。

　　他這麼相信：「自己與弟弟，都不是父母親生下來的。」他始終沒有明說的是：「自己與弟弟，都是從路旁的雜草裡生出來的。這很難說服其他人，但又何必說服別人呢？」他知道別人都叫他「無力感」，已經無法追溯是怎麼開始，他接受這個稱呼，讓這個稱呼在他的心裡跳來跳去。他讓自己的名字，張貼在大門的地方，就像春聯每年重新更新。他每天擦拭這個稱呼，久而久之，他是更喜歡這個稱謂了。

　　他從來不需要朋友，或者他的朋友，跟他一樣，都有結實的手臂肌肉。他不曾上過健身房，因此，那些肌肉應是自然如此吧，他也不是很清楚，是否果真如此？有一次，他出門時，為了不讓路人看出他的一身肌肉，刻意穿著寬鬆柔軟質料的衣褲，好像自己是仙風道骨的修道人。

　　只是出門後，剛踏上行人道，他就撞到了騎著腳踏

車的年輕男子。他沒想到要跟任何人道歉，只是隨口說出：「你騎這麼快，有目標要邁進，你要去哪裡呢？」年輕男子堅持要他道歉，他想不出道歉的話語與理由，他指著倒在地上，車輪仍無辜地轉動著的腳踏車，回答：「像你的腳踏車輪胎，一直在這裡打轉就好了，這麼趕只是找死。」奇怪的是，那男子原本想要再說什麼，卻自己牽起倒地的腳踏車，對著他說：「看你一副無精打采，算了，不想再理你了。」隨即揚長而去。

他看起來總是無精打采，他弟弟也這樣。他決定今天要帶著啞鈴出門，要讓路人看得出來，他今天有備而來，他要對所有宣稱有方向感的人宣戰，因為擔心力量還不夠大，因此，他想先去找失散多年的弟弟，弟弟的名字也是「無力感」，為了區分，弟弟就是「無力感二世」。

他先驅動自己的工具，是有兩隻腳的人，走路時是腳拖在地上，因為他將兩個無形的啞鈴，掛在兩隻腳的人的腳踝上。他不必扶起頭部，兩隻無神的眼睛，渙散在馬路上游來游去。肩膀長期下垂，因此肩胛骨往後突出，讓「這個人」顯得難以形容的頹廢。他一點也不在意別人覺得他看起來頹廢，那只是他的駕駛工具，也是他的寬鬆衣褲，他的手臂從小時候至今，都是滿滿的肌肉，每條肌肉都有自己的歷史，在一千年前，有些曾經打敗過無理的颱風，讓颱風遠離自己，雖然他的行駛工

具也受了重傷，他曾看著身體的血跡，由新鮮色彩變成黑暗的晦澀。

那些肌肉也曾與日本的武士刀相互較量，就算被砍斷了，後來跟上來的人，很快又把那隻斷臂接上了。他試著要舉起右臂，今天卻只能垂在腰際，像風鈴在屋簷底下，卻無法搖滾出聲音了。「沒關係，還可以再等待，無力感是可以永遠等待的。」

他在多年後，才知道自己的行動工具裡，有根可以往上舉的奇怪東西，他對那奇怪東西沒什麼好感，只是多年前，1950年吧，但不確定了，有一次因為他的手竟然書寫了一些奇怪的話，讓他的行走工具被帶到一個很簡單的地方，住了很多年。做為被叫做「無力感」的人，他不在意自己在哪裡，但是當他發現那根奇怪的東西，竟然還莫名硬挺起來，自己只是想笑，「這根奇怪的東西，難道就是他失散多年的弟弟嗎？」

他楞楞地站在路口，不知道有多久，一輛卡車大力地對他按喇叭，他慢慢地走到旁邊，那根奇怪的東西卻洩氣了。這時候，他才有些確定，那根東西「應是自己的弟弟，沒有錯吧。」他忘了問自己：「原以為早已失散的弟弟，就在自己的行走工具裡，卻一直不知道呢？」

他想：「要回家看看書架上的歷史，是怎麼寫自己的家族史。」他要自己的頭找到回家的路，但是雙臂下垂在腰際，仍然找不到路。

31. 找一些有色彩的絲線

　　這是叢林。他邊找出路，邊留下絲線。綠紅藍的絲線，為了辨識，他才決定使用這三種色彩，因為他被告知，途中都是黑色糾纏的絲線。雖然他不是完全了解，媽媽是什麼樣子，但他一直在尋找印象中的媽媽。

　　他還在生氣吧，「出生後第三天，就知道自己被送給了別人。」他知道：「從那時候起，自己就已經死了。後來，不曾再活過來。」

　　「就算死了，也要找到自己的媽媽！」他其實不曾認真想吧。有一天，毛毛細雨的天氣，他心中卻明亮無比，不曾有過的明亮，他在思索：「也許那是他被送給別人時的天氣吧」。那種明亮感不曾再出現，他一直在等待，希望能夠找到那句話，來確認心中想像的，「為什麼是他？」這個問號掛在心室與心房間的狹隘通道，偶爾讓他痛得無法說出話，只能楞楞地看著問號，慢慢沿著有些冷意的血流，流出心室後，傳遞到他手指的末端。

　　他曾指著天空，狠狠咒罵玄天上帝，「為什麼是我？」玄天後來原諒了他，因為他的咒罵裡還有血液流動的餘溫。有一次，當他撫著心頭的疼痛時，他記起了媽媽的樣子，他很怕自己忘記那個樣子，趕緊蹲在地上，拿出紙筆，畫出媽媽的樣貌。綠紅藍三種色彩的媽媽，他一直保留著這張圖畫。

　　這張媽媽的畫像，卻讓他懷疑自己：「真的，自己早已死掉了嗎？」原本深信不疑的說法，卻慢慢變成一種煎熬，也是苦惱。原本都是依著死亡的路線，鋪設的叢林與大海，如今卻變得陌生，因為他看見了叢林與大海深處，傳來了歡樂的氣息。以慢節奏的鼓聲，偶爾在心頭的左岸，傳說著叢林與大海的故事。

　　「並不確定那是故事，或只是風的尾巴，拖延著去年冬天的最後尾聲。」他這麼想時，曾想出手攔截最後一句尾音，但是他任由那個尾音飄逸。那是他先生與女兒都離他而去的時候吧？先生與女兒都說：「無法跟冷酷相處。無法跟只是三天大的人，一起唱歌。」他不知道，先生與女兒所說的話，是否把他推向高山深處，但那天之後，他就一直想像著：「找一些有色彩的絲線，走訪那團黑色線圈裡荒涼的線索。」

　　他撫著左邊的胸懷，那是「為什麼是他？」的疼痛源頭。他曾坐在窗旁，望著天空，玄天上帝雖然原諒了他，但自己還在找石頭，堆砌著窗台，想要在窗框裡蓋起自己的天空。他相信：「唯有石頭，才能蓋起自己的天空」。

　　當他先生與女兒走掉後，他反而更冷了，讓他更堅硬。他開始尋找一些線索，回到小時候成長的地方，但是那地方讓他更難忍受，改變得只有高樓在說話。

　　他想要回到叢林裡。

　　他一邊留下自己的線索。背部的背袋，三綑綠紅藍的絲線，特殊材質的絲線，完全不會返光的刺眼，但是，色彩鮮艷，「足以吸引深山裡，千年的蝴蝶，唯有它們，才能在叢林密佈的黑色線條交織裡，找到最起源的情節。」

　　他依循著心中最深沈的鼓聲，是他出生三天時，記憶裡的心跳聲。他一直把自己的心跳，限制在那時候的節奏裡。他花盡一輩子的所有力氣，只爲了保有當年那天的心跳聲，讓他無法再聽進其它的聲音。

　　他已經在深山裡，走了三天三夜，背袋裡的綠紅藍絲線，纏繞著他走過的一些樹，他選擇雙手剛好環抱的老樹，繞上三色的絲線。他幻想：「自己被環抱的時候，那一天，應該是色彩豐富的日子吧。」他覺得，從他被放下來的那天起，他就已經死亡了。

　　如果還有明天，他尋找的是，出生後，前三天的自己？還沒有找到自己前，他只能默默地試抱路過的每棵樹，看看哪棵樹剛好雙手可環抱？

　　然後，在那棵樹上，慢慢纏繞綠紅藍三色的絲線。那是最後一次，他看見媽媽放下他時，他的眼睛所看見的色彩。

32. 成功了，要給誰看呢？

「成功了，要給誰看呢？」嘶吼的聲音，來自遙遠的地方。

高樓的玻璃窗折射夕陽，轉折到他的身上。他的意志力很剛強，就像面前這些樟樹，經過颱風洗禮，折斷了幾根枝葉，然後，繼續自己的成長。

他每天對著自己的神祇唱歌。「一場人生無盡的追尋，有人埋頭苦幹，看不見別人。有人坐著不動，看盡所有人。」他很不滿意這首歌，只是說了一般的心情，離自己心中那道漩渦，依然只是遙遠的弦外之音。

這首對著神歌唱的主旋律，已經在他的臉部肌肉群裡，練就了成功的道路與發音的基礎。其實，他陶醉，在自己的臉部表情裡，「很久了吧」它是始終不安的。它是以蹲下的動作，在說話：「走吧，走吧，一場無止盡的風吹搖滾。走吧，走吧，一場道不盡的噓聲禁語。」

他坐在大樓對面的人行道旁，「所有人都醒了」，他被夕陽的反光割傷了。他還在尋找那根遺失已久的枴杖，是他不需要的東西，他只是一直在尋找，與等待機會，要對那根枴杖述說：「累了吧，累了吧，雲彩已經嘮叨千年了。」那是它傳給他的密語，只是他不曾知道，那是要通往何處的密語？

有一度，很長的時間吧，他只是唸唸有詞，但忘記

了這是什麼。除了夕陽，他在雨後路旁遺留的水窪裡，看見了童年的鄰居同伴。他知道「這是想到吧，不是真的看到，夕陽是很奇特的張牙舞爪，緊緊抓著舞獅的尾巴。」它持續散播著：「夕陽如果被當作人生的尾巴，這是個不太認真的想像。」他早就習慣了它的論調，只是缺乏機會，回頭看看這些論調。

他昨天才回到多年未回的老家。已經沒有人會來問他：「月亮有多高啊，月亮有多高啊，你還愛我嗎？」倒是有兩個小孩子，盯著看他一會兒，然後問他：「請問，你知道旅遊中心怎麼走嗎？」他一點也不知道，他的老家有個旅遊中心。他只能笑笑的回答那兩個小孩：「不遠啦，再走幾步，問其他人就可以了。」他確定這不是自己的老家了，只是「沒有老家的人，如何回答自己問自己：『你是誰呢？』」

它叮嚀他，要一直問自己這個問題，但是他從來不曾理會它。它的問題是：「你自己是誰？那就問自己：『成功了，要給誰看呢？』」夕陽愈來愈微弱了，他對於夕陽無限好的說詞，感到無比倦怠，他看過轉折夕陽過來這裡的那片玻璃窗大樓。他想著：「甚至，連玻璃窗大樓所代表的現代，也是個老掉牙的比喻，它並沒有讓他更看清楚什麼。」

他坐在人行道旁的長椅上，等待一位多年未見的老朋友。他在前幾天，看到過時的新聞訊息，Bob Dylan將

要來台北演唱。他只是看過了訊息，並沒有特別記在心中。幾天後，當他提著公事包，經過這個長椅時，突然想到這則訊息。回家後，發現門票已經售罄了。他想到了這位老朋友，在許久未翻閱的筆記本裡，一筆一筆地看著，藍色原子筆水散開在黃色的紙張。他找了許久，才在某個角落裡，找到了對方名字與居家電話。他是撥打了兩天，才由他家人那裡知道了手機號碼。

他順手撥了電話給多年未見的老朋友，問他是否有管道。沒想到，竟然是「沒問題」。然後約了時間，在這個公車站牌等候老朋友。他提早到，公車來來去去。已經比原先約定時間過了一小時，他常覺得夕陽「只是虛張聲勢，喜歡張牙舞爪」。他沒有再撥電話給老友。他沒有放棄，坐在長椅上，看著公車上的人們，上上下下。

他到很晚才離開站牌。後來，不是在等待什麼了，他從公車站牌走回家的時候，問自己：「成功了，要給誰看呢？」是爲了有臉可以見已逝的祖先？爲了有臉可以對得起自己？或有臉可以見朋友呢？

天色黑暗，街燈已經亮起。他沿路走著，希望在天明之前，等待在黑暗與光亮交接的瞬間，尋找「『是誰』除以『向誰』，再乘以『有誰』」成功的方程式。

33. 它是荒涼也是使者，不帶笑意

寬闊的車道上，交通工程的工地，放著長排的水泥錐，有著整排一直打轉的紅燈，被豎立在水泥錐上。它從那些閃爍的紅燈中間，帶著笑意，走了過來。它是未來的使者。它在路旁的公告牌坊貼上告示：「沒事！快走過！」署名是「未來的使者」，另有附署的小字：「並不想傳播笑意，任何人走過這個告示牌時，必須謹言慎行。」

他隨身帶著薩克司風，沒有人曾看過，他吹奏過任何曲目。「從來不是音樂演奏家，也不曾夢想過要當音樂藝術家。」他不諱言自己的意向，卻總是眉頭緊鎖。他在告示牌前，徘徊多次了，很想大聲嚷說：「替以後的時間擔心，卻無意中將某種心情，遺留在五線譜上，隨風招搖鎖吶的幻魂曲。」

他只是走過，慢慢的步伐，加上沈重鼓聲，遠遠傳來的鼓聲。在川端康成的遠方鼓聲裡，踩踏著葉慈的神秘與務實，他背著薩克司風，陽光下，閃閃發亮。沒有聲音的音符，在心跳與心跳之間，穿梭著難以理解的沈默。他知道，他違背了它在告示牌的警言，他也等待著，違背告示後的風吹雨打。

陽光仍然光亮，薩克司風隨著熱度，準備著世紀末的哀曲，以隨意與任意，尋找著可以暫時逗留的音符，

準備將收集的音符邂逅成來自天上的組曲。未來的使者預知了音符的合奏，它在歧途的遠方，正從遙遠過去逝去的光陰裡，捕捉陽光的流浪。路旁的茄苳老樹，預知了這場難以避免的震撼，樹葉摩挲準備著前奏曲。

他擦拭薩克司風後，將金黃的閃亮，再度背上。陽光裡的音符，才是他夢寐以求的音效，但是他仍不免感到哀傷，「對於未來時間的感傷，除了哀聲嘆氣，還需要有人出場，以權威的語調述說：『明天會更好！』」他背著薩克司風，只為了在哀聲嘆氣的空檔，在還有轉身的地方，想像著陰天裡，餘光指揮著沒落心情的大軍。但是並不確知，「當那一天，天光猶亮時，是否陰天也閃躲著音符，不讓旋律，在未完成的工程水泥錐之間，逗留成固定五線譜。」

它每天早晚都站在十字街頭，以鷹眼的速度編織人情世故。它是荒涼也是使者，不帶笑意，也是替未來，編織風雨與幽暗的使者。告示牌的宣佈，以加速度的力道，讓彎彎曲曲的跳躍心情，扭轉成長驅直入黑沈的亮度。他愈來愈需要，隨時擦拭薩克司風的光亮，在他走來走去時，背部還有一些明亮，讓哀傷等待，那種可以吹奏的心情。

已經很久了吧。未來一直是隻特異猛獸，它以使者之姿，召喚童年往事，讓心情導向前方的曲折。彷彿永久沒有出路了，猛獸就橫擋在路口，不是司菲諾克司的

謎題，也不是吃人的神話，它重新組織了過去與未來。
它讓往事重提，為了避開這隻猛獸，但是它說話的方式，
總讓人可以走過這關卡，不論沈默，或者大聲喧嘩。

　　人成群結隊了，站在往事成了未來的交叉路，他擠
在人群裡，大聲詢問：「有誰可以演奏薩克司風？一首
慢調怪調，可以讓擁擠的人們，不再辛苦地擠壓，只為
了隨地撿拾，音符隨地旅行的散曲。」他隨手摸摸自己
的薩克司風，還不是張揚樂聲的時候，他低調沈默，他
知道，「如果還有明天，樂觀只是悲傷方程式裡，一個
載沈載浮的手勢，所演奏的某個音符，卻在轉身時，遺
忘了緊鎖的眉頭，還暗潮洶湧，藏匿著難以阻擋的國
度。」

　　它拉著明天，要把明天硬扯成無端寂寞，然後，前
行的旅程裡，每踏一步，即顯露一口無奈。他想以歌聲
將寂寞變奏，卻招來了，排隊祈求他恩澤的孤魂。孤魂
在音符裡，等待，明天的左肩胛骨，能夠扛起被折磨落
魄的時間鐘聲。在它還沒有撕毀告示前，他依然只能，
使用擔心明天的方式，變相地拍賣自己，未來與青春。
這是難以低調的方式，沿路上，散落著擔心與無力，所
編織的落葉。

34. 額頭皺紋的失敗，卻是走往歲與月之間的天橋

　　他是成功的生意人，拿著量尺與筆，精心地在歲月臉龐上，按部就班地規劃，整理成一張一張的成就，然後，出售給上市公司。他習慣在走路的時候，撐起黑色雨傘，不論是否下雨或晴天。

　　這是他的一天。他閱讀果戈里的《死靈魂》，配著早餐的梅子果醬與黑咖啡。他不想閱讀報紙，很久以前的某一天吧，歲月曾當著他的面，狠狠地咒罵報紙的油墨，沾染了它的袖口。他一直以為，歲月是他綁架來的，但是他對歲月恩澤有加，甚至有一度，他處心積慮尋找切割器，想將歲月切割，分裂成「歲」與「月」。

　　歲是有翅膀的尖嘴怪獸，它站在對面大樓的頂上，探頭出來，對他大喊：「幹什麼，硬要分離歲與月，這會帶來報應。」他嚇了一跳，不知會有這種場面。歲詛咒他：「投進一輩子的努力，最後，卻是被自己的成就反撲。」當歲安靜下來的瞬間，月緊跟著說：「這麼做，已經在歲與月之間造成了一道疤痕，你會一無所有，除了傷疤。如果，你回頭看你的人生，你會被自己曾走過的人生吞噬。」被切割出來的月，是隻四腳的獨眼獸，每隻腳踏著一個季節，與歲分離後，月顯得很驚慌，充滿著憤怒。月憤怒地踩著右後腳，冬天的腳印，他很喪氣且知道，「這個冬天將是難熬的荒涼了」。

　　爲了避免事態擴大，讓歲與月發出更多的詛咒，他趕緊將歲與月，再度湊在一起。兩隻怪獸，瞬間又變成一張長長的臉龐，對著人生刻劃百態，擺弄暮鼓晨鐘的起起落落。但是，歲與月的詛咒，依然逐步發酵著。他繼續撐著黑傘，努力在歲月的臉龐上，規劃著成功與失敗。成功是垂直的經度，失敗是平行的緯度，他總是在失敗的邊緣，努力站著成功的樣子。這是人生編織的網絡，他覺得「已經沒有退路了，能做的，就是繼續。」

　　他不讓自己有回頭的機會，雖然，月的詛咒早已被他遺忘了。有一天，他走過一個公車站牌，碰見了大學時代的好朋友，他收起黑傘，與對方站在那裡，聊了很多當年往事。雖然心中一直有股聲音：「不要盡做這些無謂的回憶，只是讓你陷於未來更大的困境。危機已經在你面前展開它的路了。」他未聽進這些提醒，繼續與老朋友談及，當年，如何嫉惡如仇，如何與文字檢核的軍訓教官，進行鬥智的遊戲。

　　天色已晚，他自己也錯愕，竟然談了兩個多小時，都是當年的恩怨情仇。互道再見後，他仍撐起黑傘，慢慢走回家。

　　「成功是怎麼回事呢？」他陷於矛盾，如果開始問自己這個問題，他將會陷入萬劫不復的困境裡。他的心跳突然加快，他難以追趕，撕裂的自己，讓他對身體內的心，感到不解。

「怎麼有痛的感覺？」

「心的慌亂裡，心痛騎著駿馬，高舉旗幟，宣稱自己的存在？」

「難道心是『歲月』，而他的心痛，只是當年撕裂歲月的舊疾復發？」

「『成功是怎麼回事呢？』是當年撕裂歲月的利器，自己對這卻一無所知。」

「『成功』才是撕裂歲月的利器，而不是『成功是怎麼回事呢？』這個疑問。」

「如果當年持續問自己『成功是怎麼回事呢？』，也許，如今，就不會這麼心痛了。」

「因為停止問自己『成功是怎麼回事呢？』，失敗就在某個路段，等待自己的來臨。」

他愈走愈慢，心痛讓他必須停下來，他想請求路人協助，始終沒有說出口。坐在另一個公車站牌的等候椅，成功已經達到了，他不必再等待成功了，這時候的等待，更像是失敗委託鄰居來傳遞：「成功很早就出門了，不知道去了哪裡？現在，只有失敗在家裡等待，所有成功的人來團聚。」

他靜靜等待。等待心痛後的不心痛。自己的心痛，都是失敗的表兄弟。只有失敗與它的表兄弟，才敢說出：「成功撕裂歲月。額頭皺紋的失敗，卻是走往歲與月之間的天橋。」

35.他把問號「？」打造成銅牆鐵壁

他很像自己的媽媽。

「很像媽媽嗎？」他把問號「？」打造成銅牆鐵壁。

「如果將這個問號，背負在肩膀上，也許就像耶穌了。」他不是為了宗教才這麼想，但已經花了很長的時日，前後磨鍊心中的困惑。他在那片美麗土地上，已經挖掘幾天了，想要種植稀有的紫藤花。「如果還可以期盼，會選擇一盆紫藤，然後，看著它。看不見它的成長，但心中的抽芽，將會隨著四季，以不同速度，傳達多年來的冷暖。」

他一直很介意，相信命運的造弄，在都會巷弄的轉彎處，被自己的過去殘酷地折騰。「很難相信什麼了，可能嗎？如果紫藤在冬天，才冒著寒氣，思考生根的理論與抱負，那麼，還有誰可以相信呢？」這是另一個問號「？」，被他打造成銅牆鐵壁。

他已經挖空心思，在這片美麗土地上，流連忘返，對於姍姍來遲的開花理論，顯得意興盎然。「還是有些相信吧，相信這塊土地上，還有一些餘溫，足以溫暖孤單的過路人。」當他打開背包裡厚厚的記事簿，可以找到童年的微笑，在那朵微笑裡，發現當年收藏的菩提樹葉。

「許久以前的事了吧，還有誰拿著圓規，試著在荒

蕪的心情裡，揣摩著許久許久以前，那朵被遺棄在牆垣
的紫玫瑰。」他終究沒有喜歡紫玫瑰，他鑽研著紫藤的
生根與開花理論。

　　有人說他很像媽媽。這讓他相當介意。

　　他堅持，要在這塊美麗土地上，尋找那些還有根的
植物。「沒有了根，還算是花嗎？豐沛的土地，如何撫
養貧瘠荒涼的心靈，昨夜的風吹過後，依然挺著堅強。
是失根的一代，還有誰站在高高在上的司令台，號令紫
羅蘭，搖曳成最後的2035，或2060。」他不曾站上那高
台，只是深深地吸口氣，他知道，自己需要的是想像，
站在土地上盡情揮灑想像，「這是剩下的唯一財產」。

　　不論春天或冬天，他讓自己走著起伏的人生，這不
是他的意願，他只是以重重的口音一再提醒自己：「人
生是自己走出來的。」他一直提醒自己：「依自己的樣
子走出自己的樣子」。有一天，他的兒子生氣地回嘴：
「你跟阿嬤根本一模一樣」。已經忘記了，他當時是如
何回應兒子的回嘴。

　　坐在陽台上，外頭的紫丁香已經串串的花朵了，花
朵成群結隊，以不寂寞的方式，靜靜站在那片空地上。
已經很久了，他已經很久沒有想到媽媽了。最近想到媽
媽的方式都是：「很像媽媽嗎？」這個疑問重覆在他心
中迴轉。滿樹的紫丁香每掉落一朵花，他的心頭即沈重
一分，凋零的花朵把他的糾結，圍成了一座心事重重。

他需要這些花花的世界，讓他至少還有個喘息的空間。
「怎麼可能，一輩子在打造，一個完全與媽媽不相同的
世界。而且很堅持，一定要不一樣，那是自己的夢想，
況且這種夢想不曾消失過。」

　　他走下樓，趨近那棵紫丁香，接近時，花的香氣卻
使他怯步。「唉，這是怎麼回事呢？重覆問自己這麼多
次，但是又不能找誰談這些心情。顯然的，在兒子那麼
說後，自己很想躲起來，不想見任何人。這是怎麼回事
呢？難道自己真的做錯了嗎？」他還困惑著：「自己投
入那麼多力氣，想要完成自己的夢想，卻落得如此場
面？」

　　他愣在這棵紫丁香前，不知過了多少時間了。他突
然走了過去，他舉起右手，好像要摘花，但伸了一半，
手放了下來。他想著：「明年，就在這裡再種另一棵花
吧？要種什麼花呢？紫丁香？紫羅蘭？紫玫瑰？或者是
要更長時間培育的紫藤花？」後來，他不確定，這是自
己想法，或自己陷在迷霧裡，「要把整個房間，佈滿各
種紫花，只要紫花。」

　　他回神時，一隻綠繡眼，無聲無息，飛過眼前，他
驚醒了過來。他走回家裡，看見兒子正在房間，書桌上
擺放著，一盆黃色的菊花。

36. 清楚的成功地圖，遠遠不如迷人的失敗

　　崎嶇不平的山路，他奮力地走著，「要用最後的力氣，走到絕望的山頂。」太陽正高掛在中天。任由汗水，流過他臉頰與鼻樑之間，最後滴在乾裂泥土上。他注視著汗水，很快地被吸進，不可見的未來。

　　他心中吶喊：「自從弟弟出世後，自己就消失了。」他一直活著，以自己不存在的方式，走過鄉村小路，走過城中區的十字路口。他也是被踩踏的土地，吸收路過者汗水的土地，「如果路過者撐著最後的力氣，要走向生命的低谷，自己會張開手臂，狠狠地抓住它最後遺憾的尾音。」

　　「感情只是剩餘的光線，從前面石頭反光過來後，再度轉角的餘溫。」他攻遍了這片土地的所有山頭，為了尋找最後的光線，「無奈，最後總是在晚上的黑暗裡，抵達了三角點。」他不會因此而不安地來回踱步了，他反而更安靜，像群山峻嶺之間來回的風，「需要安靜，而風聲，只是山與天之間的爭議，在來不及攤牌之前，趕緊離去，走往下一趟的行程。」

　　他的事業很成功。「這種成功的大小，剛好比已經消失的還差一點。」他是值得驕傲的土地，在千百年來乾裂的荒涼裡，逐步開墾出，適合失敗的胎記與歡笑。他不曾快樂，「快樂只是塵埃落定的水草，追逐著來來

去去的孢子，在風平靜後，只能低頭沈默。」他說：「從不記恨弟弟，但是，弟弟出生後，奪走了一切的歡樂。」

他要背負著剩餘的光線，走向崎嶇山頂，「這是最後的力氣了，要把自己推向絕望之頂。」沿途的松柏都扭曲著姿勢，採取低姿態的生存方式，他曾看見一朵小花，走向前時，卻遍尋不著，「可能只是陽光反射的錯覺吧，天色快暗了，雲彩壓得更低了。」他不由自主地，壓低了走路的姿勢，讓腳步決定自己的方向，「要緊緊盯著千變萬化的陰影，尤其是松柏的空隙之間，那是生命的起源。」

他無法說服自己，尤其是當有人對他說：「如果不知足，那麼，能夠稱得上朋友的人，也會離你而去。」他知道自己心早已冷卻，推動著他成功的是自己的背部。背部的橫紋肌肉，遠比他還要知道，「這世界是怎麼回事」。他從來沒有相信過那些橫紋肌肉群，他總是「寧願相信自己的緊咬牙根」，只因為「那些消失的世界，在弟弟出生後，就再也找不到回來了。」

他相信「那些消失的，一定還有些遺跡，殘留在緊咬的牙根之間。」但是，他最痛恨鏡子。他也不相信水，害怕在光滑的水面，看見自己的樣子。出門的時候，總是著墨鏡，要那種不會回光看見表情的鏡面。

他想在太陽落下地平線前，尋找松柏之間的隙縫裡，是否也殘留著，他當年所消失的東西。但是，總是來不

及提早走出家門。他已經這樣子走了一輩子了，但是
「不可能因此就放棄任何希望啊。」他的事業相當成功，
很多人依靠他的臉色過日子，他卻一點也不想看，自己
是什麼樣子。

　　如果還有可以期待的，「也許就是爸爸媽媽過世前
的眼淚，無奈，他們過世時，堅強得，如同山頂上的松
柏。」這是他一直上山的原因吧，尋找山頂，早已是他
的本領。他也是這塊土地，被遺忘多年的泥土，風吹後，
揚起自己的樣貌，當下次再駐足土地後，卻始終說不
清：「那個緊抓住自己的根，是否還留在原地，或者中
途掉落到絕望裡。」

　　他也是那塊一直被記得的土地，有人在上頭耕讀，
「想要拼湊出讓人迷路的地圖，畢竟，清楚的成功地圖，
遠遠不如迷人的失敗。」他總是在失敗的地圖上，以最
鮮艷的粉紅色，畫出最明顯的印記，像肚臍旁的胎記，
「從小陪伴著自己，不論怎麼看，是件永遠的傑作。可
以登高望遠，適宜低頭哀傷。弟弟出生後，自己就消失
了，那胎記一直殘留著，以最聒噪的聲音，留在暗夜
裡。」

　　崎嶇不平的山路，他奮力地走著，「要用最後力氣，
走到絕望的山頂。」

37．那些曾消失的，是指還不曾出現過的？

出門前，他再度在背包裡，放著一捲黑暗的絲線。他是走唱詩人，經過多年的編織準備，即將要出門，尋找遺失多年的愛。

他坐在客廳沙發上，整理背包裡的黑絲線，是他多年編織的成果。他曾經覺得：「姐姐拿走了他的一切」。昨天晚上，他慎重地，在列祖列宗的神主牌前，擲聖杯決定是否開始這趟旅行。對於「是否同意開始旅行，尋找多年失去的愛？」連續三個哭杯，祖宗拒絕了他的請求。後來他改問：「是否不同意，開始旅行，尋找多年失去的愛？」也是連續三個哭杯。

他整晚難以入眠。祖宗沒有同意，也沒有不同意，他相當矛盾，心想：「不想違背祖宗，畢竟，他每天早晚燒香祭拜，已經超過三十多年頭了吧。」他很訝異這麼久了。他深刻知道，時間竟然就這樣子，「在黑沈香的味道與煙霧裡，始終像個張牙舞爪的流浪漢，窺伺著自己的眼神。」整晚翻來覆去，他滾出一個決定：「既然祖宗沒有同意，也沒有不同意，那麼，這一次，他要依自己的決定。」

起床前，已經打定主意了。他覺得「已經等待太久了，那些走失的愛，都還找不到路回家。」他悄悄地在起床的瞬間，說服心中的列祖列宗：「只是出門，拉出

線索，讓愛趕緊回家。」出門前，他不好意思再去上香，他還沒有完全說服自己。「那些出走的愛，是流浪的遊魂，他要拿著黑絲線，牽著它們回家。」

他懊惱許久了。每當他想起那些失去的愛，他就憤憤不平，不曾丟任何東西，來滿足自己的憤怒。那些憤憤不平，常常會站起來，很快地擠在一起，在房間裡築起森林，茂密的竹林，擠在床頭的落葉，讓他翻身時，總是乾枝落葉的踩踏聲。是憤怒，卻常悶不作聲，好像它是局外人。

這讓他很受傷，他一直等待憤怒，能夠支撐起房間的天花板，它卻常待在地板上，窩藏在落了一地的竹葉中。他記得有人說過：「竹林裡的魂魄，總是以害羞的表情，躲躲藏藏。」他已經記不來，這麼多年以來，他拿起竹幡，掛起牽亡的幡旗，但每次都失敗。憤怒依然深深，躲在難以發現的角落。

就要出門了，雖然還沒有得到，列祖列宗的保佑。他右手緊緊握著黑絲線的線頭，先將一端線頭，綁在他床頭櫃上佛祖神像的手上。他握著另一頭，沿路拉著這條黑絲線，他對天宣誓：「保佑上天的憐憫，讓他早日找到失去的愛。」他突然疑惑起來：「上天知道我在說什麼嗎？上天知道我的愛嗎？是那些失去的愛？上天真的知道，自己要找什麼嗎？」這些密集的問號幾乎打垮了他。

　　他冷靜下來，思索如何向上天祈禱，才能讓上天了解，他要的是什麼？

　　「是圓形的手，隨時準備好，可以抱住人。」

　　「是方形的腳，走起路來一定會出聲，讓人知道它一直在房間裡。」

　　「是多角形的臉孔，可以隨時呈現多重的笑容。」

　　「是黃色的氣氛，顯現它是太陽的後代。」

　　「是長方形的嘴巴，隨時準備要哭泣。」

　　「至少有五隻腳，才會跑得快，連自己的哭聲都追不上。」

　　「它是已經消失了的那種愛！」他覺得很難形容這點，但這是很重要的特徵，「如果不曾消失過的，絕不會是要被尋找的愛。」他皺眉頭，思索著如何跟上天形容，這種「已消失了」，是指什麼呢？是很早很早以前就消失了的那種，是在他看過之前，就已經消失了。

　　他幾乎要放棄了，仍然找不到詞彙，來形容他的需求。他喪氣地，再度癱坐在沙發上，他的腳被黑絲線絆住了。他相信，這是有意義的現象，因此耐心地坐在沙發，慢慢地尋黑絲線的線頭。他想著：「曾消失的，是指不曾出現過的？」他還不滿意這個答案。

　　他知道，今天他又要留下來，不能出門了。他要先找到纏繞腳上，黑絲線的線頭。

後記：

　　這37篇文章，於2011.02.12至03.30初稿完成，並在2014年7–11月再修。預設所有的心智細節內容，都有它們的自體性，堅持替自己發聲，一如夢中任何景物都有它的象徵意義，有它們的話要說，等待被分析，那麼，會是什麼內心戲的景緻呢？那時候，對於A.Ferro等義大利精神分析師，接續前人而倡導的精神分析「舞台理論」（Field Theory），融合比昂的深度心理學觀點，我尚未涉獵。此刻，我是驚豔於他們的說法，不過我這系列文章，並未隨著他們的理論而有所更改。　　　　　（2019.10.14）

廢人心理學三部曲【第一部】廢人與荒涼

生命荒涼所在，還有什麼？
可撫慰與無可撫慰的分析

作　　者｜蔡榮裕

執行編輯｜游雅玲

校　　稿｜葉翠香

封面設計｜楊啓巽

版面設計｜荷米斯廣告設計有限公司

印　　刷｜侑旅印刷事業股份有限公司

出　　版｜Utopie無境文化事業股份有限公司

地　　址｜802高雄市苓雅區中正一路120號7樓之1

電　　話｜07-3987336

E-mail｜edition.utopie@gmail.com

初　　版｜2020 年 3 月

ISBN｜978-986-98242-3-1

定　　價｜450 元

國家圖書館出版品預行編目(CIP)資料

生命荒涼所在，還有什麼？：可撫慰與無可撫慰的分析 / 蔡榮裕著. -- 初版. --高雄市：
無境文化, 2020.03 面 ；公分. -- ((思想起)潛意識叢書；9)(廢人心理學三部曲.第一部.
廢人與荒涼) ISBN 978-986-98242-3-1(平裝) 1.精神分析 2.心理治療　175.7　109001483